BEST SELLER

José María Zavala (Madrid, 1962) es licenciado en ciencias de la información por la Universidad de Navarra y doctor en ciencias económicas por la UNED. Estudioso de los archivos y la documentación sobre la Casa de Borbón, en los últimos años ha publicado obras de síntesis e investigación como *Dos infantes y un destino*, *La maldición de los Borbones*, *El patrimonio de los Borbones* o *Bastardos y Borbones*, y biografías pioneras que han aportado datos decisivos sobre Eulalia de Borbón (*La infanta republicana*), los hermanos de don Juan de Borbón, Alfonso (*El Borbón de cristal*) y Jaime (*Don Jaime, el trágico Borbón*), y el duque de Cádiz (*El Borbón non grato*). Además, es autor de la trilogía sobre la Guerra Civil (*Los horrores de la Guerra Civil*, *En busca de Andreu Nin* y *Los gángsters de la Guerra Civil*), que lo ha convertido en un autor de referencia para la divulgación histórica en España.

JOSÉ MARÍA ZAVALA

La maldición de los Borbones

De la locura de Felipe V a la encrucijada de Felipe VI

DEBOLS!LLO

Diseño de la portada: Departamento de diseño de Random House Mondadori / Ferran López
Ilustración de la portada: © Agencia Efe

Segunda edición en DeBOLS!LLO: diciembre, 2011

Printed in Spain – Impreso en España

ISBN: 978-84-8346-641-4 (vol. 732/1)
Depósito legal: B-40606-2011

Fotocomposición: Lozano Faisano, S. L. (L'Hospitalet)

Impreso en Liberdúplex, S. L. U.
Sant Llorenç d'Hortons (Barcelona)

P 866414

A Paloma, con quien todo comparto,
incluso la pasión por los libros

ÍNDICE GENERAL

Quiero advertir al lector que los nombres de algunos entrevistados así como determinadas situaciones han sido alterados por petición expresa de aquéllos. Pero todo cuanto se dice en estas páginas es tan real como la vida misma, y rigurosamente cierto.

He manejado también una copiosa bibliografía y consultado, entre otros, el Archivo Histórico Nacional y el Archivo General de Palacio, además de la Biblioteca Nacional y la del Palacio Real.

Deseo expresar mi agradecimiento a todos cuantos me han apoyado con su ánimo, su información y su paciencia en la elaboración de este libro que ahora corresponde al lector juzgar.

Sería injusto no citar a David Trías, mi editor, con quien afronto, con este libro, el cuarto proyecto editorial; además de, por supuesto, a Emilia, Leticia y Nuria, por su dedicación y simpatía.

ANTES DE NADA

Este libro, compuesto por 13 capítulos, se terminó de escribir a las 13 horas del viernes 13 de octubre de 2006: 13-10-2006 (1 + 3 + 1 + 0 + 2 + 0 + 0 + 6 = 13; o, si se prefiere: 13 + 10 + 2 + 0 + 0 + 6 = 31; es decir, 13 al revés).

El 13 fue el número dinástico de Alfonso XIII, a quien apadrinó en su bautismo el papa León XIII. Los dos primeros atentados contra su vida, el de París y el de la madrileña calle Mayor, se perpetraron el 31 (13, al revés) de mayo de 1905 y 1906, respectivamente. El de la calle Alcalá sucedió el 13 de abril de 1913. El general Primo de Rivera dio su golpe de Estado en Barcelona el 13 de septiembre de 1923, y su caída la precipitó Alfonso XIII en 1930 (1 + 9 + 3 + 0 = 13). La sublevación de Jaca tuvo lugar el 13 de diciembre del mismo año. El 13 de abril de 1931 se tuvo noticia de la caída de la monarquía en España tras el triunfo republicano en las elecciones celebradas la víspera. El primer hijo que perdió el rey, el infante don Gonzalo, murió el 13 de agosto de 1934. Y siete años después, al fallecer Alfonso XIII en Roma, su familia directa estaba compuesta por 13 miembros: la reina, cuatro hijos y ocho nietos.

EL AUTOR,

en Madrid, a 13 de octubre de 2006

LOS BORBONES ESPAÑOLES

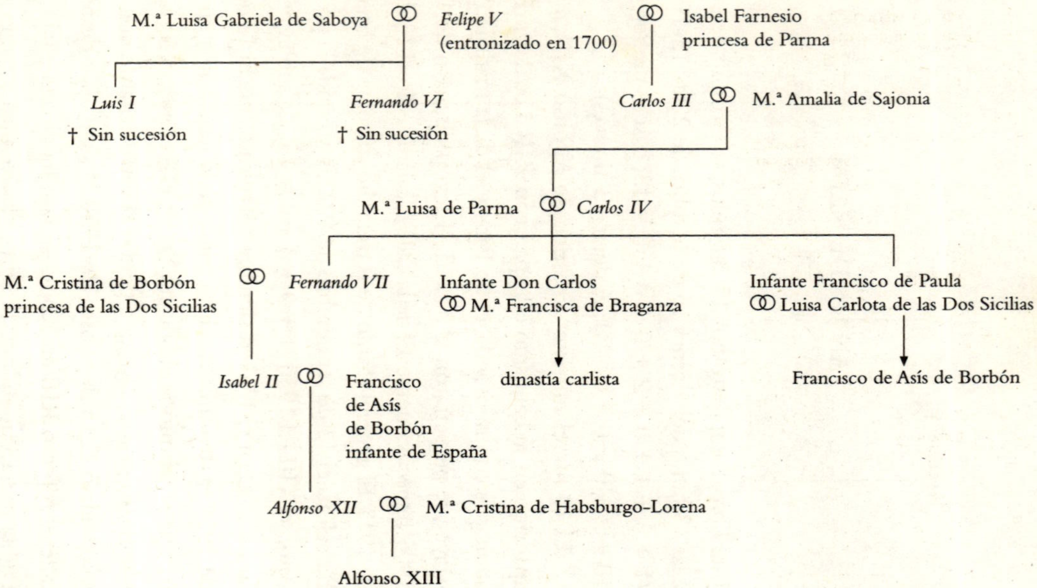

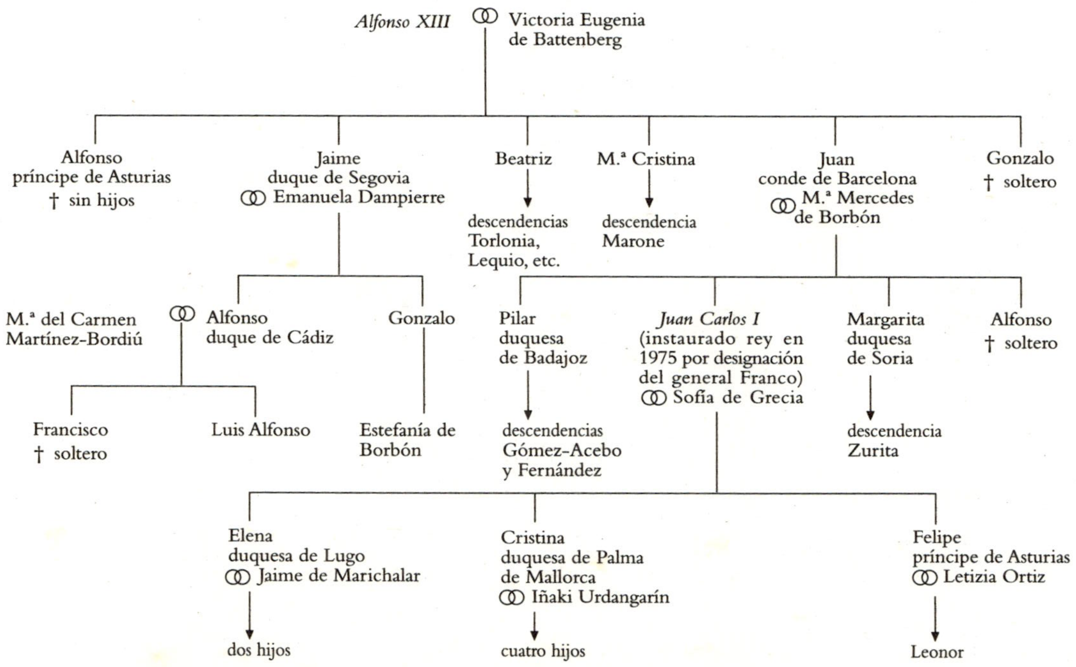

Alfonso XIII
Victoria Eugenia de Battenberg
Alfonso príncipe de Asturias † sin hijos
Jaime duque de Segovia
Emanuela Dampierre
Beatriz
descendencias Torlonia, Lequio, etc.
M.ª Cristina
descendencia Marone
Juan conde de Barcelona
M.ª Mercedes de Borbón
Gonzalo † soltero
M.ª del Carmen Martínez-Bordiú
Alfonso duque de Cádiz
Gonzalo
Francisco † soltero
Luis Alfonso
Estefanía de Borbón
Pilar duquesa de Badajoz
descendencias Gómez-Acebo y Fernández
Juan Carlos I (instaurado rey en 1975 por designación del general Franco)
Sofía de Grecia
Margarita duquesa de Soria
descendencia Zurita
Alfonso † soltero
Elena duquesa de Lugo
Jaime de Marichalar
dos hijos
Cristina duquesa de Palma de Mallorca
Iñaki Urdangarín
cuatro hijos
Felipe príncipe de Asturias
Letizia Ortiz
Leonor

1

LA MALDICIÓN DE LOS HIJOS MUERTOS

«El Cielo le ha castigado haciendo que su hijo naciera muerto.»

La maldición se había cumplido inexorablemente. Cuatro días después de que la reina Victoria Eugenia de Battenberg alumbrase a su hijo muerto, Elisabeth Newton, una desconocida ciudadana británica, escribía una devastadora carta al rey Alfonso XIII.

Fechada el 25 de mayo de 1910, la misiva era un injusto reproche al monarca por haberse ausentado de palacio para asistir en Londres al funeral de Eduardo VII, dejando sola y desamparada a su esposa, en avanzado estado de gestación. «Su lugar esa vez —advertía la Newton— estaba junto a su mujer. Usted ha jurado fidelidad a ella y a nadie más. El Cielo le ha castigado haciendo que su hijo naciera muerto.»

La carta se conserva aún hoy, señal inequívoca de que Alfonso XIII era supersticioso.

Su padre, el rey Alfonso XII, lo había sido durante toda su vida. Mientras agonizaba en el palacio de El Pardo, tuvo el consuelo de enterarse por su esposa de que esperaba un hijo. Pidió a la reina María Cristina que, si era un varón, no le llamasen Alfonso, como él, sino Fernando. Si le ponían Alfonso, reinaría con el nombre de Alfonso XIII. Y Alfonso XII se llevó a la tumba su temor supersticioso al número de la mala suerte.

Seis meses después de su muerte, vino al mundo su único varón, a quien, contra el deseo de su padre, le fue impuesto el nombre de Alfonso XIII por voluntad de los ministros de la Corona.

«Todos los malos presentimientos de mi abuelo —confesaría Alfonso de Borbón y Battenberg, primogénito de Alfonso XIII, horas antes de su trágica muerte— se han cumplido en mi padre, en mí, en mis hermanos y en toda nuestra familia.» El príncipe de Asturias murió desangrado a causa de la hemofilia en una clínica de Miami, tras un leve accidente de automóvil.

Al año siguiente de nacer él y de saberse que era hemofílico, la reina dio a luz al segundo de sus hijos, el infante don Jaime, que era sordomudo. La tragedia volvía así a cebarse con esta agitada rama de los Borbones, que, por si fuera poco, sufrió otra fuerte sacudida del destino cuando, en la madrugada del 21 de mayo de 1910, Victoria Eugenia dio a luz a un infante muerto.

Tan sólo tres meses después del nacimiento de su hija Beatriz, el 22 de junio de 1909, Victoria Eugenia había vuelto a quedarse embarazada. La reina había aceptado, resignada, su papel de madre prolífica y el hecho de que su marido se acostase con ella movido no tanto por el amor como por la esperanza de engendrar hijos sanos.

No en vano los años de fertilidad de la reina habían dado origen a una tonadilla que cantaban incluso las damas de la corte, abanicándose:

Un mes de placer,
ocho meses de dolor;
tres meses de descanso
y en marcha otra vez.
Oh, qué vida es la vida
de la reina de España...

Pero esta vez, a principios de mayo del año siguiente, la reina supo que su embarazo no marchaba bien. Pronto tuvo la certeza de que la vida que llevaba dentro se iba apagando sin remedio. Es posible que algún médico hubiese decidido practicar con urgencia una cesárea, pero esta solución se descartó entonces de modo categórico por dos poderosas razones: la operación implicaba un riesgo para la madre —hay que tener en cuenta el discreto desarrollo de la obstetricia a principios del siglo XX— y, sobre todo, podía dificultar o incluso anular la capacidad de la reina para tener más hijos.

En cualquier caso, la decisión fue muy cruel porque prolongó el sufrimiento de la joven reina, que un día supo que el niño que llevaba dentro ya estaba muerto. Sin embargo, no tuvo más remedio que resignarse a que el parto se produjese de forma natural. La desgraciada madre se deshizo en sollozos al coger en brazos a su malogrado hijo ochomesino. Pensaba llamarle Fernando, el nombre que había elegido Alfonso XII para su único hijo.

El trágico acontecimiento se comunicó telegráficamente a su padre, el rey, que se hallaba en Londres con motivo de las exequias por Eduardo VII. Por esa razón, el infante muerto no recibió el agua de socorro ni tuvo nombre. Su cadáver permaneció en palacio hasta que su padre regresó, para luego ser trasladado, sin que se le rindieran honores, a El Escorial.

El parte médico oficial se publicó en la *Gaceta de Madrid* del domingo 22 de mayo de 1910. Decía así:

> Excmo. Sr.:
>
> El Excmo. Sr. Decano de los Médicos de Cámara me comunica en este día lo que copio:
>
> Excmo Sr.: Tengo el sentimiento y el honor de comunicar a V.E. que S.M. la Reina Dña. Victoria Eugenia (q.D.g.) ha dado a luz, a las dos y media de la madrugada de hoy, un Infante muerto en los comienzos del noveno mes, a juzgar por los signos exteriores del cadáver.
>
> S.M. la Reina se encuentra en satisfactorio estado. Palacio, 21 de mayo de 1910.

De regreso en Madrid, Alfonso XIII recibió numerosas cartas de condolencia de todo el mundo. Pero la que más le impactó fue, sin duda, la de Elisabeth Newton, a la que, por razones obvias, jamás respondió; se limitó a guardarla en el cajón de un pequeño secreter donde conservaba unos cuantos libros de economía, el *Who's who* y una guía de la aristocracia europea.

La maldición de los hijos muertos, que cambió sin duda el curso de la Historia, malogrando la vida y las esperanzas de numerosos infantes de España, había empezado a manifestarse ya con Felipe V, el primero de los Borbones españoles. Su primera esposa, María Luisa Gabriela de Saboya y Orleáns, dio a luz, el 2 de julio de 1709, a un infante que, ante el temor de que su vida peligrase por su bajo peso y sus escasas energías vitales, fue bautizado inmediatamente con el nombre de Felipe Pedro de Borbón y Saboya.

Los malos presagios se confirmaron, y el recién nacido logró sobrevivir tan sólo siete días, falleciendo el 9 de julio. Presentaba malformaciones congénitas: la autopsia reveló una considerable hipertrofia del corazón y una deformación craneana. Su óbito fue ocultado a la reina hasta el día 21 de julio para evitar contratiempos en su recuperación. De todas formas, María Luisa Gabriela quedó tocada ya de por vida, padeciendo ocasionalmente fiebres altas y tumoraciones cervicales que disimulaba luciendo pañuelos, chales y cuellos altos.

La fiebre se le trató entonces con quinina, e incluso se le cortó el cabello para aplicarle sobre el cuero cabelludo «sangre de pichón», que aliviaba sus fuertes jaquecas. Pero, como consecuencia de ello, la reina se quedó calva y tuvo que lucir peluca el resto de su vida.

Su delicado estado de salud, a causa de la prematura muerte de su hijo, llevó al Consejo del Reino y al confesor de Felipe V a recomendar al monarca que se abstuviera de mantener relaciones sexuales que pudiesen dejar de nuevo embarazada a su esposa, a fin de evitar males mayores. Pero pretender que un hombre de la naturaleza de Felipe V siguiese esos sensatos consejos significaba no conocerle bien; la reina, en efecto, volvió a quedarse encinta a finales de 1711, y el 7 de junio de 1712 alumbró a un nuevo infante que fue bautizado con el mismo nombre que su malogrado hermano, Felipe Pedro, y que sólo vivió siete años, hasta el 29 de diciembre de 1719. Ya desde el principio, la crianza del recién nacido fue muy complicada, para su lactancia se necesitaron hasta de ocho nodrizas manchegas. Trasladado al sepulcro de El Escorial, en su lápida el rey ordenó inscribir el siguiente epitafio:

Raptus est
ne malitia mutaret
intellectum ejus
«Fue arrebatado para que la maldad no
cambiara su inteligencia», Sabiduría, 4.

Una de las cosas que se hicieron para terminar con la maldición de los hijos muertos fue recurrir al báculo de santo Domingo de Silos, que se llevó a palacio para que protegiera a la reina en sus embarazos. Fue el propio abad del monasterio de Silos quien presentó la venerada reliquia a la reina cuando ésta se encontraba en avanzado estado de gestación del infante Felipe Pedro, en 1712.

Tal vez gracias a la intercesión del báculo pudo la reina sacar adelante a dos de sus hijos: Luis, que reinaría como Luis I, y Fernando, que lo haría como Fernando VI, a los cuales nos referiremos posteriormente.

Tras la muerte de María Luisa Gabriela de Saboya el 14 de febrero de 1714, a causa de una tuberculosis pulmonar, Felipe V se apresuró a contraer nuevo matrimonio para satisfacer su desbordado apetito sexual, dado que la sucesión ya la tenía garantizada. Fue así como Isabel Farnesio participó también de esa especie de maleficio que a lo largo de generaciones ha castigado a los Borbones de España. El 21 de marzo de 1717, la nueva reina dio a luz a un varón, de nombre Francisco, que falleció treinta y seis días después.

Felipe V recurrió entonces a la intercesión de otra sagrada reliquia en el intento de impetrar del Cielo partos felices. La Santa Cinta de la Virgen de Tortosa, llevada a palacio numerosas veces desde 1629, como constaba en la catedral de Tortosa, protegió sin duda a la reina en sus cinco últimos alumbramientos.

A la triste muerte del infante Francisco, siguió el nacimiento de la infanta María Victoria, en 1718, que contraería matrimonio, con tan sólo once años, con el futuro rey José I de Portugal.

Tras María Victoria nació, dos años después, el infante Felipe, duque soberano de Parma, casado en 1739 con Luisa Isabel de Francia, y cabeza de la subrama de los Borbones de Parma.

La Virgen de Tortosa pareció velar también por el feliz alumbramiento de la infanta María Teresa, que se desposaría en 1745 con Luis, delfín de Francia, primogénito de Luis XV, fallecido antes de acceder al trono.

Pero sin duda la intercesión de la Virgen debió de pesar al principio en el infante Luis, nacido en 1727, que llegaría a ser cardenal arzobispo de Toledo y primado de España, además de arzobispo de Sevilla; luego, sin embargo, el infante tomaría otros derroteros, renunciando a sus dignidades eclesiásticas y adquiriendo el condado de Chinchón, para desposarse después morganáticamente con María Teresa de Vallabriga y Rozas.

Finalmente, la Santa Cinta de Tortosa protegió también a la infanta María Antonia, nacida en 1729 y casada veintiún años después con el futuro rey Víctor Amadeo III de Cerdeña.

A diferencia de sus hermanos pequeños, el primogénito de Felipe V e Isabel Farnesio, coronado como Carlos III, no pudo librarse de aquel implacable ensalmo cuando su esposa, María Amalia de Sajonia, dio a luz a una niña el 6 de septiembre de 1740 en el Palacio Real de Nápoles. La pequeña, llamada María Isabel, fallecería con sólo dos años, el 31 de octubre de 1742.

Desde hacía un año, María Amalia de Sajonia ansiaba el nacimiento de un varón, e hizo una novena a san Antonio para pedírselo. Pero el santo no debió de escucharla, pues el 20 de enero de 1742 nació en Nápoles, en ausencia del padre, como sucedería muchos años después con Alfonso XIII, una nueva niña, a quien se llamó María Josefa Antonia en recuerdo de su abuela materna. La pequeña infanta apenas vivió tres meses, falleciendo el 3 de abril.

No cesaron los sufrimientos de la reina, que el 30 de abril de 1743 alumbró de nuevo a una niña, de nombre María Isabel, en memoria de la primogénita fallecida, y que también murió tempranamente, a la edad de seis años, el 17 de marzo de 1749.

La prolífica María Amalia de Sajonia volvería a engendrar otra hembra el 16 de junio de 1744. Bautizada como María Josefa Carmela y conocida en España como «la infanta Pepa», sobrevivió a sus padres pero tuvo que cargar con la desgracia de ser contrahecha. El genial Goya la retrató tal como era en su óleo *La familia de Carlos IV*.

Y aún vino al mundo una quinta niña, de nombre María Luisa, que llegaría a ser nada menos que emperatriz de Alemania, antes de que el 13 de junio de 1747, día de la mala suerte, naciese el primer varón, que fue bautizado como Felipe Pascual Antonio. Sin embargo, el tan anhelado heredero pronto padeció ataques epilépticos, jamás llegó a hablar, y quedó sumido en un estado de imbecilidad tal, que fue necesario incapacitarlo mediante un dictamen médico. El infortunado vivió hasta su muerte, a los treinta años, bajo la tutela de su hermano Fernando I de las Dos Sicilias, sin que nunca llegara a pisar tierra española.

El 12 de noviembre de 1748 nació un segundo varón, Carlos Antonio, quien, dada la incapacidad de su hermano, sucedió a su padre, el rey, con el nombre de Carlos IV.

Pero todavía la reina afrontó su octavo parto el 3 de diciembre de 1749, en que dio a luz a otra niña, María Teresa, que sólo vivió cinco meses, hasta el 2 de mayo de 1750.

Luego nació el tercer varón, Fernando, y a continuación, el 11 de mayo de 1752, Gabriel Antonio —el hijo más querido por su padre—, que contrajo matrimonio con la primogénita de los reyes de Portugal, la infanta María Ana de Braganza.

De nuevo, la desgracia que siempre asoló a los Borbones de España hizo mella en esta pareja de enamorados. La infanta María Ana murió en El Escorial el 2 de noviembre de 1788 a causa de un ataque de viruelas malignas, que contagió a su recién nacido, Carlos José, y a su esposo, el infante Gabriel Antonio; ambos murieron el 9 y 13 de noviembre, respectivamente.

Entretanto, la reina María Amalia siguió trayendo hijos al mundo como quien no quiere la cosa. El 3 de julio de 1754 nació María Ana, que falleció con apenas diez meses, el 11 de mayo del año siguiente. Aún tuvo la reina otros dos hijos, uno de los cuales, Francisco Javier, aquejado también de viruelas, murió, siendo un adolescente, en Aranjuez, el 10 de abril de 1771.

Con la descendencia de Carlos IV la maldición tampoco cesó. Su prima hermana, María Luisa de Borbón y Borbón, nacida en Parma, se convirtió en su esposa. Su primer hijo, Carlos Clemente Antonio, nació el 19 de septiembre de 1771, pero falleció antes de cumplir los tres años, el 7 de marzo de 1774.

Al año siguiente dio a luz a una niña sana, Carlota Joaquina, que se desposaría con el rey Juan VI de Portugal. Pero seguidamente abortó dos veces antes de alumbrar a la infanta María Luisa Carlota el 11 de septiembre de 1777, que murió a punto de cumplir los seis años, el 2 de julio de 1783.

Un tercer aborto, en 1778, ensombreció aún más el ánimo de los reyes, hasta que el 10 de enero de 1779 nació en El Pardo una niña bautizada con el nombre de María Amalia, en memoria de su abuela paterna. Sin embargo, el infortunio se adueñó de esta infanta, casada a los dieciséis años con su tío carnal, el infante don Antonio Pascual, hermano de su padre y veinticuatro años mayor que ella. La infanta murió a los diecinueve años, el 22 de julio de 1798, a consecuencia de un parto en el que perdió también la vida un infantito.

Las desgracias se desencadenaban una tras otra. El 5 de marzo de 1780, María Luisa de Parma dio a luz a su quinto hijo, el infante Carlos Domingo Eusebio, que murió antes de cumplir los tres años, el 11 de junio de 1783.

Meses después, María Luisa padeció su cuarto aborto. Pero el 6 de julio de 1782 trajo al mundo a otra niña, María Luisa Vicenta, futura reina de Etruria, casada con su primo hermano el duque Luis I de Parma, un joven epiléptico que moriría muy pronto de tuberculosis.

El 5 de septiembre de 1783, María Luisa alumbró a dos niños gemelos, por primera vez en la historia de la Familia Real, que fueron bautizados como Carlos Francisco de Paula y Felipe Francisco de Paula. Ambos morirían aquel mismo año: Carlos, el 18 de octubre, y Felipe, el 11 de noviembre.

Un año después nació el príncipe de Asturias, Fernando, coronado como Fernando VII, y el 29 de marzo de 1788 lo hizo Carlos María Isidro, que a la muerte de su hermano Fernando disputaría la sucesión al trono a su sobrina Isabel II, desencadenando las cruentas guerras carlistas.

Asombraba la extraordinaria fecundidad de la reina María Luisa, que a sus treinta y siete años había padecido cuatro abortos y alumbrado a diez hijos. Pero aún tendría seis abortos más y daría a luz en otras tres ocasiones: la primera, el 16 de febrero de 1791, cuando nació la infanta María Teresa, fallecida a los tres años en El Escorial a causa de la viruela; otra más, el 28 de marzo de 1792, con el alumbramiento del infante Felipe María Francisco, fallecido también prematuramente el 1 de marzo de 1794; y la última, cuando contaba cuarenta y siete años de edad, saldada con el nacimiento de otro infante, Francisco de Paula Antonio, el 10 de marzo de 1794.

En total la reina tuvo ¡diez abortos y catorce partos! Pero el destino se encargó de que en 1794 tan sólo quedaran con vida siete de los catorce hijos.

El infante Francisco de Paula, siguiendo la tétrica «tradición» de sus padres y antepasados, perdió a tres de sus hijos prematuramente: Francisco de Asís de Borbón y Borbón (6-5-1820/14-11-1821), Eduardo de Borbón y Borbón (4-4-1826/22-10-1830), y Fernando de Borbón y Borbón (15-4-1832/17-7-1854).

Su hermano, el rey Fernando VII, heredó también la maldición de los hijos muertos. Su primera esposa, María Antonia de Borbón Lorena, era prima hermana suya, dado que era hija del rey Fernando, hermano de Carlos IV, y de María Carolina de Austria. La desdichada María Antonia de Borbón murió con sólo veintidós años, dejando tras de sí dos malogrados embarazos. Su suegra, la reina María Luisa, relató a Godoy con demasiada expresividad y mal gusto el primero de esos abortos, registrado el 22 de noviembre de 1804:

> Esta tarde he presenciado el mal parto de mi nuera, con algunos dolores y poca sangre pues toda ella no equivale a la mía mensual de un día: la bolsita muy chica y el feto más chico que un grano de anís chico y el cordón es como una ilacha de limón o abridero de esos filatosos con decirte que el Rey ha tenido que ponerse anteojos para poderlo ver...

El siguiente aborto, acaecido el 18 de agosto de 1805, fue de características muy similares. Probablemente este frustrante historial ginecológico influyera decisivamente en el desarrollo de la tuberculosis que llevó a la reina a la tumba.

Fernando VII, dotado de un voraz apetito sexual, heredado de sus antepasados, se dispuso entonces a celebrar otro matrimonio consanguíneo, como mandaba la tradición borbónica, y se desposó con su sobrina carnal, Isabel de Braganza, hija de su hermana Carlota Joaquina y del rey Juan VI de Portugal.

El 21 de agosto de 1817, la nueva reina alumbró a una niña, de nombre María Isabel Luisa, que murió irremediablemente al cabo de cuatro meses y medio, el 9 de enero de 1818. Preocupado por su descendencia, Fernando VII volvió a colocarse un almohadón perforado en su miembro viril, dado el descomunal tamaño de éste (macrogenitosomía, en términos médicos), para poder practicar el coito con su esposa, a la que dejó de nuevo embarazada. Pero otra vez lució la mala estrella en los momentos decisivos en la vida de los Borbones de España: el 26 de diciembre de 1818 hubo que practicar una cesárea a la reina para extraerle una hija muerta, con tan mala fortuna que la madre también murió cuando sólo contaba veintiún años.

Desesperado por la falta de descendencia, Fernando VII

volvió a contraer matrimonio consanguíneo, esta vez con su prima y sobrina segunda, la princesa María Josefa Amalia de Sajonia, de sólo quince años. Pero la bestialidad con que el monarca trató a su ingenua esposa en la noche de bodas despertó en ella para siempre la frigidez y, como consecuencia de ésta, la infecundidad durante los diez años que duró el matrimonio, hasta la muerte de la reina cuando contaba veinticinco años. Aquella horrible velada, en la que la reina, presa del pánico y la repugnancia, llegó a orinarse en la cama e incluso a hacerse sus necesidades mayores, malogró irremediablemente las ansias del soberano por conseguir un heredero.

Sólo su cuarta esposa, María Cristina de Borbón y Borbón, que era su sobrina por ser hija de su hermana María Isabel, casada con el rey de Nápoles Francisco I de las Dos Sicilias, le dio el fruto que con tanta premura ansiaba. Tras consumar salvajemente el matrimonio con una violación, la reina quedó embarazada y dio a luz a la princesa de Asturias, la futura Isabel II, a la que siguió, dos años después, la infanta Luisa Fernanda.

Casada con su primo hermano Francisco de Asís de Borbón, a quien más de uno llamaba despectivamente «Paquita» por su carácter afeminado, Isabel II hará de tripas corazón para seguir adelante con su matrimonio arreglado por razones de Estado. No en vano la propia reina contaría años después al embajador de Alfonso XIII en París, Fernando León y Castillo, que la ropa interior de su marido tenía más encajes y puntillas que la de ella.

El propio Gregorio Marañón decía de él que, a causa de su deformación genital, tenía que «orinar en cuclillas, como si fuera una mujer». Y así lo canta una copla popular:

Paco Natillas
es de pasta flora
y se mea en cuclillas
como una señora.

Sea como fuere, lo cierto es que el 12 de julio de 1850 Isabel II dio a luz a un varón que apenas vivió una hora, a causa de la asfixia que probablemente sufrió durante el parto.

Minutos después se hizo desfilar a la criatura fallecida, sobre una bandeja de oro con cojín de seda, ante el cuerpo diplomático. El médico de cámara, Juan Francisco Sánchez, confirmó la defunción del príncipe de Asturias ante los congregados: «Habiéndose anunciado el parto con insidiosa lentitud, el feto se presentó en una posición viciosa que ha sido la causa de su muerte, después de haber recibido agua de socorro y sin que hayan alcanzado a conservarle la vida todos los auxilios del arte: el príncipe de Asturias, pues, está muerto».

La maldición de este hijo muerto se quiso inmortalizar en la pintura. Existen en el Patrimonio Nacional tres retratos de este malogrado príncipe: uno macabro, que muestra el cadáver del recién nacido, y otros dos, exactos ambos, de la criatura muerta, pero vestida. En la Exposición Nacional de Retratos, celebrada en Madrid en 1902, se exhibió el óleo de Emilia Carmena *Primer hijo de la Reina Dª Isabel II (muerto al nacer)*.

El cadáver del recién nacido fue enterrado sin nombre: PRINCEPS ELISABETH II FILIUS. Y en letras de mármol se puso la siguiente inscripción: OBIIT UT PRIMUM NATUS («Murió al poco de nacer»).

En 1851 la reina volvió a dar a luz, esta vez a una niña que fue bautizada con el nombre de María Isabel Francisca de Asís y que sería conocida popularmente como «la Chata» por su insignificante nariz, impropia de su casta. Se rumoreó entonces que el padre era en realidad el favorito de la reina, el comandante y gentilhombre José Ruiz de Arana, razón por la cual a la recién nacida se la llamaba «la Araneja».

Pero poco le duraría la alegría a Isabel II, porque de su tercer parto, el 5 de enero de 1854, nació una infanta que vivió tan sólo tres días y fue llamada María Cristina. Su cuerpo exánime quedó expuesto en la Real Capilla desde las diez de la mañana del día 9 de enero, para ser trasladado a El Escorial, donde tantos cadáveres de infantes había ya enterrados, el 12 de enero. Un testigo del solemne funeral quedó impresionado por «la rígida carita de cera de la infanta, yaciendo en tranquilo sueño, inconsciente de los honores regios que se le tributaban»; y añadió que tuvo la «absurda impresión» de que debía de sufrir con el frío y las tinieblas del sepulcro real.

Se conserva un retrato fúnebre de esta infantita, a la que se pintó yaciente, con fondo ajardinado, mientras un ángel la subía al Cielo. Sobre su sepultura puede leerse aún: MARIA CHRISTINA, ELISABETH II FILIA.

Al triste acontecimiento siguió un aborto y, casi dos años después, el alumbramiento de otro niño muerto a quien no dio tiempo de poner nombre. El 21 de junio de 1856, Isabel II sintió de nuevo la terrible punzada del destino al dar a luz a otro niño muerto, de nombre Francisco de Asís y Leopoldo.

Por fin, el 28 de noviembre de 1857 la reina tuvo un varón que garantizaba la sucesión: el futuro Alfonso XII, cuya paternidad algunos historiadores, como Ricardo de la Cierva, han atribuido al apuesto capitán de Ingenieros Enrique Puigmoltó y Mayans. De hecho, en su día al recién nacido se le puso el sobrenombre de «el Puigmoltejo».

El séptimo parto, casi dos años después, fue otro duro golpe para la reina, madre esta vez de una infanta bautizada como María Concepción Francisca de Asís, que falleció antes de cumplir los dos años de edad, el 21 de octubre de 1861.

Prolífica como su abuela María Luisa de Parma, la reina Isabel II alumbró a su octavo hijo el 4 de junio de 1861: una infanta llamada María del Pilar Berenguela, que moriría a la temprana edad de diecisiete años.

Al año siguiente nacería la infanta Paz, futura esposa del príncipe Luis Fernando de Baviera; y el 12 de febrero de 1864 lo haría la infanta Eulalia, casada a su vez con el infante Antonio María de Orleáns, hijo de los duques de Montpensier.

Finalmente, el hado tenía reservado a Isabel II otro cruel infortunio: la muerte de un infante, Francisco de Asís Leopoldo, antes de cumplir el mes. Su balance obstétrico fue desolador: de la docena de partos que tuvo, sólo cinco hijos sobrevivieron.

A su hermana, la infanta Luisa Fernanda, también le acompañó la desgracia. Su hijo Fernando de Orleáns y Borbón, nacido el 29 de mayo de 1859, falleció a punto de cumplir los catorce años a causa de un ataque de sarampión, mientras estudiaba en un internado francés. El hermano de éste, Felipe de Orleáns y Borbón, tampoco nació con el signo de la suerte, falleciendo sin haber cumplido los dos años de edad, mientras que un tercer hermano, Luis, murió a los siete años.

Tras la Revolución de 1868, que mandó a Isabel II al exilio en París, el breve paréntesis de la Primera República, y el consiguiente reinado de Amadeo I de Saboya, se produjo la Restauración en la persona de Alfonso XII, quien, como su madre, se enfrentó a la peor tragedia del hombre: la muerte. Su primera esposa, María de las Mercedes de Orleáns y Borbón, prima hermana suya por ser hija de la infanta Luisa Fernanda, hermana de su madre, falleció a los dieciocho años de fiebres tifoideas, dejando tras de sí la amarga estela de un aborto.

Se buscó entonces para Alfonso XII otra mujer que pudiera darle un sucesor, y pronto se eligió para tal fin a María Cristina de Habsburgo-Lorena, hija del archiduque Carlos Fernando y de su prima la archiduquesa Isabel de Austria-Este-Módena. Como era ya práctica habitual entre los Borbones, sobre todo a raíz de los cuatro matrimonios celebrados por su abuelo Fernando VII, el rey Alfonso XII tuvo que solicitar la dispensa eclesiástica para poder desposarse con su nueva mujer, dado que entre ellos existía el cuarto grado de consanguinidad.

Sobre la descendencia de la reina María Cristina, segunda esposa de Alfonso XII, se cerniría también la desgracia. La hija mayor y hermana del futuro Alfonso XIII, Mercedes, falleció en plena juventud, con dieciocho años, al dar a luz a su hija Isabel Alfonsa, a causa de una peritonitis que no se supo diagnosticar. Una vez más los médicos nada pudieron hacer contra el cruel sino.

Por si fuera poco, uno de los hijos de la princesa Mercedes, de nombre Fernando de Borbón y Borbón, que había nacido un año antes de la muerte de su madre, el 6 de junio de 1903, falleció también a los dos años de edad.

Tampoco se libró de un trágico final la otra hermana de Alfonso XIII, la infanta María Teresa, casada, cómo no, con su primo Fernando de Baviera. La desgraciada, que contaba ya con tres hijos, murió de forma súbita, antes de cumplir los treinta años, tras sufrir una embolia una semana después de alumbrar a la infanta Pilar.

El insigne doctor P. Jacoby señalaba a finales del siglo XIX las terribles consecuencias de las uniones consanguíneas:

> Las familias en vías de degeneración desaparecen en parte a consecuencia de excesos y de vicios, como el alcoholismo, los excesos sexuales; en parte, por el suicidio, el crimen; pero, sobre todo, a consecuencia de la falta de vitalidad, falta que se manifiesta por la esterilidad, por una gran mortalidad de los hijos en la infancia y por casos frecuentes de muerte prematura en general, de manera que de los numerosos hijos (se comprueba generalmente en los miembros de estas familias, junto a la esterilidad de los unos, una gran fecundidad en los otros), sólo quedan con vida dos o tres, muriendo los otros en la infancia o en la adolescencia.

En honor a la verdad añadiremos que la aterradora mortalidad infantil, aun en los alcázares, era consecuencia también del discreto progreso de la medicina en aquella época. Felipe II conservó así un solo hijo varón, mientras que Felipe IV quedó sin descendencia masculina, viéndose obligado a contraer nuevas nupcias para obtener un heredero que, sin embargo, también se malogró, devorado por la maldición de los hijos muertos. «Esta mortalidad infantil —advertía el doctor Izquierdo en pleno siglo XX— se ha reducido en proporciones tales, que muy otra hubiese sido la historia de España de existir entonces los conocimientos que hoy poseemos.»

La infección puerperal, siniestra sombra de la maternidad,

probablemente influyó en la Historia Universal más que todas las batallas, tratados y revoluciones. De esta dolencia sucumbió la emperatriz Isabel, al igual que María de Portugal e Isabel de Valois. «¿Cuál hubiera sido el destino de España de tener Felipe II uno o varios hijos normales con cualquiera de ambas esposas?», se preguntaba el doctor Izquierdo.

La viruela, enfermedad que ha sido vencida con el paso de los años, acabó prematuramente con la vida del príncipe Baltasar Carlos y después con la de Luis I, cambiando en ambos casos el curso normal de la Historia.

Con semejante historial médico no era extraño que el hijo póstumo de Alfonso XII desarrollase desde sus primeros años cierta neurosis sobre su salud, acrecentada aún más si cabe por el fallecimiento de su padre a causa de la tuberculosis y, por supuesto, tras la inesperada muerte, por infarto, de su adorada madre, la reina María Cristina, el 8 de febrero de 1929.

Dieciocho años antes, el periódico norteamericano *World Magazine* daba cuenta, en su edición del 28 de mayo de 1911, de algo que en el círculo íntimo del soberano ya se sabía: la obsesión de Alfonso XIII por una especie de maldición que pendía amenazante sobre él, asociada a un tal doctor Moure y a un mes especial del año, mayo, que era el de su nacimiento.

El 14 de mayo de 1905, el monarca había escuchado, desesperanzado, el comentario del doctor Moure sobre la tuberculosis que padecía: «La condición del rey no responde enseguida al tratamiento», advirtió el especialista, y la frase se clavó en la mente del soberano. Cuatro años después, cuando el rey volvió a visitarle en su consulta de Burdeos, el médico fue incluso más lejos y aventuró que el monarca sufría algún tipo de trastorno depresivo como consecuencia de preocupaciones y disgustos.

Pero quien mejor le conocía era, sin duda, su propia esposa. El historiador británico Gerard Noel, perspicaz biógrafo de la reina que logró entrevistarse con la infanta Beatriz de Borbón y Battenberg y con su hermano el conde de Barcelona, relataba una anécdota muy reveladora, según la cual Victoria Eugenia se quedó muy sorprendida cuando, una tarde, en su saloncito privado, vio aparecer al rey terriblemente pálido y turbado. La reina jugaba en aquel momento con su primogénito Alfonso, del cual tuvo que hacerse cargo la institutriz de inmediato. Don Alfonso se dejó caer de rodillas y estuvo una hora rezando, como si de esa forma pretendiera alejar los malos presagios. Después lloró desconsoladamente durante más de otra hora, mientras Victoria Eugenia intentaba, azorada, remediar la patética escena. Finalmente preguntó al rey qué le pasaba. Don Alfonso tardó en contestar. Pasados unos minutos, se acercó a un pequeño escritorio, dispuesto a dar rienda suelta a su persistente fatalismo, y terminó por estampar esta especie de calendario en un trozo de papel:

Mayo 17-1886, nacimiento
Mayo 14-1905, Doctor Moure
Mayo 31-1906, casamiento
Mayo 10-1907, nace el primer hijo
Mayo ? ? ?

Los signos de interrogación en la última línea parecían trazados con gran dolor de su corazón, como si estuviera en trance de agonía y pretendiera alejar de sí las inquietantes brumas de un futuro aterrador; como si, en definitiva, en lo más profundo de su ser presintiera ya el nacimiento de su hijo muerto, sobrevenido el día 21 de mayo, cómo no, de 1910.

2

EL GERMEN DE LA MALDICIÓN

El fundador de la dinastía borbónica en España reunía en su organismo las diversas taras transmitidas por numerosas generaciones de antepasados reales. Los Borbones de Francia, a cuya familia pertenecía Felipe V por derecho propio como nieto de Luis XIV e hijo del llamado Gran Delfín de Francia, tuvieron su origen en Antonio, duque de Borbón, que llegó al trono de Navarra tras desposarse con Juana de Albret.

El doctor P. Jacoby describía así al precursor de la Casa Real de Borbón: «Era un hombre vicioso y pusilánime, despreciado por sus contemporáneos por su incapacidad y su cobardía. Resultó muerto de un disparo en el sitio de Ruán, lo que no mejoró su reputación; incluso las gentes se burlaron porque murió mientras orinaba en la trinchera...».

Varios de los hijos de las amantes de Antonio, duque de Borbón, murieron solteros. Dos de ellos, hijos de Gabriela d'Estrées, César, duque de Vendôme, y Alejandro de Vendôme, se distinguieron por sus vicios inconfesables.

De los cuatro hijos legítimos de Antonio, duque de Borbón, dos murieron en la infancia, en sendos accidentes; la única hija no tuvo descendencia pese a contraer matrimonio, y el que fue

Enrique IV, rey de Francia y de Navarra, presentaba ya algunos rasgos físicos que caracterizarían a sus descendientes: prognatismo inferior y la que se ha dado en llamar «nariz borbónica», apéndice de notable prominencia.

Como digno Borbón, Enrique dio rienda suelta a su desmedido apetito sexual casándose dos veces y teniendo numerosas amantes.

Sólo recibió descendencia de su segunda esposa, María de Médicis. El primogénito reinaría en Francia como Luis XIII; la segunda, Isabel, se casaría con Felipe IV de España; el cuarto, Enrique de Orleans, moriría también en la infancia; el quinto, Gastón, sería duque de Orleans, y la pequeña, Enriqueta, se desposaría con Carlos I de Inglaterra y pasaría a la historia como una mujer ardiente y sensual.

Su segunda esposa legítima, María de Médicis, aportó a los Borbones de Francia las taras de su familia: era escrofulosa, poco inteligente y viciosa. El doctor Galippe, miembro de la Academia de Medicina de París, no tenía duda de que María de Médicis intervino en el asesinato de su marido. Era hija de Juana de Austria, hija a su vez de Fernando I, emperador de Alemania, por lo que, casándose con Antonio, la sangre de los Habsburgo se mezcló con la de los Borbones. Su padre, Francisco María I, quien no había sido precisamente un dechado de virtudes, se dejó dominar durante su reinado por la intrigante Bianca de Capello, de Venecia.

Los estigmas borbónicos se manifestaron ya de forma inequívoca en los hijos legítimos de Enrique IV. No obstante, su heredero, Luis XIII, fue tal vez una excepción en el capítulo de las mujeres. Según el doctor Jacoby, era frío con ellas y melancólico consigo mismo. Algunos historiadores han tratado de explicar su carácter distante y afligido por el hecho de haberse entregado a la masturbación desde la infancia. Casado a los catorce años con Ana de Austria, no parece que se prodigara demasiado en la cama; más bien al contrario. El marqués de Montglas no tenía duda al respecto: «Los amores del rey no iban más allá de la pura conversación», aseguraba. Y lo mismo opinaba el doctor Jacoby, quien afirma que Luis XIII era impotente mucho antes de que muriese a causa de una tuberculosis intestinal secundaria.

El conocido historiador contemporáneo De Prade describía así su deformado aspecto: «Tenía la lengua tan larga y tan gruesa, que cuando se salía de la boca sólo difícilmente podía retirarla, y se veía obligado a rechazarla con el dedo. Por este motivo era tartamudo...».

Según el doctor Galippe, su hermano Gastón, duque de Orleans, «era cobarde, crapuloso y vicioso, intrigaba en todo momento y tenía por costumbre traicionar a sus amigos y partidarios».

Luis XIII, como decíamos, se casó con Ana de Austria, hija de Felipe III, una mujer de pocas luces, muy sensual y comilona. La pareja tuvo a Luis, que reinaría como Luis XIV y sería abuelo de Felipe V, y a Felipe, duque de Orleans, el cual, a decir del doctor Galippe, «se entregaba a orgías crapulosas, y principalmente a vicios infames».

De Luis XIV, apodado «el Rey Sol», el historiador Gonzalo de Repáraz asegura que era un megalómano, pretencioso y fatuo, y que se creía un enviado de Dios en la tierra. Sostuvo continuas guerras que ensangrentaron a Europa y arruinaron a su país. Era muy sensual y tuvo varias amantes. Murió de gangrena senil en 1715.

Luis XIV se casó con María Teresa, hija de Felipe IV de España y hermana de Carlos II, con la cual tuvo seis hijos. El mayor fue precisamente Luis, el Gran Delfín, padre de Felipe V y único superviviente de sus hermanos. Todos los demás, Felipe, Luis, Ana, María y María Teresa, fallecieron en la más tierna infancia, erigiéndose así casi en precursores de esa especie de maldición de los hijos muertos que siempre acechó a los Borbones de España.

Gonzalo de Repáraz hace un rápido recorrido por los hijos ilegítimos de Luis XIV, la mayoría de los cuales murieron también siendo niños, y se detiene en algunos de ellos: Luis, hijo de la duquesa de Lavallière, conde de Vermandois, fue un veleta que vivió de flor en flor y murió joven; el duque de Maine, hijo de Luis XIV y de la marquesa de Montespán, era jorobado y cobarde; de su relación con la marquesa nació también el conde de Vexin, fallecido de una enfermedad cerebral; Luisa Francisca, mademoiselle de Nantes, inteligente pero viciosa y coja, se casó con Luis III, duque de Borbón-Condé; y, por último, Francisca María, mademoiselle de Blois, belfa y alcohólica redomada, se desposó con el regente de Francia, el duque de Orleans.

¿Y qué decir de la descendencia de su primogénito, el Gran Delfín de Francia? Además de Felipe V, en el cual nos detendremos después, el Gran Delfín tuvo otros dos hijos de su matrimonio con María Ana de Baviera: Luis, duque de Borgoña, y Carlos Manuel, duque de Berry. El doctor Galippe no escatima adjetivos al referirse a este último: «El duque de Berry prometía mucho en su infancia y era el favorito de toda la familia real; pero no dio después más que pruebas de incapacidad. Su ignorancia extrema —nunca supo más que leer y escribir— le hizo muy tímido. Era grueso y adiposo, como su hermano».

Del segundo hermano de Felipe V, Luis, duque de Borgoña, que murió a los veintinueve años, sabemos, por la implacable semblanza que trazó de él el duque de Saint-Simon, que de niño se entregaba ya a la masturbación. En su juventud se distinguía por su carácter colérico y violento en extremo, incluso con los objetos. Era muy impetuoso, nada exigente consigo mismo y excesivamente testarudo, y vivía dominado por su gran vicio: las mujeres. Le encantaban, cómo no, el vino y los manjares, pasión que compartía con otras distracciones no menos placenteras, como la caza, la música y el juego. Era jorobado y contrahecho, hasta el punto de que renqueaba.

Este noble primoroso tendría cuatro hijos, de los cuales uno nacería antes de tiempo y dos morirían siendo niños. Sólo sobreviviría Luis XV, abuelo de la reina María Luisa, madre de Fernando VII.

El Gran Delfín de Francia, Luis de Borbón, padre del patriarca de la dinastía en España, merece especial atención, al igual que su esposa María Ana de Baviera, genuina muestra, a juzgar por sus innumerables retratos, del prognatismo inferior que han padecido no pocos Borbones. La herencia genética de sus padres determinará la personalidad depresiva y esquizoide de Felipe V.

El padre de Felipe V vivió hasta los cincuenta años. Era un hombre muy poco inteligente, tremendamente perezoso, de humor desigual, fútil, e insensible por completo al dolor ajeno. Podría decirse también, sin temor a equivocarse, que era malvado y cruel. Su aspecto era adiposo y causaba repugnancia a hombres y mujeres. Se sabe que intentó adelgazar, sometiéndose a regímenes extenuantes, pero su gula y las comilonas con las que se obsequiaba hicieron irrealizable tal meta, por más que sufriese un ataque de apoplejía con treinta y nueve años. Legó a su hijo Felipe V el espíritu melancólico que le consumiría en vida, heredado a su vez de Luis XIII. Después de leer a Saint-Simon, sobra cualquier otro comentario sobre esa piltrafa humana: «Sin vicios ni virtudes, absorbido en su gordura y en sus tinieblas, sin conversación, sin sensibilidad, sin ideología, jamás fue nada de nada».

La madre de Felipe V no ofrecía mejor retrato a los ojos de sus contemporáneos. Era horrorosamente fea, lo cual era el peor pecado que podía cometerse en la pomposa corte de Versalles, donde imperaba el culto a la belleza. No era por tanto extraño que tratara de ocultarse de la gente encerrándose en sus pequeñas habitaciones y llevando una anodina existencia. Entregada a la voracidad, llegó a pesar casi lo mismo que su esposo. Su desordenada vida desató en ella marcados accesos de hipocondría; estaba convencida de que padecía graves enfermedades, y las combatía ingiriendo numerosos preparados de la farmacopea de la época que acabaron minando su salud y provocándole la muerte.

De estos padres nació el primer Borbón de España, que fue rey con sólo diecisiete años. Al principio, destacó por su valor en el campo de batalla; en concreto, en la encarnizada batalla de Luzzara, en Italia, el 15 de agosto de 1702, a la edad de dieciocho años. En aquella ocasión fue herido levemente, mientras una bala de cañón mató al oficial que tenía a su lado. Por su entereza y valor la gente empezó a llamarle «el Animoso».

Pero el doctor Jacoby resalta que poco tiempo después el joven conservaría más bien poco de ese carácter «animoso». Cayó en una indolencia extrema que con el tiempo se transformó en una postración próxima a la imbecilidad. El propio médico Helvecio, que tuvo oportunidad de reconocerle, se sintió alarmado al comprobar su melancolía y retraimiento. Era muy sensual, como la mayoría de los Borbones, pero su excesiva devoción le impedía tener amantes, viéndose así impelido a unirse a sus esposas con un amor bestial. A los dieciocho años padeció una de sus primeras crisis melancólicas. ¿La causa? Su primera esposa, María Luisa Gabriela de Saboya, con quien acababa de casarse, era núbil. Ni un solo día se separaba de su mujer, ansiando acostarse con ella. Tan desbordado e insaciable era su apetito sexual, que mientras su esposa se moría de escrófulas, él la penetró una y otra vez hasta que exhaló su último suspiro. El doctor Jacoby corrobora esa brutal desmesura: «Su primera mujer, enferma de muerte, perdida de humores fríos, disuelta y cubierta de llagas, no tuvo tregua ni un solo día. No pudo hacer cama aparte». Otro autor, Michelet, certifica también la patológica conducta del primer Borbón de España, convertido en un maníaco sexual: «El sexo todo lo anulaba en él. Fue el marido más asiduo, más marido que se haya visto nunca, encarnizado, implacable de exigencia amorosa».

Aun si María Luisa Gabriela de Saboya no era una belleza, como testimonia el duque de Grammont en una carta a madame de Maintenon, lo cierto es que ofrecía suficientes atractivos a su lascivo marido: «Era casi tan alta como su hermana mayor, la duquesa de Borgoña. Tenía el talle fino y las maneras graciosas; el aire noble y majestuoso; los ojos no muy grandes y poco vivos; el color pálido, pero bello; la boca pequeña; sus dientes eran blancos, aunque mal alineados. No podía decirse que era una belleza, pero podía asegurarse que su cara gustaría a todo hombre de buen gusto».

La tara melancólica fue haciendo mella poco a poco en el desdichado monarca, hasta anular por completo su personalidad. Comenta el doctor Jacoby que Saint-Simon, que fue a Madrid al frente de una embajada cuando el soberano tenía treinta y nueve años, lo encontró en un estado de imbecilidad absoluta. Rara vez abandonaba la cama y jamás iba a hacer sus necesidades si no era acompañado de su mujer. El remedio consistió entonces en colocar junto a la cama dos sillas agujereadas en el centro, para que la pareja real pudiese atender sus necesidades más primarias. La princesa de los Ursinos dio fe de ello a madame de Maintenon: «El rey no se levantaría en todo el día, si no descorriese yo el cortinaje de su cama, y sería una especie de sacrilegio que penetrase quien no fuera yo en la cámara real, cuando SS. MM. están acostados».

Recordemos que el monarca había sudado sangre para poder consumar la noche de bodas. La reina, de sólo trece años, se enfureció con su esposo por haberle privado de su séquito piamontés y le castigó con tres días de abstinencia. Aquélla fue la peor condena que Felipe V pudo padecer; hay que tener en cuenta, además, que el pobre monarca, desesperado por consumar el matrimonio, había aguardado a su esposa en el lecho como Dios le trajo al mundo. Saint-Simon lo cuenta con su gracejo habitual: «El rey, que se había desnudado ya, estaba esperando y por fin la princesa de los Ursinos, apurada toda su elocuencia, se vio obligada a ir a decirle todo lo que pasaba. Felipe se manifestó muy resentido y picado de aquella niñería, pues como rey y como novio se consideró agraviado y sintió enojo».

Pero, por fortuna para el atribulado novio, todo cambió desde aquel día. El desenfreno presidió las intensas jornadas de alcoba, para las que el rey se estimulaba salvajemente con los afrodisíacos de la época, como testimonia de nuevo el penetrante Saint-Simon: «Si algo puede abreviar la larga vida que le promete su temperamento nervioso, vigoroso, sano y de buena complexión, será el exceso de comida y de ejercicio de deber conyugal, en el que trata de excitarse con algunos socorros continuos».

La muerte de su primera esposa sumió al rey en una profunda melancolía, haciéndole debatirse entre su voracidad sexual y su marcado temor de Dios, como advertía la princesa de los Ursinos al abate Alberoni: «A cada instante que transcurre se hace más urgente la necesidad de buscar una esposa para el rey. Como no ignoráis, la continencia produce violentos dolores de cabeza y sudores a Su Majestad y no es posible apelar al simple remedio de una amante, ya que la conciencia del rey continúa siendo tan fuerte como su ardor temperamental».

Una crónica de la época hacía hincapié en esos dos polos —su desmedido apetito y su conciencia— entre los que forcejeaba el comportamiento del rey: «El animoso monarca pasaba dos veces al día de los brazos de su mujer... a los pies de su confesor». El propio Alberoni ratificaba esa especie de conducta esquizofrénica: «Sólo necesita un reclinatorio y una mujer».

Llevaba nada menos que seis meses de obligada abstinencia el monarca, rehén de su enfermiza melancolía y desentendido de los asuntos de gobierno, cuando se dispuso a casarse por segunda vez. Su nueva mujer, Isabel Farnesio, consciente de que su verdadero trono era la cama, supo responder a sus exigencias conyugales mejor que la primera. El mismo día en que fue a recibirla a Guadalajara, el rey se congratulaba ante sus cortesanos por la inolvidable noche que le aguardaba. Pero lo cierto es que fue incapaz de esperar tanto: tras la misa de velaciones, celebrada por la tarde en el palacio del Infantado, un frenético Felipe V consumaba su matrimonio. De nuevo dejaba el piadoso reclinatorio para copular en la cama. Saint-Simon vuelve a dar fe de ello: «El rey dio la mano a la reina; condújola en el acto a la capilla, donde su matrimonio se ratificó, y desde allí a su cámara; en la cual, en el acto, y siendo las seis de la tarde, ambos se metieron en la cama, que no dejaron hasta cerca de la medianoche, para asistir a la misa del gallo».

El soberano se convirtió muy pronto en un auténtico lipemaníaco, aquejado de locura melancólica. Sólo existía un medicamento capaz de calmar su delirio: cuando la reina le veía hundido, hacía llamar al célebre músico italiano Carlo Broschi Farinelli, cuyo *bel canto* lograba disipar su tristeza. Más tarde, Farinelli acunaría también al sombrío Fernando VI, que heredó de su padre los malditos vapores.

El desequilibrio de Felipe V se hacía también patente en los favores que concedía a Farinelli, a todas luces excesivos. La primera vez que el músico le dedicó sus canciones en palacio, recibió del rey su retrato enmarcado con brillantes. Luego se le fijó un sueldo de ciento treinta y cinco mil reales, y obtuvo una habitación en la corte. La reina quiso recompensar también sus servicios con desmesura regalándole un nudo de brillantes de cuatro mil pesos, mientras que el príncipe de Asturias le hizo entrega de un reloj, una sortija de mil doblones y un nudo de diamantes para el sombrero. A buen seguro nadie en la historia de la medicina recordará un remedio tan caro para combatir la melancolía.

El perspicaz marqués de Louville señala que el menor acto

de voluntad fatigaba al abúlico monarca: «Felipe había recibido de la naturaleza una constitución fuerte, pero vaporosa. Las inquietudes y turbaciones nerviosas, las nubes de tristeza lo agitaban con frecuencia, y su inteligencia aparecía como envuelta, quedaba como oscurecida». Solía vérsele salir del Consejo Real deshecho, extenuado; se dejaba caer en una butaca y llamaba inmediatamente a su querido Louville, en cuya presencia vertía un torrente de lágrimas, reclamando la compañía de sus hermanos, los duques de Berry y de Borgoña, que vivían a miles de kilómetros de allí.

Felipe V había heredado de su padre su mutismo: «Hacía falta que conociera bien a una persona para dirigirle un par de palabras», asegura Brunet en la *Correspondance de Madame*. Prácticamente desde el principio de su reinado, insistimos, empezó a sentir unos malestares a los que enseguida denominaron «vapores» y que, en opinión del doctor Cabanés, eran un legado de su abuelo paterno. El propio Luis XIV había tratado de tranquilizar a su nieto diciéndole: «Son incómodos, pero no son peligrosos y no alteran el fondo de la salud. Piense usted en ellos lo menos que le sea posible y no tome ninguna medicina para curarlos». Pero, a juzgar por la carta que el marqués Louville, confidente de las intimidades del rey, escribió por entonces desde Nápoles al ministro francés Torcy, el cuadro clínico del monarca era muy preocupante:

> La salud del rey me inquieta bastante. Los vapores que tiene lo hunden en una melancolía prodigiosa, que no tiene más causa que el humor que le envía humos a la cabeza y que a veces le dificulta la respiración. Me ha confesado que nunca se había sentido bien curado desde su sarampión y que su cabeza se había

> encontrado siempre embarazada desde aquel tiempo, pero no tanto, ni con mucho, como desde que está en Nápoles. Yo creo que la falta del ejercicio a que estaba acostumbrado contribuye bastante a ello, así como la ausencia de la reina. Este humor o algún otro que no conocemos lo sume en una indolencia y un abatimiento extraordinarios, que lo hacen incapaz de todo, y su humor se vuelve tan negro que nada puede conmoverlo y que me ha confesado que la vida misma era un peso para él.

Meses después, Louville se expresaba en términos aún más dramáticos sobre la salud del rey, esta vez desde Milán:

> Los vapores del rey continúan y nos ponen en unos aprietos que no puedo expresarle. Difícil es adivinar la causa. En cuanto a los efectos, el rey se halla en un estado de tristeza continua. Dice que cree siempre que se va a morir, que tiene la cabeza vacía y que le va a saltar; y no es que le asuste la muerte, puesto que absolutamente no la teme; pero se ocupa involuntariamente en este pensamiento, que no puede quitarse de encima, lo que es una marca segura del vapor que, dentro de quince días tal vez, tomará otro objeto, como suele suceder ordinariamente. En resumen, está en una situación muy lamentable y que me causa una no escasa dificultad, no pudiendo alejarme de él en este estado, y recayendo sobre mí todos los detalles de su servicio y de su campaña. Esto le hace mucho más taciturno todavía que antes; querría estar siempre encerrado y no ver a nadie, salvo un escaso número de personas a las que está acostumbrado.

Los testimonios de las personas que rodeaban al egregio loco se multiplican. Alberoni escribió al duque de Parma una carta, conservada en los archivos napolitanos, en la que, entre otras cosas, le decía:

> El 4 de octubre de 1717 fue atacado el rey por una melancolía tan negra que se creyó que iba a morir de un momento a otro. Las súplicas del confesor, del médico, las amenazas, no tuvieron efecto alguno. Se imaginaba, y aún hoy no se le ha quitado del magín, que al salir a caballo el sol le había atacado aquella parte de la cabeza que cree tener enferma. A todas las razones que se le oponían respondía que le entristecía que no le creyeran, pero que su próxima muerte lo justificaría.

Un observador tan agudo como Saint-Simon tampoco pudo pasar por alto el deplorable estado en el que encontró a Felipe V tras visitarle en la corte, en 1721:

> La primera ojeada, cuando hice una reverencia al rey de España al llegar, me sorprendió tanto que tuve necesidad de apelar a toda mi sangre fría para reponerme. No vislumbré rastro alguno del duque de Anjou, a quien tuve que buscar en su rostro adelgazado e irreconocible. Estaba encorvado, empequeñecido, la barbilla saliente, sus pies completamente rectos se cortaban al andar y las rodillas estaban a más de quince pulgadas una de otra; las palabras eran tan arrastradas, su aire tan necio, que quedé confundido. Una chaqueta sin dorado alguno, de un paño burdo moreno, no mejoraba su cara ni su presencia.

Al año siguiente el monarca era, si cabe, más despojo humano que antes. Los médicos le diagnosticaron «frenesí, melancolía, morbo, manía y melancolía hipocondríaca». Semejante retahíla de alabanzas se encarnaban en un rey abandonado a su suerte, dispuesto tan sólo a someterse a la voluntad inexorable del destino. Un rey que demostraba además una dependencia patológica de su esposa, como señala el jurista francés Mathieu Marais en sus reveladoras memorias, tras cuya lectura a nadie puede quedarle el mínimo resquicio de que si alguien no gobernaba España era precisamente su propio rey:

> No deja a su mujer. Están juntos, acostados, hasta las nueve o las diez de la mañana; hacen sus oraciones juntos, van a misa juntos. Después de la misa, juegan al billar juntos, hacen alguna lectura piadosa juntos, y después comen juntos. Después de comer juegan al *piquet* juntos [juego francés de naipes con baraja de treinta y dos cartas], van a pasear juntos, vuelven para leer juntos una vez más, y se ocupan juntos en buenas acciones; después cenan juntos, y, así, todo lo hacen juntos... Entonces, a los cuarenta años, el rey abdica... Está atormentado sin cesar por «un priapismo perpetuo» que lo agota, y que tendrá todo el tiempo para emplear.

Así llegó el 10 de enero de 1724 y, con él, la abdicación del monarca en la persona de su hijo Luis I, de quien hablaremos en este capítulo. Finalizaba de esta forma la primera parte del reinado de Felipe V, iniciada el 24 de noviembre de 1700. Pero el exiguo reinado de su hijo (siete meses y medio), a causa de su prematura muerte, pondría otra vez la nación en manos del padre hasta julio de 1746, cuando falleció fulminado por un ataque de apoplejía.

Ese segundo período se caracterizó por el irremediable empeoramiento de la enfermedad de Felipe V, que alcanzó un grado extremo de locura. El monarca se debatía entre su obsesión sexual y un severo misticismo que le llevaba a defender con uñas y dientes a la Inquisición; durante su reinado, sólo en España, sin contar América, el despiadado tribunal proclamó casi ochocientos autos de fe que enviaron a los herejes al fuego de las hogueras.

De su fanatismo religioso, que en nada se correspondía luego con su régimen de vida, da fe uno de sus biógrafos, Desdevises du Dézert, al subrayar que oía misa todos los días, recitaba por las mañanas los oficios del Espíritu Santo, rezaba por la noche el santo rosario, se confesaba varias veces y comulgaba por lo menos una vez por semana.

El monarca pronto se sumergió en un estado total de abandono. Un día, inexplicablemente, consintió que le afeitasen la barba, pero llegó a conservar el largo del cabello muy por debajo de su peluca, de la que jamás se despojaba, mientras las uñas de los pies le crecieron tanto que le impedían caminar con normalidad. El historiador Arthur Chuquet descubrió un revelador documento, fechado el 13 de julio de 1722, según el cual Felipe V no se había mudado de ropa ¡durante un año!:

> Su traje caía hecho pedazos y principalmente su pantalón, descosido desde la cintura hasta abajo. Le servía de muy poco: cuando le sucedía algún desarreglo, sea porque se sentase, sea porque su pantalón cayese, se le veían los muslos. Al principio, un ayuda de cámara de confianza remendaba este pantalón, pero luego se cansó de hacerlo. El rey de España hacía él mismo los remiendos con seda que pedía a las camareras. A veces, cuando salía para ir a misa, la reina sostenía con alfileres los jirones del pantalón, y él la dejaba hacer. La sangre fría de que daba muestras entonces parece inconcebible.

El doctor Cabanés recordaba que Felipe V, creyéndose muerto, llegaba a morderse los brazos, inquiriendo luego a sus cortesanos por qué no le habían dado aún sepultura. Tenía extrañas manías, como abrir de par en par las ventanas durante el gélido invierno, y cerrarlas herméticamente en verano, mientras envolvía su cuerpo con mantas. Mantenía una pierna hinchada siempre fuera de la cama, la cual movía sin cesar. Cuando no se creía muerto, se sugestionaba con que le habían envenenado, por lo que siempre tenía a mano abundante triaca, una especie de antídoto. Incluso llegó a creer que era una rana, y soltaba unos terribles alaridos que despertaban por la noche a todos en palacio.

Entre tantos y tan alarmantes actos de demencia, resultaba insólito que fuera capaz de hablar de asuntos de Estado con el embajador francés, razonando con exactitud y haciendo gala de una extraordinaria memoria.

En cierto momento el rey cambió radicalmente los horarios en palacio: vivía de noche y dormía de día. A las once de la noche tomaba un refrigerio y trabajaba con sus ministros hasta las dos de la madrugada; luego cenaba; entre las cinco y las seis de la mañana se acostaba, y a las dos de la tarde se levantaba y asistía a misa.

Al cabo de unos meses recuperó el horario normal. Pero su locura era ya crónica, como evidencia el ya citado Arthur Chuquet al referir una escena acaecida en palacio el 20 de junio de 1728. Aquel día, el rey se levantó a las cinco de la mañana, decidido a salir a la calle en camisa y descalzo. Tras oír ruidos, la reina se despertó, le hizo desistir de tan ridícula intención y logró que volviera a la cama. El monarca, obsesionado con que alguien pretendía envenenarle con una de sus camisas, se acostó con una camisa de la reina que le llegaba hasta los talones. Desde entonces intentó varias veces fugarse por la noche de palacio, y en una ocasión llegó a golpear a la camarera y luego a la reina al intentar detenerle. Isabel Farnesio le lanzó entonces la peor amenaza que el rey podía escuchar: le advirtió de que si no entraba en razón, «no se acostaría más con él». Felipe V lloró desconsoladamente durante todo el día y se negó a despachar con sus ministros.

En agosto de 1732 sufrió un nuevo ataque de melancolía, sin que fuera posible rescatarle de su profunda desidia. Casi dos años después, en junio de 1734, recibió la visita de un enviado francés al que el aspecto del rey dejó impresionado:

> Tenía el rostro descarnado —escribía sobre el monarca, de apenas cincuenta y un años— y el color de un muerto. Sus dos manos, juntas, apenas podían poner el sombrero sobre su cabeza, tardando mucho tiempo y temblando mucho. Aunque creía siempre que estaba enfermo, no quería, sin embargo, tomar ninguna medicina. La última manía que había tenido era no querer beber. Sus ojos estaban apagados. Apenas tenía fuerzas para entrar en una silla de ruedas, y le era completamente indiferente que le llevaran a derecha o izquierda.

Por si fuera poco, desde 1736 tuvo que soportar unos violentos ataques de hipo que se repetirían de modo intermitente hasta su muerte, diez años después. Durante ese tiempo desarrolló una manía persecutoria, sintiéndose víctima de un malvado que le causaba heridas mientras dormía, cuando en realidad era él mismo quien se arañaba con sus largas y cortantes uñas. Otras veces, presa del pánico, aseguraba que había alrededor de su cama escorpiones que le picaban. Y así, entre horribles alucinaciones, fue consumiéndose la triste existencia de este fundador de la dinastía borbónica en España, que murió repentinamente el 9 de julio de 1746.

Aquel día, alrededor de la una y media de la madrugada, mientras estaba en la cama con su inseparable esposa, sintió un tremendo latigazo en la garganta y, rodeándosela con las manos, exclamó: «¡No sé qué me da!». La reina, asustada, le replicó: «¡Escupa, señor!». Pero el rey, arrojando sangre por la boca y la nariz, sólo pudo añadir: «Yo me muero, llamen a mi confesor...». Minutos después, el sacerdote sólo pudo darle la absolución *sub conditione*, mientras los médicos hacían vanos esfuerzos por devolverle a la vida.

Su cuerpo, embalsamado, fue expuesto en una sala de palacio para que el pueblo llano pudiera despedirle en la capilla ardiente. Las gentes juzgaron con sus versos el largo y ajetreado reinado de este primer Borbón de España:

> Requiescat*: murió Felipe,*
> in pace *ha quedado el reino.*
> *Amén dicen los vasallos,*
> *¡Jesús, a qué lindo tiempo!*

Si acreditada ha quedado la triste estampa de Felipe V, no menos tenebrosa era la de su primera esposa, María Luisa Gabriela de Saboya, que permitirá acercarnos mejor al primero de sus hijos, Luis I, el monarca efímero.

María Luisa Gabriela de Saboya aportó a los Borbones de España una herencia familiar muy poco edificante: su padre,

Víctor Amadeo II, duque de Saboya, murió completamente loco. Su hermana mayor, María Adelaida, casada con Luis, duque de Borgoña e hijo del Gran Delfín de Francia, padecía bocio y presentaba tumefacciones en los ganglios linfáticos que la sumían en un estado de debilidad propicio para contraer enfermedades infecciosas, especialmente la tuberculosis.

María Adelaida tuvo cuatro hijos: uno que nació prematuro y fue imposible sacar adelante; dos que murieron en la cuna; y otro más, que reinaría como Luis XV, de carácter extraño y neurótico.

El doctor Cabanés ofrece un perfil descarnado de la madre de Luis I y de Fernando VI de España:

> María Luisa Gabriela de Saboya era un verdadero «demonio colérico», y en sus momentos de violencia nada la contenía: daba entonces a su augusto esposo unas palizas épicas; la menor contradicción la ponía fuera de sí. Tenía un medio categórico para llegar a sus fines: era, cuando proponía algo, exigir la decisión inmediatamente. El rey, encontrándose así cogido por sorpresa, no tenía tiempo para reflexionar, y a fin de evitar una escena, cedía siempre. Se puede imaginar cuáles eran los argumentos de que se valía la reina por poco que encontrase resistencia; es muy difícil adivinarlos a través de la correspondencia diplomática que nos ha dado tantos datos preciosos sobre la Corte de España; hay principalmente un diálogo entre Louville y un jesuita, el padre Daubenton, que cabría muy bien en una escena de comedia…

Más que divertido, el diálogo al que alude Cabanés era patético y revelaba dos graves defectos de la reina: la maledicencia y el chismorreo. El 28 de agosto de 1703, el marqués de Louville relataba a Torcy esa conversación, en la que él mismo había participado:

> Hablábamos de los grandes y tocó su vez al duque de Alba: «Es su mujer quien está completamente loca», me dijo la reina; y después contó la siguiente historia: «La duquesa de Alba tiene un hijo al que llama Nicolás, que, lo mismo que su querido padre y su querida madre, está perdido de enfermedades feas y cayéndose a pedazos. Isabel, su madre (quieren que la llamen así, y Antonio a su marido, al modo de los Reyes de Castilla), envió a buscar reliquias a los monjes para curar a su hijo. Inmediatamente, como las pedía una gran dama, la enviaron el dedo de un santo. Tomó Isabel el dedo, lo machacó bien en su mortero, lo redujo a polvo, y dividió en dos partes; hizo tomar una de ellas a su hijo en un brebaje y le administraron la otra en una lavativa para que el remedio le llegase por todas partes al mismo tiempo. Hay que convenir en que Nicolás es una magnífica caja de reliquias; y después, juzgad de Antonio y de Isabel».

Pronto, la misma enfermedad que sufría su hermana María Adelaida acabaría llevándose al sepulcro a la madre de Luis I y de Fernando VI. El 14 de febrero de 1714, María Luisa Gabriela de Saboya decía adiós a este mundo cubierta de tumores fríos que supuraban.

Diez años después subía al trono su primogénito, Luis I, tras la abdicación de su padre. El mismo a quien su madre, días después de nacer, alzó para que la multitud congregada junto a la iglesia de la Virgen de Atocha pudiera verle, mientras exclamaba con pasmosa sencillez: «¡Ahí tenéis a Luisillo!».

Ahora «Luisillo» acababa de contraer matrimonio consanguíneo, como era costumbre en los Borbones de España, con Luisa Isabel de Orleans, princesa de Montpensier, hija del regente de Francia duque de Orleans y de Francisca María de Borbón, hija ilegítima de Luis XIV. Con diecisiete años el rey, y tres menos la reina, formaban la pareja real más joven de la monarquía española.

El nuevo soberano de España, a juzgar por sus contemporáneos, era francamente feo, larguirucho y enclenque. Pero, como era habitual en su regia familia, conservaba en plena efervescencia su furor sexual. Su temperamento era tan ardiente, que tuvieron que retirar de sus aposentos el retrato de su novia, «cuya imagen agitaba sus noches». De él dijo el duque de Saint-Simon que «tenía la inteligencia de un niño, la curiosidad de un adolescente y las pasiones de un hombre».

Había perdido a su madre con sólo seis años y medio, y el triste suceso acentuó su naturaleza de por sí retraída. Se pasaba las horas junto a la cuna de su hermano menor, Fernando, como si se sintiese responsable de él tras su orfandad. Olvidado por su padre, que tras la muerte de la reina quedó sumido en otra de sus crisis depresivas, el niño se refugió en su soledad. Don Luis, el primer príncipe de Asturias de la dinastía borbónica, a quien el pueblo dio en llamar el «Bien Amado», no tuvo, sin embargo, en su infancia a quien amar.

La mujer que el destino le había reservado como esposa dejaba también bastante que desear. Psiquiátricamente, según el doctor César Fernández-Ruiz, «fue una esquizofrénica, a la que hubo que recluir en algunas ocasiones por su conducta exhibicionista, y su afición a la bebida».

Luisa Isabel de Orleans llegó a España con los ganglios linfáticos del cuello inflamados. Y, puestos a hacer conjeturas, Felipe V pensó que se trataba de viruelas; aunque en otro momento temió, dada la mala reputación de su padre, el regente de Francia, que en realidad padeciera sífilis. Al final los médicos dictaminaron que el monarca no tenía por qué preocuparse, y todo quedó ahí. El doctor Fernández-Ruiz corrobora que Luisa Isabel padeció infartos ganglionares (escrófulas) y que sus menstruaciones eran muy escasas, lo que revelaba una clara insuficiencia ovárica.

El duque de Saint-Simon, nombrado embajador extraordinario en España para fijar la conclusión del matrimonio, plasmó en sus memorias la primera impresión que le produjo la jovencísima princesa:

> Tenía la cara marcada, llena de costurones, desfigurada en extremo por la viruela; era delgada, aunque de garganta y hombros bellos; de elegante y buen talle, hablaba francés con facilidad y corrección, aunque con ligero acento italiano; en su gracia encantadora, continua y natural, no había la más ligera afectación; no excluía su aire de bondad y cortesía el sello de grandeza y majestad, que no la abandonaba.

Pero enseguida los caprichos y el desequilibrio de la nueva reina dejaron atónita a la corte española, incluido al propio Saint-Simon, quien relató así la increíble audiencia de despedida que se le dispensó como embajador extraordinario:

> Estaba Luisa Isabel bajo un dosel, en pie, las damas a un lado, los grandes del otro. Hice mis tres reverencias, y después mi cumplido. Me callé luego, pero en vano, porque no me respon-

dió ni una palabra. Tras algunos momentos de silencio quise darle tema para contestarme, y le pregunté si algo deseaba para el rey, para la infanta y para *madame*, el duque y la duquesa de Orleans. Me miró y soltó un eructo estentóreo. Mi sorpresa fue tan grande, que quedé confundido. Un segundo eructo estalló, tan ruidoso como el primero. Perdí la serenidad y no pude contener la risa; y mirando a derecha e izquierda comprobé que todos tenían su mano sobre la boca y que sacudían los hombros. Finalmente, un tercer eructo, más fuerte aún que los dos primeros, descompuso a todos los presentes y a mí me puso en fuga con cuantos me acompañaban, con carcajadas tanto mayores cuanto que forzaron las barreras que cada uno había intentando oponerles. Toda la gravedad española quedó desconcertada, todo se desordenó; nada de reverencias: cada uno, torciéndose de risa, salió corriendo como pudo, sin que la princesa perdiese ni un átomo de su seriedad.

La grosería y el mal gusto de Luisa Isabel de Orleans no tenían límite. El propio Felipe V la amenazó un día con encerrarla si seguía comportándose así en la corte. Y el mismísimo mariscal de Tessé, embajador de Francia, llegó a escribir sobre ella palabras tan terribles como éstas: «No es culpa suya, y le aseguro a usted que ha aprendido muchas cosas en el Palais Royal que no ha olvidado en su palacio y de las que habla a sus damas. Conozco a una a quien ha dicho hace veinticuatro horas: "Si quiere ser p..., ¿querría usted servirme de a...?"».

La reina era una desvergonzada, lo cual era fácil de entender si se reparaba en su alocada vida anterior. A los cuatro años sus padres la enviaron a educarse en un convento, pero tuvieron que sacarla de allí al cabo de unos meses por el escándalo que armaba. De regreso en el Palais Royal, residencia de su familia, la niña creció con el vivo ejemplo de su libertino padre y el no menos corrompido de sus hermanas. Y, por si fuera poco, con la pervertida corte parisina como telón de fondo. No era extraño pues que la joven reina se comportase ante la perpleja mirada de la corte española como lo había hecho antes en su palacio familiar. Su propia abuela, la duquesa viuda de Orleans, la describió muy severamente, pero con justicia:

> No puede decirse que mademoiselle de Montpensier sea fea: tiene los ojos bonitos, la piel blanca y fina, la nariz bien formada y la boca muy pequeña. Sin embargo, a pesar de todo esto, es la persona más desagradable que he visto en mi vida; en todas sus acciones, bien hable, bien coma, bien beba, os impacienta, por lo cual ni yo ni ella hemos vertido lágrimas cuando nos hemos dicho adiós.

Llegó un momento en que Luis I no pudo aguantar más el desinhibido carácter de su mujer y escribió desesperado a su padre en estos términos:

> Preferiría estar en galeras a vivir con una criatura que no observa ninguna conveniencia, que no le complacía en nada, que no pensaba sino en comer y en mostrarse desnuda a sus criados, y que no convenía a una reina de España llevar una vida de la que no podía su marido apartarla, pues aunque le había hablado más de cuarenta veces en particular, no había hecho ella sino burlarse de sus observaciones.

Pero Luis I no era precisamente un modelo para su esposa. Se había casado con ella sin amarla; simplemente por razón de Estado. Y muchas noches se ausentaba de palacio para correrse intensas juergas con rameras. Tenía una pasión desmedida por la caza, y algunas veces no podía resistirse a robar fruta en los jardines de palacio, demostrando así su carácter pueril. A juzgar por lo que dice de él el mariscal Tessé, su vida no era precisamente laboriosa: «En cuanto ha almorzado se va a jugar a la pelota; el resto del día, bajo un gran calor, se va de caza y camina como un montero; por la noche, sin trabajar eficazmente, creemos que se excede y, sin embargo, no le gusta su mujer ni a su mujer él».

De todas formas, el pueblo le quiso. El 31 de agosto de 1724, las gentes lloraron su muerte, producida por unas viruelas malignas que los médicos no supieron curar a tiempo.

La reina viuda aún viviría dieciocho años más, hasta el 16 de junio de 1742, cuando falleció repentinamente mientras se entregaba a uno de sus grandes vicios: la gula. El duque de Luynes testimonia que el embajador español en París, al cumplimentar el pésame, «no pudo evitar la risa, y riendo fue recibido por la Reina, por el Delfín y por Madame». Ironías del destino...

A la muerte de Luis I, comenzó el segundo reinado de Felipe V, como ya hemos visto. Y al morir éste, le sucedió en el trono el único hijo que le quedaba de su matrimonio con María Luisa Gabriela de Saboya: Fernando VI, nacido tan sólo cinco meses antes de que su madre falleciera y que reinaría durante trece años, de 1746 a 1759.

El niño creció con evidente falta de cariño, pues la única persona que podía dárselo, su madrastra Isabel Farnesio, los trató siempre a él y a su hermano Luis con hostilidad y desdén.

Fernando VI halló el verdadero amor en doña Bárbara de Braganza, mujer espantosamente fea con la que se desposó años antes de suceder a su padre en el trono. Era hija de Juan V, rey de Portugal. Tan pocos encantos ofrecía la mujer, que durante algún tiempo la corte de Lisboa se negó a enviar su retrato a palacio, como exigía la costumbre y la etiqueta, limitándose a esgrimir absurdas disculpas. La verdad se sabría, sin embargo, gracias a una carta que el embajador español, marqués de los Balbanes, dirigió a los reyes:

> La cara de la señora infanta ha quedado muy maltratada después de unas viruelas, y tanto, que afirmase haber dicho su padre que sólo sentía hubiese de salir del reino cosa tan fea.

Una de las primeras impresiones sobre la novia la registró el embajador británico en España, míster Keene, quien asistió a la ceremonia de la boda:

> Observé que la figura de la princesa, aunque cubierta de oro y brillantes, no agradó al príncipe, que la miraba como si creyese que le habían engañado. Su enorme boca, sus labios gruesos, sus abultados carrillos y sus ojos pequeños, no formaban para él, a lo que pareció, un conjunto agradable: lo único que tiene de bueno es la estatura y el aire noble.

Pero doña Bárbara de Braganza, pese a su fealdad, supo cautivar a su regio marido con sus grandes virtudes. Era una mujer muy culta; hablaba y escribía perfectamente en portugués, castellano, alemán, italiano y latín; componía incluso algunas melodías, y bordaba maravillosamente.

Su marido tampoco es que fuera un primor físicamente: era bajito y en su rostro no había nada que resultase atractivo a los ojos de una mujer; tenía la nariz típicamente borbónica, y los labios, gruesos y pequeños. Su mirada parecía a veces perdida, y la frente era tan ancha que podía jugarse en ella un partido de pala. Nadie hubiera creído, a juzgar por su débil constitución y por la docilidad de su carácter, que aquel hombre menudo experimentase a veces violentos arrebatos de cólera e impaciencia.

Pronto Fernando VI sufrió las mismas crisis melancólicas que en vida atormentaron a su padre; a la menor indisposición se creía muerto. Mientras, su esposa, contagiada de melancolía, se sentía dominada por otra fobia: la tortura y las privaciones que podía sufrir si, como todo parecía indicar, sobrevivía a su marido. El temor a ser abandonada como viuda le inspiró un desmedido apego por el dinero, y llegó a comprometer su dignidad aceptando regalos de los ministros e incluso de los embajadores de las potencias extranjeras.

Al mismo tiempo, Bárbara de Braganza tenía pánico a morirse súbitamente, pues se creía amenazada de apoplejía debido en parte a una afección asmática que le angustiaba.

Por si fuera poco, también le inquietaba que el rey pudiese abdicar algún día, máxime, si como ella sabía, su esposo era estéril. De esta noticia estaba al corriente la corte de Francia, a juzgar por un revelador documento hallado en los archivos de Negocios Extranjeros, un despacho de La Marck al ministro Amelot, fechado el 19 de enero de 1739, que decía así:

> Aunque por su gran juventud, hay en él los movimientos necesarios para dar satisfacción a una mujer; sin embargo, ca-

recía naturalmente de lo que por artificio se quita en Italia a los que se quiere figuren en una capilla de música; de suerte que en este Príncipe había muchas fogatas, pero sin llamas ni consecuencias necesarias para la generación.

Quien sí había sido convertido en eunuco, por decisión paterna, para dotarle de una voz celestial, era el sin par cantante Farinelli, que tanto había aliviado a Felipe V durante sus extenuantes vapores. En cuanto Bárbara de Braganza se enteró de su existencia, recurrió al sublime talento musical de Farinelli para calmar las crisis melancólicas de su marido. El artista consiguió que se construyera un teatro contiguo al palacio de El Buen Retiro, y que se llamara a los mejores cantores de Italia. Pero, como antes había sucedido con Felipe V, el remedio fue insuficiente para sanar la enfermedad mental del rey. Resultó evidente que la música, como la medicina de entonces, era incapaz de arreglar un problema tan grave y complejo como aquella tara heredada del primer Borbón de España. El barón de Gleichen ratificaba así los males que asolaban entonces al hijo:

> Fernando VI —escribía en *Souvenirs*— heredará de su padre la enfermedad del dios de los jardines y el terror maniático de que se quería atentar contra su vida. Esta doble irritabilidad, moral y física, le había hecho más dependiente de la Reina María Bárbara de Portugal, su mujer, de lo que fue Felipe V de la suya.

La experta opinión del doctor Jacoby no varía en lo sustancial de la vertida por el barón de Gleichen sobre Fernando VI: «Había heredado la enfermedad mental de su padre. Atormentado por el temor perpetuo de la muerte, estaba hundido en la más sombría melancolía. De una piedad ardiente, era, como Felipe V, esclavo de su mujer, princesa muy fea, monstruosamente corpulenta, más que estrafalaria, tan melancólica como su marido, pero amable e inteligente». A continuación Jacoby completaba su perfil de la pareja real tan poco edificante, pero al mismo tiempo tan revelador:

> El rey y la reina sentían una pasión por la música que iba hasta la excentricidad. Después de la muerte de su mujer, Fernando VI cayó en una postración completa, se condenó a la soledad, al silencio y a la abstinencia. Durante un año entero no cambió de ropa, no se vistió y no se acostó en una cama, durmiendo a veces media hora en su butaca, y murió a la edad de cuarenta y siete años, un año después que su mujer. Entre otras rarezas de la reina, estaba obsesionada por el temor perpetuo de caer en la miseria después de la muerte de su marido, idea que la hacía muy ávida. Pues bien, al producirse el fallecimiento del rey, un año más tarde que el de su mujer, se encontraron en su cuarto setenta y dos millones en monedas, en el momento en que el Estado se hallaba en la mayor penuria.

En efecto, la muerte de la reina sumió al rey en un estado depresivo del que ya nunca se recuperó. Encerrado en el castillo de Villaviciosa, se negaba a pronunciar una sola palabra y a despachar con sus ministros, y durante ese tiempo no pudo expedirse orden alguna. Guardó cama durante siete días consecutivos. Sus médicos, desesperados, recurrieron a un aventurero llegado del Perú que aseguraba poseer un remedio eficaz cultivado en los alrededores de Huanaco. Se trataba de una raíz de unos diez centímetros de largo que contenía bajo su corteza rojiza, en su pulpa blanca, un jugo abundante. Se administraba en polvo y su nombre científico era *Dorstenia*. Sea como fuere, la droga americana concedió al rey una tregua de seis meses con sus vapores melancólicos. Pero después su enfermedad mental progresó irremisiblemente.

El historiador británico William Coxe resume a la perfección el estado en que se hallaba sumido el monarca en sus últimos años de reinado:

> Era tan incapaz de fijar en cualquier cosa una atención esmerada, que en lugar de servir para su recreo la música y la caza, llegaron a ser sus ocupaciones y no sus pasatiempos. Estaba tan persuadido de su incapacidad natural, que contestó a una persona que le daba el parabién por su destreza en el tiro: «Sería sorprendente que no hiciese bien alguna cosa». Esta convicción y estos defectos hicieron que fuese un instrumento servil entre las manos de aquellos a quienes confió el gobierno.

Fernando VI, como decíamos, llegó a perder casi por completo la razón. Las noticias de la tentativa de asesinato contra Luis XV y, especialmente, la sufrida por el rey de Portugal le trastornaron muy gravemente. Según relata en sus memorias el barón de Gleichen, en cuanto el monarca se enteró de ambos sucesos, se orientó en su cuarto de manera que Francia quedase a su derecha y Portugal a su izquierda, aunque al menos fuera en su imaginación. Entonces, blandiendo la carta que acababa de recibir informándole sobre ambos intentos de asesinato, vociferó fuera de sí: «¡Puñalada por allí, pistoletazo por aquí, y yo en medio! ¡Ay de mí!». Dicho esto, se escondió debajo de la cama de la reina, que estaba frente a la suya, y no salió de allí hasta que algunos sirvientes le sacaron arrastrándole con gran esfuerzo.

Vallejo Nájera es rotundo al establecer su diagnóstico de Fernando VI; en su opinión, el monarca y su esposa fueron estériles, pero quizá predominó en la pareja el «déficit gonadal» del rey, quien, con el paso de los años, sufrió un «acusado priapismo» que desembocaría en las complicaciones orgánicas de «una depresión agitada esquizofrenoide».

Por su parte, los médicos Piquer, Virgilio y Casal, que trataron al monarca de «ictus apopléjico», le diagnosticaron también «locura melancólica», la misma enfermedad que había acabado con su padre.

Que fuera estéril, e incluso impotente al principio, como ha quedado apuntado, no significaba que el rey no sintiera ni padeciera, y así lo acredita el doctor Cabanés:

> Al verse su mujer atacada de viruelas, se mostró muy afectado; a consecuencia de esta circunstancia tuvo que imponerse privaciones que llevaron al colmo sus furores afrodisíacos. ¡No ha llegado a escribirse que quería violar a la moribunda hasta en su agonía!

Igual que hiciera su padre con su primera esposa, María Luisa Gabriela de Saboya, mientras la pobre mujer agonizaba en la cama invadida de escrófulas, Fernando VI, acuciado por ese pronunciado priapismo al que aludía Vallejo Nájera, sometió a la reina a un auténtico calvario. Así, mientras la reina luchaba ya sin esperanza ni fuerzas contra la carcinomatosis que infectaba su útero y le producía abundantes hemorragias, vómitos y escalofríos, el afanado monarca desahogaba una y otra vez sus bajas pasiones sin reparar en el sufrimiento de la moribunda.

La muerte de Bárbara de Braganza acabó por derrumbar la frágil salud mental de Fernando VI, que durante una semana se negó a probar alimento alguno, para luego hartarse de comida. Este círculo vicioso de ayuno, gula desenfrenada y estreñimiento se prolongó durante varios meses, como señala el doctor Cabanés: «Esforzábase en no evacuar nada, sentándose en los pomos puntiagudos de las sillas antiguas de su cuarto, de los cuales hacía tapones».

Por uno de sus doctores, Piquer, sabemos que las funciones del organismo del rey languidecían, y que todas las noches su cabeza se bañaba en sudor. Sufría continuos ataques de melancolía; antes de 1758 padeció uno que le duró trece meses. Se ignoraba por qué razón el rey se empeñaba en comer sólo carnes rojas y se negaba a probar las frutas y las legumbres. Pero llegó un momento en que rechazó cualquier alimento. Cuando le visitó el doctor Piquer, lo encontró esquelético: «A través de la piel se salían las vértebras y las costillas, tanto que se podían contar». El cuadro médico que registró el doctor era desolador:

> Tenía los ojos inyectados, los párpados secos e inflamados, el rostro colorado e hinchado y el pulso duro, lento y muy fuerte. Sobrevenían a veces temblores que agitaban convulsivamente los brazos y todos los miembros; orinas rojas, cargadas; estreñimiento tenaz; sueño bastante bueno, pero irregular; al despertar las ideas melancólicas se manifestaban con más vehemencia.

Los últimos días del monarca fueron aterradores. La agonía duró casi un año. Empezó el 7 de septiembre de 1758, con ataques de pánico, convencido de que iba a morir asfixiado o de forma súbita. Se paseaba de un lado a otro de su cuarto durante más de diez horas, hasta que una hinchazón de las piernas, seguida de ulceración y supuración, le obligó a estarse quieto. Su imaginación estaba descontrolada y sufría ataques de ansiedad. A finales de diciembre, apareció la fiebre y se le enfriaron los pies y las manos. Tenía la lengua reseca y muy oscura, y los labios, amoratados. Sufría convulsiones en las extremidades, y su estreñimiento, agravado de manera alarmante, se prolongó durante veintiséis días. El diagnóstico del doctor Piquer era inconfundible: el mal que asolaba al regio enfermo se hallaba en su propia mente, lo cual podía constatarse fácilmente por sus disfunciones cerebrales, la inflamación de los ojos y la sudoración de la cabeza.

Al mismo tiempo, la melancolía progresaba sin remedio. El enfermo sufría ataques de furiosa locura, durante los cuales llegaba a arrojar vasos y platos a sus sirvientes, o incluso trataba de estrangularse con sus sábanas o sus servilletas mientras lanzaba estremecedores aullidos.

El propio Fernán Núñez, en su *Vida de Carlos III*, confirma esos repentinos ataques de cólera que llevaban al rey a morder los vasos de plata, que fueron reemplazados por los de cristal. Un día decidió acostarse y no levantarse más. Se hacía todas sus necesidades en la cama ¡y luego las lanzaba como si fueran proyectiles a los que se le acercaban! La sagaz descripción del doctor Piquer sobre el estado mental de su paciente pone el trágico colofón a una vida marcada por los estigmas del pasado:

> En este estado de incoherencia, palabras sin ilación, ininteligibles las más de las veces; errores groseros de los sentidos;

pérdida de la memoria: confundía los lugares y las personas, y los objetos exteriores que caían bajo sus sentidos no provocaban la reacción habitual. Algunas intermitencias tan raras y tan cortas, que apenas se percibían. Disparatando sin medida, obligaba a sus servidores a que respondiesen a sus tonterías y se ponía furioso si no se le daba satisfacción. Suplicaba con frecuencia que le sostuviesen su espíritu, que se iba, según él, y tenía necesidad de apoyo, y les rogaba le sugiriesen ideas, pues no las tenía y creía que iba a morir falto de ellas... Se complacía pensando en su mal y no quería que lo distrajesen. Para tranquilizarlo había que inducirlo a que sintiese su enfermedad.

El 6 de agosto de 1759 un ataque de epilepsia dejó al monarca sin habla; tres días después volvió a sufrir otros dos ataques, a consecuencia de los cuales perdió los sentidos y quedó paralizado. Poco después, el 10 de agosto, expiraba el tercer Borbón de España...

3

EL CUERDO Y EL LOCO

Al día siguiente de la muerte de Fernando VI le sustituyó en el trono su hermanastro Carlos III, primogénito de Felipe V e Isabel Farnesio.

A sus cuarenta y tres años, Carlos III era un rey inteligente y enérgico. El doctor Cabanés lo describe a la perfección de una sola pincelada: «Era un hombre equilibrado entre locos». Aunque, sobre locos, nunca está todo dicho. No en vano en 1946 el psiquiatra Juan Antonio Vallejo Nájera diagnosticó a Carlos III como «típico ejemplo del psicópata epileptoide denominado por Mauz "burócrata solemne"».

Todos los años el monarca hacía el mismo recorrido, como si se tratase de un maniático ritual: el día 7 u 8 de octubre salía del Real Sitio de San Ildefonso y se dirigía al de San Lorenzo, donde permanecía hasta el 30 de noviembre o 2 de diciembre, en que se trasladaba a Madrid; el día siguiente a la Epifanía, el 7 de enero, abandonaba la capital con dirección a El Pardo, desde donde regresaba de nuevo a Madrid el sábado anterior al Domingo de Ramos. Pasada la Semana Santa, el miércoles de Pascua, a las siete de la mañana, se trasladaba a Aranjuez, donde permanecía hasta últimos de julio. Pasaba un par de semanas en

Madrid, y el 17 o 18 de julio iba a El Escorial, donde dedicaba el día a la caza. A la mañana siguiente partía hacia La Granja, permaneciendo allí hasta el 7 u 8 de octubre, cuando reanudaba su peregrinación. Y así un año tras otro, y todos los de su reinado, lloviese o tronase.

Pese a esta insoslayable pauta de vida, la maldición de los Borbones no se cebó con él directamente, pero sí con su descendencia, en la que se apreciaban con claridad los graves estigmas del pasado familiar.

A la herencia genética de su padre sumaba Carlos III la no menos deficiente de su madre. El padre de Isabel Farnesio, Eduardo Farnesio, duque de Parma, falleció con sólo veintisiete años; era obeso y en sus retratos se aprecia su marcado prognatismo inferior.

Su tía Margarita María y su tío Francisco, duque de Parma, murieron sin descendencia; lo mismo que su hermano Antonio Farnesio, con quien se extinguió su casa. El doctor Galippe le describe así: «Era de una corpulencia extraordinaria, sólo amaba la buena comida y la tranquilidad. Tenía prognatismo inferior».

Por línea materna, Isabel Farnesio estaba emparentada con Margarita de Parma, hija natural del emperador Carlos V, que se desposó con Octavio Farnesio. La herencia genética de Carlos V no era precisamente un regalo divino, sino más bien una desgracia. Nacido del matrimonio de Felipe el Hermoso y de Juana la Loca, el emperador Carlos V, según el doctor Galippe, «había sido un niño retardado, tartamudo, epiléptico, con vicio de conformación, a quien en los últimos años de su vida se le creía tocado».

Carlos III tenía, al igual que los Farnesio, prognatismo inferior.

Los historiadores A. Walter, Brewer y Gossart lo describen como un hombre de mediana estatura, flaco, paliducho, muy melancólico, y siempre boquiabierto a causa de su gran mandíbula inferior, que parecía colgarle del cuello. Padecía síncopes de carácter epiléptico. Algunas veces le acometían fugaces ataques de alegría y energía, pero habitualmente era taciturno y permanecía largo tiempo en un estado de absoluta inmovilidad. El doctor Galippe completa el dramático cuadro: «Era además gotoso, asmático y sufrió mucho de estas manifestaciones mórbidas. A esto hay que añadir que era comilón, gran bebedor y que, más que elegirlas, buscaba violentamente a las mujeres».

También por línea materna, los Farnesio estaban emparentados con el rey Carlos II de España; no en vano la madre de Isabel Farnesio era austríaca y hermana de Mariana de Neoburgo, viuda de Carlos II. Sobre este rey, último de los Habsburgo españoles, algunas de cuyas mujeres se casaron con Borbones, habría mucho que decir, pero nos limitaremos a lo más sustancial reproduciendo el devastador diagnóstico que sobre él realizó el doctor Jacoby: «Carlos II, último representante de esta raza degenerada, viejo, enfermo y achacoso antes de tiempo, arrastró dificilmente hasta la edad de treinta y nueve años su triste existencia».

Su desarrollo fue anormal. Dado su raquitismo, empezó a caminar a los cinco años, apoyándose para ello en los hombros de las meninas. Era escrofuloso y presentaba calenturas en su cuerpo. Al igual que sus antepasados y descendientes, tenía prognatismo inferior. El doctor Galippe nos ofrece otros trágicos brochazos de este infausto monarca: «Sentía animadversión hacia las mujeres. Probablemente, como varios de sus antepasados, presentaba una anomalía de los órganos genitales».

Apodado «el Hechizado», Carlos II vivió al final de sus días una terrible agonía. Entregado a magos y exorcistas, se invocaba al diablo delante de él para intentar que recuperara la razón. Se le dijo que su enfermedad se debía a un sortilegio: una droga compuesta de seso humano que le habían administrado en el chocolate. Para curarle, cada día le daban una taza de aceite consagrado. La Inquisición intervino y detuvo a los brujos. Pero el monarca no se repuso de la pesadilla y creía ver fantasmas junto a su cama. Como recuerda Paul de Saint-Victor, tres monjes pasaban la noche junto a él, salmodiando para espantar a los espectros.

Por línea paterna, Isabel Farnesio estaba emparentada con Alejandro Farnesio, que había sido elegido nada menos que Papa en 1534, con el nombre de Pablo III; dos años después cedió los Estados Pontificios de Parma, Plasencia y Guastalla a su hijo natural Pedro Luis Farnesio.

Hecho este esbozo de los antepasados de Isabel Farnesio, añadiremos que su primogénito Carlos III tuvo trece hijos, como vimos en el primer capítulo, con María Amalia de Sajonia, hija de Federico Augusto III, rey electo de Polonia, y de la archiduquesa María Josefa de Austria, primogénita del emperador José I.

De toda esa prole, seis hijos murieron en la infancia y otros dos fallecieron sin descendencia. Entre los que vivieron se apreciaban diversas taras degenerativas. Así, por los retratos que tenemos de María Luisa, desposada en 1765 con Pedro Leopoldo, que sería luego emperador de Alemania, sabemos que mostraba aplastamiento lateral y desproporcionado alargamiento del rostro.

El hijo mayor de Carlos III, Felipe, duque de Parma y de Plasencia, estaba llamado a suceder a su padre en el trono de Nápoles, mientras éste era coronado en España. Sin embargo, no pudo cumplir el deseo de su progenitor por ser epiléptico y, como tal, incapaz de reinar. El propio Carlos III hizo de tripas corazón en la solemne proclamación que leyó en Nápoles al acceder al trono de España:

> Entre los cuidados y las graves atenciones que me ocupan a causa de la muerte de mi augusto hermano Fernando VI, me encuentro llamado a la corona de España; *la imbecilidad notoria de mi hijo mayor* [las cursivas son mías] fija particularmente toda mi solicitud. Un número considerable de mis consejeros de Estado, un miembro del Consejo de Castilla, otro de la Cámara de Santa Clara, el teniente de la Sommaria de Nápoles y la Junta entera de Sicilia, representada por seis diputados, me han expuesto unánimemente que, después de haberlo intentado por todos los medios posibles, *no han logrado descubrir en el desgraciado príncipe, mi hijo mayor, el menor rastro de juicio, de inteligencia ni de reflexión*, y que, *no habiendo cambiado este estado desde su infancia, no sólo es incapaz de sentimientos religiosos y se halla privado de todo uso de razón, sino que no aparece para lo por venir ni el más pequeño vislumbre de esperanza.*

Sencillamente demoledor. Otro de sus hijos, Fernando, fue quien sustituyó a Carlos III en el trono de Nápoles en 1759. El doctor Jacoby tenía su propio juicio sobre este Borbón: «Fernando IV, rey de Nápoles, pertenecía al tronco de aquella dinastía de los Borbones de Nápoles, cruel, pérfida, ininteligente, y que acabó por ser expulsada del trono y del reino por un puñado de voluntarios».

Otro de los hijos de Carlos III que heredó los estigmas familiares fue Antonio Pascual, casado con la segunda hija de la reina María Luisa, la infanta María Amalia. Era un comilón «sin más Dios que su vientre», aseguraba de él Eugenio García Ruiz, que fue ministro de Gobernación tras el golpe de Estado del general Pavía en 1874.

Según el marqués de Villa Urrutia, la propia reina María Luisa lo describía como un «hombre de muy poco talento y luces, e incluso cruel». Y por si quedara alguna duda sobre su personalidad, García Ruiz la disipa por completo: «El infante Antonio Pascual, cuya simpleza tocaba ya en los límites de la imbecilidad, sin que por esto dejara de ser un malvado de primer orden».

Bastaría recordar el papel que desempeñó este infante de España en los trágicos sucesos de mayo de 1808 que ensangrentaron Madrid y el resto de España, para comprobar su alarmante grado de simpleza. Cuando los franceses le expulsaron de Madrid, el 4 de mayo, presidía la Junta de Gobierno de la capital, y ésta es la carta que dirigió en aquellos duros momentos a Francisco Gil y Lemus, el vocal más antiguo de la Junta:

> Al Sr. Gil:
>
> A la Junta, para su gobierno, la pongo en su noticia cómo me he marchado a Bayona de orden del rey, y digo a dicha Junta que ella sigue en los mismos términos como si yo estuviese en ella. Dios nos la dé buena. Adiós, señores, hasta el valle de Josafat.
>
> ANTONIO PASCUAL

Todavía le quedó el «honor» a este infante de España de ser el mentor de Fernando VII en las jornadas de Bayona, así como el de dirigir las implacables persecuciones durante los primeros años de la reacción fernandina, convirtiéndose en uno de los hombres más influyentes de la camarilla del rey felón.

La educación jamás fue el punto fuerte del infante Antonio Pascual, como tampoco lo había sido de su padre. El marqués de Villa Urrutia recoge una elocuente anécdota sobre esta asignatura pendiente de los Borbones de España:

> De ello es buen ejemplo lo que contaba el sabio obispo D. Antonio Tavira. Quejóse en una ocasión a Carlos III el preceptor de los infantes, Pérez Bayer, de la desaplicación del infante D. Antonio Pascual, que era, además, tonto, y el rey, sin responder al preceptor en derechura, dijo: «Cuando yo era muchacho, mis maestros, que veían mi poco amor al estudio, me amenazaron repetidas veces que se lo dirían al rey mi padre; casi siempre surtía buen efecto la amenaza; pero duraba poco la enmienda. Así, determinaron por fin quejarse al rey, y hubo orden de llevarme a su presencia. Dicho se está que yo llegué temblando y del todo sobrecogido. Mi padre, al verme, dijo a mis ayos, con grave ademán, que acrecentó mi temor: "¿Conque el infante no quiere estudiar?". "No, señor", respondieron ellos. "¡Pues si no quiere estudiar, que no estudie!" Con esto volvió la espalda y se fue. Yo, que tal oí, di dos zapatetas en el aire y desde entonces no volví a abrir un libro.» Tavira añadía que Pérez Bayer, que había trabajado con fervor hasta allí en educar a los infantes, se enfrió y les dejó después hacer su voluntad.

Carlos III no se caracterizaba precisamente por ser un hombre apuesto; era de mediana estatura, tenía una nariz deforme, excesivamente alargada y ancha, que caía sobre su desdentada boca. Llamaban la atención también sus largas pestañas, que crecían conforme iba envejeciendo. De su rostro tal vez se salvaba la expresión dulce y amable de su mirada, la cual hizo que el pueblo le llamara vulgarmente «el Buen Rey».

Tampoco se distinguía por su elegancia: sobre su chaqueta de caza llevaba siempre un traje de rico tejido con abotonadura de diamantes, creyendo disimular así su ropa de montería, de la cual se negaba a despojarse para no perder tiempo, dado que iba a cazar todas las tardes. Pero la mayoría de las veces algún pliegue de la chaqueta que llevaba debajo sobresalía por detrás cuando se encontraba en la corte, en la capilla o en los besamanos. La indumentaria de este rey cazador era invariablemente la misma: sombrero de ala ancha, casaca de paño de Segovia, una chupa de gamuza, un cuchillo de caza, calzones negros y medias de lana. Sus bolsillos estaban siempre repletos de cortaplumas, guantes y mil bagatelas útiles para la caza.

Su esposa, María Amalia de Sajonia, tampoco era atractiva, y tenía un carácter muy fuerte. El historiador François Rousseau no duda en asegurar que «se parecía más a un hombre que a una mujer». Tenía los labios gruesos, las facciones demasiado pronunciadas, y una voz estridente. Cuando se enfadaba, advertía Rousseau, llegaba a agredir a sus camareras. El rey acudía con frecuencia a pedirle consejo, pero cuando ella se enfurecía, él se encerraba en sí mismo sin hacerle el menor caso.

El historiador William Coxe penetra en lo más profundo de la psicología de Carlos III y señala que si el monarca hubiera sido un hombre culto, la brillantez de su reinado habría estado fuera de toda duda. No en vano su memoria era prodigiosa y tenía gran facilidad de palabra. Sus discursos eran perspicaces, y hablaba con la misma fluidez el italiano, el francés y el castellano. Era la cara opuesta de su familia, y en especial de su padre y su hermano Fernando, que le habían precedido en el trono. Mientras ellos se arredraban ante los obstáculos más nimios, él hacía gala de un carácter varonil y vigoroso, y jamás retrocedía ante las más duras pruebas. Era un hombre muy discreto, enigmático incluso. Sus secretos eran impenetrables, como lo refleja el hecho de que en Madrid se desconociera el llamado «pacto de familia» cuando ya se había publicado en París. Durante su larga viudez, jamás dio ocasión para las habladurías y murmuraciones. Con sus hijos era igual de exigente que consigo mismo. Era autoritario con sus ministros, pero en algunas ocasiones mostraba una benevolencia sin límites.

Sus defectos eran escasos pero muy visibles. El primero, por encima de ningún otro, era su adoración por la caza; su deseo incontrolado de pegar tiros pronto se convirtió en una pasión dominante que le hacía olvidar sus auténticas ocupaciones. Cierto viajero hizo una ocurrente comparación entre el emperador romano Tito, que daba por perdido el día en que no había hecho algún bien, y Carlos III, que consideraba ocioso el día en que no había practicado el tiro. El monarca registraba escrupulosamente en un diario sus progresos en la caza, anotando cada pieza que abatía. Los únicos días del año en que no iba a cazar, que eran los dos de Pasión, estaba intratable. Poco antes de su muerte presumió ante un embajador extranjero de haberse cobrado quinientos treinta y nueve lobos y cinco mil trescientas veintitrés zorras. Y añadió, con la sonrisa en los labios: «Ya veis que mi recreo no deja de tener alguna utilidad para mi reino».

Advierte Coxe que Luis XIV había encargado a sus descendientes que se entregasen al ejercicio de la caza para combatir la hipocondría, hereditaria en su familia. Y no había duda de que Carlos III fue el que con más recelo siguió aquel consejo, hasta convertir la caza en una monomanía. El doctor Cabanés apunta la verdadera razón: «Sabiendo por experiencia que su familia estaba expuesta a caer en la melancolía y temiendo sus malos efectos, se esforzaba por escapar a toda costa a la inacción; y ésta era la causa del ardor con que se entregaba a este deporte, que, por otra parte, había sido el deporte favorito de sus antepasados».

Otro defecto palpable en su conducta era su tremenda tozudez, que le hacía mantenerse inflexible contra viento y marea cuando había tomado cualquier decisión, especialmente si ésta tenía que ver con alguno de sus ministros. Cuanto lograba ganarse su confianza, se entregaba a ellos por completo, desoyendo el clamor popular que a veces reclamaba su destitución por fundadas razones. Reveladora, en este sentido, es la anécdota según la cual Carlos III hizo la siguiente observación al comprobar que su ministro Muniain solía retirarse de palacio a la menor disputa, pretextando una indisposición: «Preciso es que D. Gregorio Muniain —advertía el monarca— tenga mucha confianza en mi conocida aversión a cambiar; porque, de lo contrario, no se atreviera a irritarme con tan continuas faltas de respeto».

En el balance que el doctor Cabanés hace de los tres primeros Borbones de España (sin contar al efímero Luis I), suspende claramente a los dos primeros, no así al tercero:

> El reinado de Felipe V había sido una larga somnolencia interrumpida por pesadillas y mezclada de demencia, con algunas raras veleidades de energía.
>
> Fernando VI fue un monomaniático que tuvo la fobia de la muerte, hasta el punto de morir del miedo de morir.

> Carlos III tuvo el gusto de la puntualidad llevado hasta la manía, pero conservó el equilibrio de sus facultades hasta el fin de una existencia que fue larga gracias a una sólida constitución y gracias también a una sobriedad ejemplar y a costumbres casi ascéticas. Jamás dio lugar a críticas desde este punto de vista, y si era severo para los demás, no lo era menos para sí mismo en una cuestión en la que no quería que se bromeara.

Carlos III llevó siempre una vida espartana, sujeta a un estricto horario. Se enorgullecía de no haber conocido a otra mujer que su esposa, la reina María Amalia de Sajonia, a quien fue en todo momento fiel. El historiador Antonio Ferrer del Río relata que, cuando el rey se sentía atormentado por su ardoroso temperamento, «se levantaba y paseaba descalzo por la habitación, hasta que el frío de la noche calmaba su fiebre».

Como el personaje, así fue el reinado de Carlos III: monótono e insulso. François Rousseau lo describe así: «El aburrimiento pesaba rudamente sobre esta vida tan exactamente medida que todos los actos se repetían a iguales horas que la víspera y en la cual las únicas distracciones eran las fastidiosas cacerías o alguna que otra partida de naipes en espera de la hora de comer».

Y así, entre una vida alejada de la menor improvisación, Carlos III exhaló su último suspiro poco antes de la una de la madrugada del 14 de diciembre de 1788. Sus tres médicos no pudieron salvarle. Uno creía que el monarca padecía una fiebre catarral, y recomendaba la dieta y la transpiración; otro se inclinaba a pensar en una fiebre pútrida, ofreciendo para tratarla un remedio propio; el tercero discrepaba de los otros dos. Al final se mantuvo al rey a la expectativa, y ésta no fue otra que la muerte.

En sus últimos momentos, el rey devoto rogó por la salud de su alma ante los cuerpos presentes de san Isidro y de san Diego de Alcalá, y las reliquias de santa María de la Cabeza, que habían sido llevados hasta sus aposentos. Instantes después, en presencia de sus familiares directos, se extinguía la existencia de Carlos III, a quien «puede tenerse, al lado de su hermano y de su padre, por un verdadero genio», aseguraba, a modo de epitafio, el historiador Desdevises du Dézert.

Con Carlos IV, los Borbones de España recuperaron las características innatas que durante siglos hicieron de ellos una dinastía impar en el mundo: peculiaridades físicas y psíquicas transmitidas, salvo en casos aislados, con pasmosa fidelidad de una generación a otra. El sagaz viajero finlandés Gotthilf trazó, en una de sus visitas a España, un ajustado retrato del entonces príncipe heredero, tal y como luego demostraron los hechos:

> No se esperan grandes cosas del príncipe de Asturias. Es duro, brusco, obstinado, y carece de conocimientos que ya no tendrá, porque se le ha pasado el tiempo de adquirirlos. Sus pasiones son la caza, la comida y la mujer. Pero el temor a su padre y al confesor le hacen ser hipócrita en la última.

Carlos IV sucedió a su padre en el trono de España a la edad de cuarenta años y a los veintitrés de la boda con su prima hermana María Luisa de Parma, hija del infante don Felipe, hermano de Carlos III, y de Luisa Isabel de Francia, hija mayor de Luis XV. Reaparecía así el matrimonio consanguíneo, como era ya tradicional en los Borbones. La reina María Luisa era nieta, por línea paterna, de los reyes de España Felipe V e Isabel Farnesio, y, por línea materna, de Luis XV de Francia y de María Leczinska.

El doctor Jacoby describió sin reparo a este quinto Borbón español:

> Monarca de inteligencia limitada; de carácter duro, completamente dominado por su mujer, y que no tuvo en su vida más que dos sentimientos vivos: su amistad por el amante de su mujer [Godoy], que era un hombre corto, astuto y cobarde, con todos los vicios y ninguna cualidad, y un odio implacable hacia su hijo [Fernando VII], que fue un tirano sanguinario, cobarde y pérfido, muy vicioso y estúpidamente devoto.

Otro autor, Desdevises du Dézert, recordaba que el rey de España y de las Indias dedicaba tan sólo un cuarto de hora al día para despachar los asuntos de Estado, mientras que pasaba horas enteras charlando con torneros, armeros o criados de cuadra, con quienes llegaba incluso a boxear cuando se hallaba de buen humor. «Carlos IV —concluía Desdevises du Dézert— sería clasificado por los alienistas modernos en la clase de los semiimbéciles, capaces de recibir cierta instrucción, pero desprovistos de la más mínima dignidad y de la más mínima energía.»

Este grandullón de mirada huidiza y frente deprimida, con nariz borbónica, boca entreabierta, y rolliza figura sostenida por dos columnas salomónicas, sentía una pasión desmedida por la caza, tanto o más que su padre, y practicaba esgrima, lucha libre y boxeo con palafreneros y marinos. La naturaleza le había dotado de una fuerza física extraordinaria, pero su carácter era abúlico y sumiso a la voluntad de su esposa, como testimonia Jovellanos: «En este día primero [cuando subió al trono, el 14 de diciembre de 1788] ambos recibieron a los embajadores de familia y ambos despacharon juntos con los ministros de Marina y Estado, quedando desde la primera hora establecida la participación del mando a favor de la reina como naturalmente y sin esfuerzo alguno».

El monarca mostraba a veces un temperamento incontrolable; sufría ataques de furia, como cuando se precipitó, espada en mano, sobre Esquilache, o cuando, más tarde, abofeteó a Grimaldi y propinó un bastonazo al conde de Aranda.

Sus aficiones llegaban a convertirse en manías. Hizo construir una fragata minúscula, que botó al agua en los estanques de Aranjuez, y adornó su retrete como si fuera el tocador de una dama. Asimismo, era un coleccionista insaciable de toda clase de relojes, los cuales absorbían buena parte de su tiempo, pues velaba por que su marcha fuese siempre exacta y uniforme dándoles él mismo cuerda y poniéndolos en hora. El doctor Cabanés penetró a fondo en esta auténtica monomanía del rey, que en cierta ocasión encargó en París un reloj muy especial para engrosar su colección, que se contaba por millares. Tan complicada fue su fabricación, que requirió el concurso de varios hombres durante algunos años. Por fin se lo llevaron a Roma, donde fue muy complicado instalarlo dadas sus enormes dimensiones.

A Carlos IV le encantaba también la música. Tocaba el violín, pero más le hubiera valido no hacerlo. Cuenta Bausset, en sus memorias, que un día pusieron a disposición del ex rey, en Roma, a los cuatro mejores músicos de la orquesta del Gran Teatro para formar un quinteto. Carlos IV les hizo interpretar, bajo su dirección, los célebres quintetos de Boccherini. El concierto empezó cuando el rey, con toda la gravedad de un auténtico director de orquesta, lo indicó. Pero el sonido fue terrible: una cacofonía espantosa. Poco después, el monarca regresó al salón donde se encontraban la reina, los infantes y Godoy. «Ya lo veis», les dijo, secándose el sudor con su pañuelo rojo, mientras llevaba el violín bajo el brazo y el arco en la mano. «Ya lo veis», insistió, muy decepcionado. «No pueden seguirme. ¡Ah! ¡Si al menos tuviera yo aquí a mi violonchelista Dupont! ¡Él sí que me seguía! ¡Pero estos romanos no pueden! ¡Es demasiado pesado para ellos!» En eso tenía toda la razón: los músicos profesionales no se atrevían, como Dupont, a saltarse varios pentagramas para seguir al monarca con su batuta. A Carlos IV le gustaba comportarse como un rey hasta en los conciertos. Habitualmente empezaba él solo, pero ante las observaciones del primer violinista, respondía que él no era quién para esperarse.

No se sabe muy bien si el monarca era tonto o ingenuo. Juzgue el lector: invitado a cenar con su esposa por Napoleón, reparó enseguida en que a la mesa había sólo cuatro servicios y exclamó, muy compungido: «¿Y Godoy, señor?». Napoleón, sonriendo, mandó llamar al amante de la reina, sin el cual el rey era incapaz de disfrutar en las grandes ocasiones.

Mientras él se entretenía cazando, tocando el violín o dando cuerda a sus relojes, la marcha del país iba de mal en peor y el monarca sufría impasible las continuas infidelidades de su ninfómana esposa; así lo refleja el siguiente documento conservado en los archivos del Ministerio de Relaciones Exteriores de París:

> Es el vicio en toda su fealdad, es el escándalo más nauseabundo; ni urbanidad, ni delicadeza, ni pudor, privado o público;

> las costumbres están corrompidas, sin estar dulcificadas... Ningún miramiento, ningún velo esconde este horrible espectáculo a los ojos de la multitud, y tal vez en toda España no hay una sola persona que no sepa que, para alimentar la extraña sensibilidad de la reina, no es demasiado la asiduidad de un funcionario titular (el rey), las atenciones pasajeras del príncipe de la Paz (Godoy) y el concurso frecuente de la flor y nata de los guardias de corps...

Su esposa, María Luisa de Parma, merece capítulo aparte. Sin ella sería difícil entender la extensión de una tara en las sucesivas generaciones de mujeres de los Borbones de España. Pensemos por un momento en Isabel II, quien, según el profesor titular de la cátedra de Psiquiatría de la Universidad Central de Venezuela, Francisco Herrera Luque, era ninfómana. No hay duda de que su antecesora, María Luisa de Parma, también lo era. Pero detengámonos por un momento en sus progenitores: el padre de María Luisa de Parma, el infante don Felipe, era, como hemos visto, hijo de Felipe V e Isabel Farnesio, y se había casado con su prima Luisa Isabel de Francia, hija mayor de Luis XV, incurriendo así en un matrimonio consanguíneo; exactamente igual que había hecho su hija al desposarse con Carlos IV.

La madre de la reina María Luisa era herpética, lo mismo que Luisa Isabel de Orleans, hija del regente de Francia y esposa de Luis I de España. Al llegar a Madrid, la reina Isabel Farnesio la apodó «la tiñosa» por las manchas rojas que tenía en el rostro, la garganta y los hombros.

De la madre de María Luisa de Parma, el doctor Cabanés afirma, sin titubear, que era «muy depravada». El doctor Galippe tampoco le ahorró «piropos»: «Luisa Isabel, ambiciosa, viciosa y extraordinariamente depravada, pasaba por haber empujado a Luis XV a tomar a sus hijas como amantes».

Para el padre, Luis XV, no faltaban calificativos. El doctor Galippe resalta su carácter libertino y sus vicios innobles, así como su absoluta indiferencia hacia los intereses de su país, que sacrificaba al capricho de sus amantes. «Es cosa sabida —recordaba Galippe— que detestaba a su hijo, y que si amaba a sus hijas con un amor incestuoso, no tenía ningún cariño por ellas.» El médico va aún más lejos, y asegura que Luis XV se divertía emborrachando a sus hijas y haciendo que le acompañaran en sus cacerías y cenas. Disfrutaba acostándose con ellas; lo mismo que con la viuda de su hijo, fallecida a causa de un mal parto. Le encantaba también mantener relaciones sexuales con las hermanas de sus amantes, ampliando así el círculo vicioso. «No cabe duda tampoco de que se entregó al vicio con niños, lo que se ha querido negar», señala el médico, que concluye así su espantoso retrato del abominable monarca: «Michelet dice que crió él mismo en secreto, sin la asistencia de una mujer de servicio, en un cuartito de su departamento, a una niña que compró a la edad de nueve años, a la que él mismo educó, enseñándole las oraciones... Y después la violó y la dejó encinta. Notemos que desde su infancia tenía rarezas: era nervioso y se entregaba a los amores infames. Con frecuencia tenía herpes en todo el cuerpo. Murió de viruelas».

El doctor Galippe investigó al resto de la familia de la reina María Luisa, ocupándose también de sus tías: de Ana Enriqueta, el médico diagnosticó que era «herpética, enfermiza e incestuosa»; de María Adelaida aseguraba que era «epiléptica, estrafalaria, violenta, incestuosa, altiva, orgullosa, cruel, y de espíritu corto y falso»; y de Sofía Filipina Isabel Justina, que era «escrofulosa y enfermiza».

Semejante cuadro familiar se completaba con el único hijo varón de Luis XV, el delfín Luis, un hombre, en palabras de Galippe, «de inteligencia muy limitada, de carácter extraño y de piedad ardiente». Advierte el doctor que a los veinte años se transformó en un joven de corpulencia exagerada: «Era una montaña de carne, un monstruo de grasa». Se casó dos veces y tuvo nueve hijos, de los cuales cuatro murieron en la infancia. Tampoco él se libró de la maldición de los hijos muertos.

Presentados sus padres y sus tíos, ocupémonos ahora de la reina María Luisa, madre del pérfido Fernando VII y abuela de Isabel II. No era ella, desde luego, un ejemplo de belleza, sino todo lo contrario. El diplomático ruso Tratchewski tuvo oportunidad de conocerla cuando tenía treinta y ocho años, y la describía así: «Los partos repetidos, las indisposiciones y tal vez también un germen de una enfermedad que se dice hereditaria, la habían ajado completamente; su color se había vuelto aceitunado y la pérdida de sus dientes ha dado el golpe de gracia a su belleza».

María Luisa supo dominar desde el principio a su débil y sumiso marido, enamorándose del guardia de corps Manuel Godoy hacia 1876. Ella condujo en realidad la política del país durante veinte años, en una época especialmente delicada para España, con la Revolución francesa y el imperio de Napoleón Bonaparte como telón de fondo. Así se explica que España perdiera su independencia, invadida por los franceses ¡en connivencia con sus propios reyes!, y que su gran imperio colonial se resquebrajase sin remedio.

Pero a María Luisa, como a su esposo, sólo le preocupaba

Godoy. El doctor Cabanés relata una divertida anécdota acaecida en marzo de 1800, cuando la reina había tomado como favorito a un tal Mallo, tras una pelea pasajera con su amante el Príncipe de la Paz:

> —Manuel —dijo el rey a Godoy—, ¿quién es ese Mallo, que todos los días cambia de coche y aparece con caballos nuevos? ¿De dónde saca el dinero para satisfacer gustos tan dispendiosos?
>
> —Señor —replicó Godoy con la mayor seriedad del mundo—; Mallo, en efecto, no posee un solo maravedí; pero se dice que lo sostiene una mujer vieja y fea que roba a su marido para pagarse un amante.
>
> El rey comprendió la alusión y, riéndose a carcajadas, dijo:
>
> —¡Cómo, María Luisa! ¿Qué piensas tú de eso?
>
> —¡Ah, Carlos! —respondió la interrogada—, ¿no sabes tú que Manuel se complace en bromear?

Godoy salió incluso más fortalecido aquel día. Ni la reina ni el rey cornudo pudieron prescindir jamás de él. En 1808, tras los terribles sucesos de Aranjuez, María Luisa escribía a su hija, la reina de Etruria: «Pedimos [al gran duque de Berg] que salve al Príncipe de la Paz y que nos lo deje cerca de nosotros para acabar juntos, tranquilamente, nuestros días».

El propio Carlos IV testimoniaba su incondicional amor por ambos —María Luisa y Godoy— en una carta fechada en Nápoles el 7 de enero de 1819, recién fallecida su esposa:

> Amigo Manuel: No te puedes figurar cómo he quedado después del terrible golpe de la pérdida de mi amada esposa, después de cincuenta y tres años de mi feliz matrimonio. Yo he

estado bastante atropellado; pero, gracias a Dios, estoy mucho mejor. No dudo que en la enfermedad la habrás asistido con todo el esmero posible; pero, habiendo faltado la reina, no es decente que Carlota viva en mi casa. Yo la señalo mil duros al mes, y así, llévatela a vivir fuera contigo, y harás bien en ejecutarlo antes de que yo vaya a Roma. Esto no impide que vengas a verme siempre que quieras, y quedo, como siempre, el mismo,

CARLOS

El monarca fue ingenuo, o aparentó serlo, hasta el final de sus días, mostrando su adicción por el amante de la mujer a la que él tanto adoraba, como aseguraba en su carta.

María Luisa, el gran amor de su vida, jamás correspondió a su esposo ni a nadie que no fuera ella misma, según testimonia el canónigo de Zaragoza, Juan de Escoiquiz. A juicio de este hombre de relajadas costumbres pero testigo de excepción, la reina tenía «un corazón vicioso por naturaleza, incapaz de un verdadero cariño, un egoísmo extremado, una astucia refinada, una hipocresía y un disimulo increíbles y un talento que, aunque claro, dominado por sus pasiones, no se ocupaba más que en hallar medios de satisfacerlas, y miraba como un tormento intolerable toda aplicación a cualquier asunto verdaderamente serio».

María Luisa era, además, perversa. Se dedicó a hacer la vida imposible a su nuera María Antonia, primera mujer de su hijo Fernando VII. La infeliz princesa pronto se consumió y fue a dar con sus huesos en el camposanto. La reina consiguió expulsar de la corte a las dos camareras que María Antonia había traído consigo al llegar de Nápoles, y que eran el único lazo que mantenía con su familia. El desprecio por su nuera, provocado tal vez por la envidia que sentía hacia ella, llevó a María Luisa a injuriarla llamándola «duende». «El duende —escribía la reina— se convirtió con el tiempo en escupitina de su madre, víbora ponzoñosa, animalito sin sangre y sí todo hiel y veneno, rana a medio morir, diabólica sierpe...»

El marqués de Villa Urrutia recuerda que no había cosa que hiciese María Antonia que a su suegra no le pareciese censurable por pecaminosa o inconveniente. Uno de los pocos consuelos de María Antonia de Nápoles eran los libros, pero su suegra se esmeró en perseguir su afición a la lectura y le exigió que le entregara todas las obras que encontraba. María Luisa se jactaba, además, de su ignorancia enciclopédica, cultivada con su aversión a los libros. Indignada porque a su nuera le gustara leer, desahogó su furor en una carta a Godoy escrita el 21 de mayo de 1804:

> Soy mujer, aborrezco a todas las que pretendan ser inteligentes, igualándose a los hombres, pues lo creo impropio de nuestro sexo; sin embargo de que las hay que han leído mucho y habiendo aprendido algunos términos del día, ya se creen superiores en talento a todos; tal es la Jaruco [la condesa de Jaruco era una hermosa habanera que fue amiga del rey José] y otras varias, y no digo nada de las francesas; pero como soy española, por la gracia de Dios, no peco por allí.

El acoso de María Luisa a su nuera excedía cualquier límite. El marqués de Villa Urrutia da fe de ello:

> De cuanto se decía o hacía en el cuarto de los príncipes tenía, pues, la reina más o menos fiel noticia, y a su inspección

se sometía antes de que fueran a la colada las prendas que más de cerca tocaban a su nuera, y sobre las cuales escribía después a Godoy con la misma libertad con que le hablaba de sus propios achaques. Mas quiso también saber lo que María Antonia escribía o a ella le escribían, y desde entonces toda la correspondencia de la princesa, así como la de los embajadores *macarrones*, que así llamaba María Luisa a los de Nápoles, abríase en Madrid, y de su contenido se daba cuenta a Su Majestad y era después enviada a su destino.

El 30 de diciembre de 1805, María Luisa escribía a su hija del mismo nombre, reina de Etruria, una carta en la que arremetía de nuevo contra su nuera deseándole los peores presagios, al igual que a la madre de ésta:

> Tu cuñada sigue hinchada, con tos, dolor en el pecho y opresión en él, y ayer en el vómito arrojó una miaja de sangre; pero siempre con su genio tramando e intrigando como su madre, a la que espero la habrán dado su pago los franceses [se refería a que la expulsaran de Nápoles], pues ella todo merece por su mala fe y sus infames tramas y maldades, tirando a quitarnos la vida a tu padre, al pobre Manuel y a mí, y su hija entrando en estas pérfidas intrigas, y ella arrastra a Fernando, esto resérvalo pues va con el mayor sigilo.

María Antonia de Nápoles —Totó, como la llamaban en la intimidad— arrastraba, en efecto, una tuberculosis que acabó llevándola a la tumba. Sus fervorosos partidarios hicieron circular, sin embargo, el bulo de que la joven había sido envenenada por orden de Godoy, en connivencia con la reina María Luisa.

El propio rey viudo se encargó de esclarecer la verdad: «La turbia que calumnia a Manuel no tiene razón. Cuando me casé con María Antonia estaba ya tísica».

Desde luego, la intrigante y perversa madre de Fernando VII bien pudo acelerar el curso de la grave enfermedad que consumió a su nuera. Aun de no ser eso cierto, María Luisa de Parma pasó a la historia por ser la digna madre del Borbón más siniestro y malvado de cuantos ha dado esta dinastía a España.

4

EL BORBÓN MALÉFICO

Fernando VII vino al mundo en El Escorial el 14 de octubre de 1784. Nació como «un infante más», dado que sus padres eran entonces príncipes de Asturias y nadie podía suponer que la corona fuese a recaer en él, pues tenía dos hermanos mayores. Pero sólo cuatro días después de nacer el futuro Fernando VII, fallecía uno de sus hermanos mayores, el infante Felipe Francisco de Paula, y tres semanas más tarde, el 11 de noviembre, moría el otro hermano gemelo, Carlos Francisco de Paula. Parecía como si el destino se hubiese puesto de parte del hermano pequeño para ceñir la corona de España, reservando la maldición de los hijos muertos a sus hermanos mayores.

Y así, por misterioso designio de la Providencia, el noveno de los hijos de los príncipes de Asturias, «aquel infante más», llegaría a ser rey.

El príncipe tuvo también mucha suerte con sus amas de cría; Ignacia García, natural de Burgos, le amamantó desde el día siguiente de nacer hasta octubre de 1785: un año entero. Luego le daría el pecho Inés de La Lastra Cobos, que fue sustituida el 6 de marzo de 1786 por Manuela García Cobos, con quien terminaría la lactancia el 19 de junio de ese mismo año, a los veinte meses y cinco días de edad.

Con cuatro años el príncipe fue tratado de una enfermedad que, según Juan Arzadum, biógrafo de Fernando VII, «era vicio de la sangre, y que don Manuel Olivares, cirujano natural de San Ildefonso, se ofrece a curarle con una tisana de su invención, sobre la eficacia de la cual ofrece el testimonio de los curados por él». Sea por los aciertos de su médico, por la propia fortaleza del pequeño, o porque así lo quiso el destino, Fernando salió adelante si cabe con más fuerza y empeño que antes.

La maldición de los hijos muertos, que deshizo las esperanzas de numerosos infantes de España, vencidos por el trágico Rubicón de las enfermedades infantiles, no afectó decisivamente al pequeño Fernando, aunque sí le acechó con dolencias que en su época resultaban muchas veces fatales.

Su madre, María Luisa de Parma, confesaba todas las enfermedades de su hijo en cartas escritas al propio Fernando muchos años después. En una de ellas, desde Roma, el 15 de febrero de 1817, le revelaba cómo pudo vencer precisamente la maldición de los hijos muertos: «Sabes que desde tu nacimiento he procurado y obtenido de Dios tu conservación; tus hermanos mayores me han faltado y yo te ofrecí a San Fernando; hice el viaje a Sevilla para satisfacer mi deber y el Santo me obtuvo de Dios la gracia que le pedí. Vives y espero vivirás para hacer felices; éste es nuestro deber y yo no te recomiendo otra cosa».

Años después de su feliz nacimiento pudo constatarse sin ninguna duda que aquel niño convertido en adolescente era hijo legítimo de Carlos IV y de María Luisa, pese a que ésta, enfurecida en cierta ocasión con su hijo, declarase que aquel engendro, en el que el rey no había tenido parte alguna, era regalo de un fraile de El Escorial.

De ello tampoco tenía la menor duda el ex ministro Eugenio García Ruiz, para quien «la historia nos enseña que difícilmente se dan Nerones como no haya Agripinas que los creen». Fue precisamente la reina María Luisa quien inspiró a su hijo Fernando para que fuera disimulado, sombrío, suspicaz, rebelde y tirano.

Algunos autores han comparado a Fernando VII, sin que ello sea excesivo, con otros personajes no menos «ilustres» de la historia universal, como los emperadores romanos Tiberio, Nerón, Calígula y Domiciano, el mariscal francés Giles de Retz, y otros célebres ejemplos de locura sádica.

Empecemos por describir físicamente a este «ejemplar» monarca: era feo, de eso no cabe duda; tenía una nariz gruesa sobre una boca hundida y una saliente barbilla. Además de en su rostro, la deformidad era bien patente en sus órganos genitales, de un tamaño descomunal, como ya hemos apuntado.

Todo quedaba en familia. Su hermana María Isabel también fue castigada por la madre naturaleza: «Era deforme, pequeñuela y cabezuda, larga de talle y corta de piernas», según la describía la princesa María Antonia en una carta al archiduque Fernando. Un primor que la reina María Luisa llegó a ofrecer en matrimonio nada menos que a Napoleón y que el emperador rechazó con toda la diplomacia del mundo. Se sospechaba que María Isabel, como su hermano Francisco de Paula, era fruto de los amores adúlteros de la reina María Luisa con el Príncipe de la Paz. No en vano la embajadora de Inglaterra, lady Holland, advirtió el «indecente parecido», en sus propias palabras, entre los infantes y Godoy.

Pese a su fealdad, el futuro Fernando VII se preocupaba mucho por su salud y aspecto físico; en enero de 1790, cuando ni siquiera contaba seis años, en su cuenta de gastos aparecía un apunte, repetido con frecuencia, que decía: «Al que corta las uñas a S.A., 320 reales». En agosto de 1798, a punto de cumplir catorce años, pagaba ya al callista Francisco Pérez otros 320 reales por arreglarle los pies. Este don Francisco Pérez continuó siendo su callista en 1804, con un sueldo de 1.100 reales anuales. El 11 de marzo de 1801, en Aranjuez, el dentista Juan Gariot presentó una cuenta, «por haver [sic] limpiado los dientes de S.A.» durante los años 1799 y 1800, de 2.620 reales, a 160 reales cada una de las dieciséis sesiones que requirió, además de dos limetas de elixir «para las encías de su Alteza», que costaron 60 reales. El mismo odontólogo le limpió la dentadura cinco veces en 1802 y cuatro en 1803, cobrando por ello 2.880 reales.

El primer preceptor del príncipe de Asturias fue el padre Felipe Scio de San Miguel; pero sólo durante un año, pues, enfermo de corazón, hubo de retirarse a Valencia, donde murió el 9 de abril de 1796.

El 2 de septiembre de 1795 se nombró para este cargo a Francisco Xavier Cabrera, obispo de Orihuela y más tarde de Ávila. Apenas seis meses después, el futuro Fernando VII fue puesto al cuidado del canónigo Juan de Escóiquiz, a quien había elegido para tan delicada misión el propio amante de la reina, Manuel Godoy.

Escoiquiz le daba clases de matemáticas y de literatura, y pronto fue elevado por Carlos IV a la condición de preceptor del príncipe de Asturias. El canónigo se creyó así escogido por el destino para convertirse, el día en que su discípulo ciñera la corona, en un nuevo Cisneros o en una especie de Richelieu español. Trató de ganarse la voluntad del heredero al trono, como un auténtico Maquiavelo, haciéndole desconfiar de todo el mundo y enseñándole a enfrentar a un hombre contra otro para beneficiarse de esa división. El maestro no hizo sino estimular la mala conciencia del regio alumno, que ya desde niño, como advierte Villa Urrutia, se mostraba reservado y frío, insensible a todo afecto, incluso al de sus padres, y con un instinto cruel y despiadado. Era siempre parco en palabras, casi nunca sonreía, y se comportaba de modo falso y taimado. El discípulo ideal para tan pérfido maestro.

Algunas de sus diversiones predilectas, como consigna su biógrafo Diego San José, consistían en poner mazas a los perros, escaldar a los gatos, apalear a cuantos animales estuvieran a su alcance, y sacar los ojos a los pájaros, porque decía que estando ciegos cantaban mejor.

Maltrataba incluso a sus propios compañeros de juegos; en cierta ocasión, uno de aquellos chicos, al ser empujado por el príncipe, se tomó la libertad de responderle con un sonoro bofetón. Aquel chaval resultó ser nada menos que Simón Bolívar, el futuro libertador de América, un año mayor que Fernando. Bolívar llegó a Madrid acompañado de su tutor, Simón Rodríguez, y se matriculó en la Academia de San Fernando para mejorar sus matemáticas, al tiempo que tomaba lecciones de esgrima, danza y equitación.

Villa Urrutia no escatima terribles calificativos a Fernando VII: «Déspota de suyo, jurado y solapado enemigo del régimen parlamentario, felino y felón, cazurro y taimado, falso y embustero, para quien el arte de reinar tan sólo consistía en no fiarse de nadie y en engañar a todos cuantos con él tuvieron algún trato».

Fernando VII mostró enseguida dos de sus peores defectos: la cobardía y la vileza. La ocasión ideal para ponerlos en liza se presentó con los infortunados sucesos de El Escorial. El 28 de octubre de 1807, Carlos IV recibió un anónimo mientras se hallaba en el monasterio de la sierra madrileña que mandó levantar Felipe II. En él se le advertía que su hijo Fernando tramaba un movimiento en palacio para hacer peligrar su corona, mientras su esposa era envenenada. Algunos autores creyeron adivinar la siniestra mano de Godoy en aquel complot.

Carlos IV quedó aterrado. Pero María Luisa le convenció para que confiscara a su hijo los papeles que tuviera en su cuarto. Entre esos documentos, el monarca halló una carta dirigida a él por su hijo y redactada por Escoiquiz. Se trataba de una terrible acusación contra Godoy, en la que se le denunciaba porque «había prostituido con su poder y sobornos la flor de las mujeres de España, desde las más altas a las más bajas, convirtiendo su palacio y su ministerio en verdaderas ferias públicas y abiertas a la prostitución, estupros y adulterio, a cambio de empleos, pensiones y dignidades, adonde acudían para obtenerlas los maridos, los padres y los hermanos».

Carlos IV no lo pensó dos veces y mandó que arrestaran a su hijo. Acto seguido, dirigió un llamamiento a la nación y lo deshonró ante ella. Y, no contento con eso, escribió también una carta a Napoleón, el 29 de octubre de 1807, en la que culpaba a Fernando de haber intentado destronarle y de pretender asesinar a su madre, asegurando que por ese motivo acababa de perder los derechos a la corona en beneficio de otro de sus hijos: «¡Mi corazón llora sangre —exclamaba el compungido monarca— al relatar tan espantoso atentado! ¡Mi hijo mayor, el presunto heredero de mi trono, había formado el horrible proyecto de destronarme: y se ha dejado llevar hasta el exceso de atentar contra la vida de su madre! Tan horroroso atentado debe castigarse con el rigor más ejemplar».

El ridículo de Carlos IV ante España y el mundo entero fue espantoso, pues el soberano perdonó a su hijo tan sólo ocho días después de su arresto. En ello tuvo mucho que ver la intercesión de Godoy, ante quien se había humillado el propio príncipe de Asturias.

Pero eso no fue lo peor, sino la aviesa conducta de Fernando al delatar a sus cómplices para obtener el perdón. El futuro rey de España escribió dos cartas que han quedado para la posteridad como ejemplo de vileza. Una la dirigió a su padre, y decía así:

> Al rey. Señor, papá mío:
>
> He delinquido, he faltado a V.M. como rey y como padre, pero me arrepiento y ofrezco a V.M. la obediencia más humilde. Nada debía hacer sin noticia de V. M., pero fui sorprendido. He delatado a los culpables, y pido a V.M. me perdone por haberle mentido la otra noche, permitiendo besar sus reales pies a su reconocido hijo.
>
> FERNANDO

La destinataria de la otra carta era su madre, a la que le decía:

> A la reina. Señora, mamá mía:
>
> Estoy muy arrepentido del grandísimo delito que he cometido contra mis padres y reyes, y así con la mayor humildad

le pido a V.M. se digne interceder con papá para que permita ir a besar sus pies a su reconocido hijo.

FERNANDO

Las dos misivas, escritas por el príncipe a los veintitrés años, demostraban, en opinión del ex ministro García Ruiz, que Fernando «era indigno de mandar, no digamos a una nación grande, pero ni a una ranchería de salvajes».

El Consejo absolvió a los cómplices delatados por el príncipe, aunque Carlos IV desterró gubernativamente a algunos de ellos, como Escoiquiz, los duques del Infantando y de San Carlos, el marqués de Ayerbe y el conde Orgaz.

Desde luego, el cuadro que pintó García Ruiz sobre el reinado de Fernando VII no podía ser más desolador. En opinión del ex ministro, su reinado sólo podía calificarse de «dominación», bajo la cual se cometió «una serie no interrumpida de bajezas, perfidias, falsedades, cobardías y crímenes de todas especies, que convirtieron a España en un inmenso lago de sangre».

García Ruiz proporciona numerosas cifras para respaldar sus graves acusaciones: en los patíbulos fueron ejecutados, durante el reinado del sexto Borbón de España, al menos siete mil ciudadanos por ideas políticas; más de ocho mil fueron asesinados también por sus ideas en 1814, 1823 y 1824, y otros dieciséis mil presos perecieron por el mal trato y las enfermedades contraídas en las cárceles durante esos años.

Por si fuera poco, mientras el mismísimo rey de España adulaba a Napoleón Bonaparte, declarándose súbdito suyo para que le recibiese como hijo adoptivo, más de doscientos cuarenta mil hombres dieron su vida por él durante la guerra de la Independencia, y otros veinte mil murieron en los campos de batalla entre 1821 y 1823, y en 1827. Así recompensaba Fernando VII a sus fieles. Y no digamos ya a cualquiera que osase llevarle la contraria o criticarle: sólo en 1814 fueron proscritos de España más de dieciséis mil ciudadanos, y en 1823 la cifra se elevó a más de veinte mil, mientras otros veinticuatro mil fueron encarcelados.

Cuando los ejércitos de Napoleón invadieron España y éste convirtió a Fernando en «el prisionero de Valençay», el monarca se entretenía en su cautiverio organizando homenajes y dirigiendo cartas al emperador francés. Al divorciarse Napoleón y volver a casarse poco después, Fernando y su hermano Carlos, el alma máter de los carlistas, festejaron el acontecimiento con grandes fiestas en el lujoso y acogedor castillo de Valençay, que los patriotas españoles, en su idealismo, habían convertido en una lúgubre prisión. En el patio de la fortaleza organizaron una gran parada militar, seguida de grandes vítores y espectáculos musicales. El monarca prisionero hizo cantar un solemne tedeum en la capilla, en honor de su carcelero, y tras la sagrada ceremonia se volvió entusiasmado hacia los presentes y gritó: «¡Viva el emperador! ¡Viva la emperatriz!». Tras el fastuoso banquete, mientras miles de españoles perdían la vida en los campos de batalla o morían de hambre, el rey felón aún tuvo la desfachatez de hacer el siguiente brindis ante sus comensales: «¡A nuestros augustos soberanos el gran Napoleón y María Luisa, su esposa!». ¿No era ése suficiente ejemplo de bajeza?

Pero Fernando VII fue aún más lejos y escribió a Napoleón dándole la enhorabuena; a continuación, hizo lo mismo con el gobernador de Valençay para que, habiendo presenciado lo ocurrido, intercediese por él ante el emperador francés a fin de que le recibiese como hijo adoptivo.

Napoleón, queriendo deshonrar al abyecto monarca español ante Europa, hizo publicar las cartas en *Le Moniteur*. Pero lo que cualquiera con dos dedos de frente y cierta decencia hubiese considerado una intolerable ofensa, Fernando VII lo valoró como un generoso gesto, y se apresuró a agradecérselo con otra epístola. La carta era el paradigma de la ignonimia y la desvergüenza. Decía así:

> Señor:
>
> Las cartas publicadas últimamente en *El Monitor* han dado a conocer al mundo entero los sentimientos de perfecto amor de que estoy penetrado a favor de V.M.I.R. y al propio tiempo mi vivo deseo de ser vuestro hijo adoptivo. La publicidad que V.M.I. se ha dignado dar a mis cartas me hace confiar en que no desaprueba mis sentimientos ni el deseo que he formado, y esta esperanza me colma de gozo.
>
> Permitid pues, señor, que deposite en vuestro seno los sentimientos de un corazón que, no vacilo en decirlo, es digno de perteneceros por los lazos de la adopción. Que V.M.I.R. se digne unir mi destino al de una princesa francesa de su elección, y cumplirá el más ardiente de mis votos. Con esta unión, a más de mi ventura personal, granjearé la dulce certidumbre de que toda la Europa se convenza de mi inalterable respeto a la voluntad de V.M. y de que V.M. se digna pagar con algún retorno mis sinceros sentimientos. Me atreveré a añadir que esta unión y la publicidad de mi dicha, que daré a conocer a la Europa, si V.M. lo permite, podrá ejercer una influencia saludable sobre el destino de las Españas, y quitará a un pueblo ciego y furioso el pretexto de continuar cubriendo de sangre su patria,

en nombre de un príncipe, el primogénito de su antigua dinastía, que se ha convertido, por un tratado solemne, por su propia elección y por la más gloriosa de todas las adopciones, en príncipe francés e hijo de V.M.I.R.

Me atrevo a esperar, señor, que tan ardientes votos y un afecto tan absoluto tocarán el corazón magnánimo de V.M. y que se dignará hacerme partícipe de la suerte de cuantos V.M. ha hecho felices.

Señor: deposito en V.M. mi suerte, etc.

FERNANDO

Valençay, 3 de mayo de 1810

El sometimiento indigno de los Borbones a la autoridad de Napoleón no tuvo límite. El 22 de junio de 1808, Fernando VII dirigió otra carta al emperador felicitándole por el nombramiento de su hermano José como rey de España: «Doy muy sinceramente en mi nombre, de mi hermano y tío, a V.M.I. la enhorabuena de la satisfacción de ver instalado a su querido hermano en el trono de España». Y poco después añadía, sin el menor recato: «No podemos ver a la cabeza de ella a un monarca más digno y más propio por sus virtudes».

El colmo de la degradación, cuando tantos españoles luchaban por él en el frente, lo encarna otra carta que Fernando VII escribió a Napoleón desde su prisión de Valençay el 6 de agosto de 1809, en la que se despedía de él como «el más humilde y ferviente seguro servidor». Sin dudarlo un momento, el emperador francés hizo que la publicaran también en *Le Moniteur* para el escarnio público:

> Señor:
>
> El placer que he tenido viendo en los papeles públicos las victorias con que la Providencia corona de nuevo la augusta frente de V.M.I.R., y el gran interés que tomamos mi hermano, mi tío y yo en la satisfacción de V.M.I.R., nos estimula a felicitarle con el respeto, el amor, la sinceridad y el reconocimiento en que vivimos bajo la protección de V.M.I.R. Mi hermano y mi tío me encargan que ofrezca a V.M. su respetuoso homenaje, y se unen al que tiene el honor de ser, con la más alta consideración, señor, de V.M.I.R., el más humilde y ferviente seguro servidor.
>
> FERNANDO

El miserable Borbón felicitaba a su amo por sus victorias sobre ¡sus propios compatriotas españoles! Sólo cinco días después de aquellas deshonrosas letras se vertía la sangre de cuatro mil españoles en la batalla de Almonacid. Y entre semejantes muestras de traición, la ciudad de Gerona resistía heroicamente los tremendos embates de las tropas napoleónicas. ¡Valiente rey, este sexto Borbón de España!

El historiador Fernando Joaquín Francisco Pacheco, en su biografía de María Cristina de Borbón, la cuarta esposa de Fernando VII, hizo el siguiente balance de su reinado:

> No conocemos en nuestra historia tan turbulenta, tan desgraciada, tan llena de azares de toda especie, como es, un reinado más hondamente deplorable... Asciende al trono conspirando contra su padre, en medio de una asonada que huella el poder real, y de seguida entrega la nación a un soberano extranjero, que amenaza borrarla de la lista de los Estados. Su-

> blévase el país por recobrarle y volverle a su corona, y arrostrando una sangrienta lucha, que no había tenido ejemplo en los anales del mundo, ve sembrarse e inocularse en su seno inmensos gérmenes de una espantosa disolución... Entretanto desgarróse la monarquía hasta en las posesiones allende el océano, y las conquistas de Cortés y de Pizarro se escapan a nuestra dominación... La perversión pasa de los hechos a las ideas, la inmoralidad cunde por todas partes, la crueldad sucede al delirio, y un egoísmo desolador se mezcla con las más desaforadas pasiones...

Al lapidario juicio de Pacheco debía añadirse, como gravísima culpa, el perjurio cometido por el soberano, como lo haría, un siglo después, su bisnieto Alfonso XIII. A fin de atraerse a los liberales, Fernando VII juró respetar la Constitución de Cádiz; cuando se inauguraron las Cortes, el 9 de julio de 1820, proclamó con gran entusiasmo: «Al establecimiento y conservación entera e inviolable de la Constitución consagraré las facultades que la misma Constitución señala a la autoridad real, y en ello cifraré mi poder, mi complacencia y mi gloria». Pronunció, en efecto, Fernando VII aquella célebre frase de «marchemos francamente, y yo el primero, por la senda constitucional». Pero tres años después, en octubre de 1823, cuando los cañones franceses volvían a retumbar en los frentes, el rey faltó a su juramento, engañando a los españoles que habían confiado en él hasta el extremo de ofrecer su vida para que pudiese recuperar la corona perdida innoblemente.

El rey se desdijo entonces mediante un decreto solemne en el que se comprometía a olvidar de manera «completa y absoluta» todo lo pasado, sin excepción alguna, para que «de este modo se restablezcan entre todos los españoles la tranquilidad, la confianza y la unión, tan necesarias para el bien común y que tanto anhela mi paternal corazón». Pero aquellas melifluas palabras resultaron ser también falsas, porque, sólo unas horas después, el monarca dejaba sin efecto su decreto para entregarse a una terrible persecución, iniciada con la condena a muerte en la horca de tres miembros de la regencia de Sevilla: Ciscar, Valdés y Vigodet.

El primero de ellos, Ciscar, había aceptado la plaza de regente que le propuso el rey, advirtiéndole éste de que contrariaría su real voluntad si no lo hacía. Vigodet consultó también con el monarca, del que conservaba una nota manuscrita en la que éste le ordenaba que no renunciase al cargo para evitar que las Cortes eligiesen en su lugar a un enemigo de la monarquía. Por eso, ni ellos dos, ni Valdés, pudieron dar crédito al enterarse de que el rey había decidido acabar con sus vidas; de hecho, horas antes, cuando el general francés Bourmont les avisó del grave peligro que corrían si permanecían en España, se habían negado a escapar.

Valdés pudo salvar la vida en el último momento gracias a la tozudez de Bourmont, que le embarcó en un navío francés; sus compañeros Ciscar y Vigodet terminaron por hacer caso al conde de Ambrageac y huyeron para siempre del país.

Entretanto, el historiador Pacheco no escatimaba acusaciones al pérfido Borbón: «Cruel, disimulado, vengativo, avieso por espíritu y por reacción a las ideas de nuestra época... Era un obstáculo permanente a toda idea noble y generosa...; era celoso de su poder con una suspicacia ridícula e impropia de un soberano... Estaba destinado para ser uno de los más rudos castigos de la nación».

Así fue: Fernando VII fue el artífice de un auténtico holocausto. El historiador Miguel Agustín Príncipe calcula que desde el 2 de mayo de 1808 hasta su muerte hubo una media diaria de seis destierros, más de cuarenta muertos en el campo de batalla, y más de un ajusticiado en la horca…

El período de mayor sadismo correspondió a los años inmediatamente posteriores a la caída del régimen constitucional, es decir, a partir de 1823. Cuenta García Ruiz que el 1 de octubre de aquel año el monarca publicó un decreto que provocó la estampida de los liberales de Cádiz, socorridos por los propios franceses. Tratando de sortear la muerte o el presidio, se dirigieron a Portugal, Francia, Inglaterra, e incluso a las Américas. Aquel maldito decreto volvió a cubrir a España de negro luto. «Mientras Fernando —recordaba García Ruiz— hacía en estrepitoso triunfo su viaje a la Corte, veinte mil españoles, flor de la patria atribulada, marchaban por los mares y los montes y sitios solitarios, durante lóbregas noches, en busca de asilo extranjero; más de cien mil yacían en horrendas mazmorras y dos o tres mil sepulcros recibían en su seno otros tantos cadáveres ensangrentados y mutilados.»

El terror cundió aquellos años por toda la nación, extendido por unas comisiones militares que despachaban sin pestañear sentencias de muerte a su libre albedrío; una simple sospecha era suficiente para mandar a cualquiera al patíbulo sin posibilidad de apelación. Así, un muchacho de dieciocho años, Gregorio Iglesias, fue ahorcado y descuartizado en Madrid tras ser acusado por un delator de «masón o comunero». Otro joven, Tomás Franco, murió también en la horca por haber proferido «ciertas expresiones contra la vida de Fernando». Francisco Torre fue condenado a diez años de cárcel, después de pasearle sobre un jumento para divertimento de la población, por tener en su casa el retrato de Riego. A su esposa y a su hijo los sentenciaron a diez y dos años de cárcel, respectivamente, por no delatar a su esposo y padre. En Murcia se ejecutó a Antonio Derretí y a Juan Solana por haber defendido la Constitución; en Valencia se ahorcó a Simeón Alonso por haber gritado «¡Viva la Constitución!»; en Castilla corrió la misma suerte Juan A. Errata, acusado de «masón o comunero»; y en Navarra, un hombre apellidado Lejalde fue condenado a cuatro años de prisión ¡por haber besado el lugar donde se colocó una lápida de la Constitución! El presbítero Juan Antonio López fue encarcelado por aplaudir en los pasillos de las Cortes a los diputados liberales, y, aunque la delación resultó ser falsa, el juez ordenó su puesta en libertad, «sirviéndole de pena la prisión sufrida», como si en realidad hubiese quebrantado la ley. No obstante, el rey dispuso luego que se encarcelase de nuevo al clérigo en un convento durante seis meses. Así se hacía justicia en la España de Fernando VII.

A su regreso de Valençay, el monarca se dispuso a restablecer la Inquisición mediante el decreto de 21 de julio de 1814. El tribunal adquirió desde el principio un matiz claramente político; el objetivo era purgar de liberales el país.

Fernández de los Ríos, en su exhaustiva biografía de Olózaga, recuerda que los jueces, aleccionados por Fernando VII, sentenciaban actos que no habían sido aún consumados. Así, por ejemplo, a Flórez Estrada se le impuso la pena capital por haber sido nombrado presidente del Café de Apolo, en Cádiz. «Aunque no admitió el cargo —escribía perplejo Fernández de los Ríos—, pudo admitirlo, y la elección probaba el liberalismo.»

Se condenaba por charlar en los cafés, por escribir en los periódicos, por manifestar las opiniones ante los amigos ¡e incluso por guardar silencio! Para el brigadier Moscoso se pedía la pena de muerte sencillamente porque, mientras otros oficiales habían elogiado la Constitución, él había permanecido callado. La siniestra sombra de Fernando malograba el futuro de aquellos infelices, como relata Fernández de los Ríos:

> Si un juez pronunciaba sobreseimiento por falta de pruebas contra un acusado por haber aplaudido en las tribunas de las Cortes las ideas liberales, allí estaba Fernando para decretar que no se conformaba con que se le pusiese en libertad, y ordenaba que se le recluyese en un convento por seis meses; por ese delito fue llevado a la horca Pablo Rodríguez, llamado el «Cojo de Málaga»; y cuando Fernando se vio obligado a ceder a la intercesión del embajador inglés, que le recordó la promesa hecha en Valencia de no imponer la pena capital por delitos políticos, aguardó para conceder el perdón a que Rodríguez estuviera al pie del patíbulo, a que hubiera sufrido todas las agonías y tribulaciones de la muerte, para destinarle por tiempo indefinido a un presidio en Caracas.

Mientras se trataba inhumanamente a los presos, sus delatores eran recompensados por su traición. Ahí estaba el execrable ejemplo de un tal Lastres, a quien Fernando nombró fiel de la casa matadero de Málaga «por el mérito que contrajo en delatar la reunión que se formaba en el Café de Levante de esta Corte, cuyos cómplices habían sido sentenciados a presidio».

Para asegurarse de que no le faltaran chivatos, el monarca publicó un decreto el 1 de octubre de 1830 en el que condenaba a muerte a todos los que ayudasen a los rebeldes «por medio de avisos, consejos o en otra forma cualquiera».

El general Negrete era el implacable ejecutor de las perversidades del rey en Andalucía, y a él se dirigió el monarca de su puño y letra: «Si quieres que te estime no me escribas nunca sin darme cuenta de que has quitado de en medio a una buena porción de pícaros liberales». Negrete cumplió a rajatabla los deseos de su rey, e incluso lo hizo con excesiva generosidad; tanta que el propio soberano tuvo que darle un toque de atención con su característico cinismo e ironía: «Afloja un poco las riendas». A lo que Negrete alegó: «No puedo, señor; esta gente me odia, y si ve que las aflojo me va a destrozar...».

Fernando VII aborrecía a los liberales, como reflejaba él mismo en una carta autógrafa al gobernador militar de Cádiz, Villavicencio, ordenándole que «abatiese el orgullo del díscolo pueblo gaditano y suavizase su aspereza con el terror y la horca».

Al frente de la comisión militar de Madrid puso el monarca al coronel Chaperón, que pronto acumuló en su criminal currículum condenas tan «justas» como éstas: a la horca, «por haber cantado unos versos ofensivos al rey, al Papa y a Jesucristo»; a fusilamiento, «por haber gritado mueran los reyes y viva Riego»; a diez años de presidio a un amigo que acompañaba al que dio el anterior grito subversivo, y además a presenciar la ejecución de éste; a muerte, «por una expresión ofensiva a la dignidad real»; dos condenas a muerte en rebeldía «por haber pinchado con un cuchillo un letrero que decía: ¡Viva el rey absoluto!...».

García Ruiz señala que, en su sadismo criminal, Fernando VII gozaba con el derramamiento de sangre... ajena, claro.

Su crueldad se extendió por todas partes, se levantaron patíbulos y las cárceles se llenaron de inocentes, entre ellos muchas mujeres cuyo único delito había sido exhibir un abanico de cierto color o una prenda de un pariente o amigo emigrado. «Hubo jóvenes hermosas —relata García Ruiz— y respetables matronas que, condenadas a la galera por tan irritante motivo, murieron en ella de vergüenza al verse confundidas con desvergonzadas meretrices y ladronas.»

Tristemente célebre fue el ajusticiamiento de Mariana Pineda, hija de Mariano Pineda y Ramírez, capitán de navío de la Real Armada y caballero de la distinguida orden de Calatrava, además de dueño de un gran mayorazgo. La mujer fue procesada en 1827 por tener amigos y parientes encarcelados a causa de sus ideas liberales, así como por ser sospechosa de cartearse en secreto con numerosos emigrados españoles residentes en Gibraltar. Cuatro años después, Mariana Pineda fue sorprendida en su casa con una bandera bordada por ella misma para los insurrectos liberales y fue inmediatamente encarcelada y condenada a muerte por Ramón de Pedrosa y Andrade, comisionado especial para las causas de conspiración contra la seguridad del Estado.

Además de sádico, Fernando VII fue un depravado sexual que muy pronto se forjó una leyenda entre las mujeres de vida fácil. El marqués de Villa Urrutia daba fe de que, a pesar de su fealdad, se hacía querer por ellas:

> A su amable trato reunía una gracia nada común, atribuyéndosele además ocultos y no despreciables encantos, que si por excesivos no a todas placían igualmente, le granjearon reputación de hércules entre las hembras de vida airada y baja estofa, a que dedicó principalmente sus trabajos.

Villa Urrutia alude asimismo al desequilibrio sexual del monarca, que hasta los diecinueve años había sido impotente, es decir, hasta un año después de su casamiento con María Antonia de Nápoles. No en vano la madre de su primera esposa, la reina María Carolina de Nápoles, escribía indignada al marqués de Gallo, el 10 de noviembre de 1802: «Mi hija está desesperada. Su marido es enteramente memo, ni siquiera un marido físico, y por añadidura un latoso que no hace nada y no sale de su cuarto». El 20 de noviembre, la reina, más inquieta aún, añadía: «Es un tonto, que ni caza ni pesca; no se mueve del cuarto de su infeliz mujer, no se ocupa de nada, ni es siquiera animalmente su marido».

Por si quedara alguna duda sobre la inapetencia sexual del soberano, su suegra volvía a la carga en otra carta escrita el 3 de mayo del año siguiente: «Mi hija es completamente desgraciada. Un marido tonto, ocioso, mentiroso, envilecido, solapado y ni siquiera hombre físicamente, y es fuerte cosa que a los dieciocho años no se sienta nada y que a fuerza de orden y persuasión se hayan hecho inútiles pruebas sin consecuencias: ni placer, ni resultado».

Pero apenas cinco meses después de esta última carta se obró el milagro y Fernando empezó a ser hombre… o más bien bestia. «El 29 de septiembre —consigna Villa Urrutia— aparece el anuncio de que, gracias a un buen sermón de Santo Teodoro [el duque encargado de esta misión, que era embajador de Nápoles], el príncipe, después de un año de inapetencia, había llegado a ser marido de su mujer.»

Desde entonces Fernando se transfiguró por completo y se convirtió en un adicto al sexo. Pasó de un extremo al otro, como él mismo reconocía a Vargas Luna, aceptando que su obsesión le venía de familia: «Los de mi sangre no son modelo de abstinencia, y todos odian el celibato».

Sólo de vez en cuando sus dolorosos ataques de gota le devolvían la templanza perdida. El primero de ellos lo padeció a la edad de treinta años, el 16 de abril de 1814, cuando llegó a Valencia una vez recuperada su corona por el Tratado de Valençay. A primeros de mayo de 1816 sufrió otro ataque. Enterada su madre, le escribió desde Roma el 15 de junio: «Veo por tu carta del 17 de mayo que el ataque de gota, del que te resentiste ya en otra ocasión, se te ha repetido con tal vehemencia hasta obligarte a guardar cama. Espero, hijo mío, que aprovechando tu edad y robustez, no descuides en ponerte un remedio para evitarte en la vejez sus terribles consecuencias, teniendo en memoria el ejemplo de tu padre». Desde Roma también, su hermana María Luisa, ex reina de Etruria y duquesa de Luca, le escribió el 14 de junio: «Siento infinito tengas gota; es una enfermedad muy dolorosa, y yo extraño infinito que tan joven como tú eres la padezcas ya».

Fernando VII tuvo cuatro esposas, tres de ellas eran familiares directas suyas. La primera, María Antonia de Nápoles, quedó horrorizada al conocer a su futuro marido. En la primera carta que escribió la princesa desde Aranjuez a su cuñado, el archiduque Fernando de Toscana, recordaba así la impresión que, a su llegada a Barcelona, le produjo el príncipe de Asturias:

> Bajo del coche y veo al príncipe: creía desmayarme; en el retrato parecía más bien feo que guapo; pues bien, comparado con el original es un Adonis, y tan encogido. Os acordaréis que Santo Teodoro escribía que era un buen mozo, muy despierto y amable. Cuando está uno preparado encuentra el mal

menor; pero yo, que creí esto, quedé espantada al ver que era todo lo contrario.

Después se casó Fernando con su sobrina Isabel de Braganza, y luego con María Josefa Amalia de Sajonia, a quien las aguas de Solán de Cabras no consiguieron curar su esterilidad.

Situado en la serranía de Cuenca, en Beteta, el balneario de Solán almacenaba aguas con indicación ginecológica en procesos inflamatorios crónicos, como modificadores de la flora vaginal y como sedantes del sistema nervioso. Había sido declarado Real Sitio o Coto Real por Carlos III y Carlos IV, y por Fernando VII, que lo protegió mucho. Las aguas fueron analizadas entonces por don Pedro Bueno, cuyo laboratorio recibió la ayuda del tío del rey, don Antonio, muy aficionado a la química, a quien el monarca llamaba «mi tío, el doctor».

Allí acudió, como decíamos, la reina María Josefa Amalia de Sajonia, en busca de su ansiada fertilidad. Tras un viaje lleno de incomodidades («De este viaje salimos todos preñados, menos la reina», auguró Fernando VII con sentido del humor), la reina permaneció en el balneario desde el 6 de julio hasta el 12 de agosto de 1826. Las aguas no tuvieron el efecto deseado, pero la reina jamás perdió la esperanza en un milagro, como ella misma reflejó en estos versos:

Al fin de que si escucha
el Cielo nuestro ruego,
y nuestra unión bendice
con tierno fruto ameno,
reciban con la sangre
piedad, justicia y celo,

y mamen con la leche
modestia y rendimiento,
y para ciudadanos
del Cielo los criemos.

Meses después de su boda con la princesa de Sajonia sobrevino el levantamiento del general Riego en Cabezas de San Juan para restablecer la Constitución de Cádiz, que el rey se apresuró a jurar de mala fe con su célebre frase ya citada: «Marchemos francamente, y yo el primero, por la senda constitucional».

Pero las articulaciones del rey, maltratadas por la gota, poco o nada podían andar ya por aquella difícil senda. Así, el 16 de agosto de 1821, según refleja María Josefa Amalia en su diario, el rey salió de Madrid con la reina hacia La Granja «bastante incomodado por la gota, ha empeorado por el viaje y no puede salir del cuarto aquel día ni de la cama en los dos siguientes».

El obligado reposo y la buena vida acentuaron la obesidad de Fernando. El 22 de septiembre el rey y la reina se pesaron en El Escorial, y el resultado fue parecido al que darían en la báscula un púgil de peso mosca y otro pesado: el rey, 9 arrobas (103,500 kg), y María Josefa Amalia, 5 arrobas y 24 libras (68,556 kg).

Fernando VII era un insaciable comilón y un fumador empedernido; no era abstemio, pero apenas bebía, sólo un poco de vino, preferentemente de Graves. Escojamos uno cualquiera de los cientos de menús que hubo en palacio durante aquellos años para ilustrar lo que afirmamos; por ejemplo, el que fue ofrecido el 1 de diciembre de 1822:

Dos sopas: Albondiguillas liadas, de fideos de fraile, de cocido.

Seis entradas: Fritos de calamares, sesos en buñuelo, fritelas a la napolitana y salchichas. Patos con champiñones. Pollos a la española. Morcillas con arroz. Escalopes de filete de lenguado. Empanadas de piñón.

Dos asados: Pavo con castañas y salchichas. Dentón.

Cuatro entremeses: Espinacas a la crema. Tortilla de jamón. Pepitos de marrasquino. Casitas de almendra.

Extraordinario: Espárragos de S.M.

Por si no bastase con semejante menú de diario, los cocineros prepararon al rey uno no menos suculento el 1 de marzo de aquel mismo año, día, para colmo, de vigilia:

Sopas: Potaje de judías. Arroz con puré de cangrejos.

Relebé: Dentón.

Seis entradas: Frito de andulletas de pescado, buñuelos, calamares y perlanes de merluza. Abadejo a la provenzala. Salmón con salsa de anchoas. Filetes de merluza. Escalopes de filetes de lenguado. Pastelitos de Mansarine. Anguilas de regalo de S.M. Lenguado frito.

Cuatro entremeses: Cardo en blanquete. Alcachofas a las finas yerbas. Quaxado de limón. Empanadillas de masa fina con confituras.

Extraordinarios: Colespino de regalo del señor infante don Carlos.

No resulta así extraño que cuando meses después su médico Castelló le impuso una severa dieta, tras haber sufrido un desvanecimiento en el coro de la basílica escurialense, el propio Fernando dijera a su secretario Grijalva: «No puedes figurar lo ligero que me encuentro ahora».

Aquella violenta caída, que hizo revolcarse al rey entre el reclinatorio y la silla, era sintomática, según el doctor Manuel Izquierdo, de la arteriosclerosis que ya invadía a Fernando VII como consecuencia de su herencia, de su gota y de su alimentación.

El 29 de noviembre, doce días antes de su cuarta boda con otra sobrina suya, María Cristina de Borbón, le escribió diciéndole: «Yo estoy bueno, gracias a Dios, procurando cuidarme para que me encuentres en el perfecto estado de salud que se requiere para contraer matrimonio».

Para decidir desposarse con María Cristina le bastó al monarca con observar días antes un retrato de esmalte en miniatura que le mostró Luisa Carlota, hermana mayor de la novia. Fue tal el flechazo al contemplar la diminuta imagen, que la misma noche en que murió su tercera mujer, Fernando VII envió a Nápoles a Pedro Bremón y Alfaro para que iniciase la negociación de la boda con su sobrina carnal.

Desde el principio, María Cristina de Borbón complació a su exigente esposo en el lecho nupcial. Era una mujer muy sensual, cultivada ya en la ardiente corte de Nápoles, de la cual un estadista llegó a comentar, excediéndose en una conversación, que las princesas tenían *le diable au corps* y que si no se daban prisa en casarse era probable que tuviesen hijos sin conocer esposo.

El propio lord Malmesbury, que visitó Nápoles en 1829, el mismo año en que María Cristina se desposó con Fernando, relata que, durante una recepción nocturna en palacio, el noble inglés precedía a un grupo de invitados cuando María Cristina se le acercó y, cogiendo uno de los botones dorados de su uniforme, le pidió que le dejara ver la inscripción. Su madre se volvió indignada y recriminó a la princesa.

Lady Blessington daba fe también de las pasiones que desataba la atractiva joven «en los corazones combustibles de sus compatriotas». Incluso a más de un apuesto caballero «se le aconsejó que saliera de viaje, en bien de su salud, por habérsele visto mirando demasiado fijamente a la linda Cristina». Comentario nada exagerado, pues María Cristina fue amonestada por el arzobispo de Nápoles a causa de un escarceo con un apuesto oficial de la guardia palatina.

Entretanto los carlistas empezaron a escudriñar en la vida y milagros de la princesa napolitana, temerosos de que pudiese arrebatar el trono a su heredero Carlos María Isidro si se casaba con el hermano de éste, Fernando, y le proporcionaba la descendencia que sus tres esposas anteriores no le habían dado. Sus pesquisas dieron resultado y algunos carlistas se regocijaban ya, convencidos de que aquella mujer libertina no podría casarse con Fernando. La siguiente anécdota fue recogida por el historiador Yung, en un libro publicado en Nueva York, poco antes de la muerte del monarca; de ella se hace eco Fernando Garrido en su *Historia del Reinado del último Borbón de España*, en 1868. Las cosas fueron más o menos así:

Un día fue a ver a Fernando VII, muy afligido, su confesor el canónigo Ostolaza, y le dijo:

—Siento, señor, ser portador de malas nuevas; y sólo un deber de conciencia es capaz de obligarme a decir algo desagradable a Vuestra Majestad.

—Pues, ¿qué ocurre? —le preguntó el rey, alarmado por sus palabras.

—Señor —repuso Ostolaza—, la princesa con quien Vuestra Majestad quiere casarse, elevándola al solio español, ha sido ya madre; tiene un hijo, y he aquí las pruebas…

El canónigo extendió al rey unos documentos, esperando de un momento a otro una reacción indignada que le haría estallar en improperios contra su futura esposa. Pero quedó estupefacto cuando Fernando VII le asió las manos mientras exclamaba, pletórico de júbilo:

—¡Gracias, amigo mío, gracias! ¿Conque ha parido? Ahora ya sé que si no tengo hijos no será por culpa de mi esposa…

El 10 de diciembre de 1829, María Cristina conoció por fin al que ya era su prometido desde el 15 de noviembre, fecha en que Fernando VII firmó la escritura matrimonial en el Salón del Trono, con Francisco Tadeo Calomarde como notario mayor del reino.

Fernando VII llegó a Aranjuez a las once y media de la mañana, almorzó con la reina y emprendió el regreso a Madrid pasadas las cuatro de la tarde. La primera cita de los esposos fue breve: apenas cinco horas. Pero durante ese tiempo el monarca se dejó embelesar por la escultural y esbelta figura de su mujer de veintitrés años. Su tierna sonrisa y el porte elegante y distinguido de la joven, ya fuera al sentarse, al caminar, en la intimidad, como aquel día, o en recepciones palatinas, despertaban las pasiones más bajas del baqueteado marido de cuarenta y cinco años.

Probablemente su médico, Castelló, consciente de la acusada sexualidad del monarca, le había recomendado que se casase con María Cristina. Fernando VII, en carta a su secretario Juan Miguel Grijalva, le decía el 1 de junio de 1829: «Me alegraré que estés mejor; yo sigo muy bien, y dice Castelló que ya tengo el pulso tan fuerte como antes y que es menester que yo me case cuanto antes».

Como sus antepasados, Fernando VII conservaba un marcado apetito sexual. Mientras de día rezaba rosarios y oficios con María Josefa Amalia de Sajonia, por la noche, en compañía de su incondicional duque de Alagón (Paquito Córdoba para sus íntimos), frecuentaba locales de alterne y se entregaba al placer de la carne. A esas juergas nocturnas tampoco faltaba Pedro Collado, apodado «Chamorro», el criado del rey y zafio aguador de la Fuente del Berro. Se divertían con el sonido de la guitarra de Alagón, que cautivó al monarca y le honró con la amistad del cantaor Birlocho, la bailaora Lola la Naranjera y el torero Juan León. Se reunían en el Soto de la Florida cuando el tiempo lo permitía, y si llovía o hacía frío trasladaban la charanga a casa de Pepa la Malagueña. No es de extrañar por tanto que, al fallecer su tercera esposa, cuando el influyente partido realista pensó en casar a Fernando VII con otra princesa alemana, el rey se opusiese con su célebre frase: «No más rosarios».

Pero lo cierto es que el monarca, como hicieran algunos de sus antepasados, se debatía constantemente entre dos polos irreconciliables: la religión y el desenfreno. Así lo relata García Ruiz:

> Este cuadro de repugnantes escándalos tenía su digno complemento en la hipocresía de que alardeaba el tirano, acudiendo cubierto de escapularios y reliquias a los conventos de frailes y monjas para adorar, compungido y devoto, las imágenes de los altares, después de lo cual recibía refrescos y otros obsequios de las comunidades, a cambio de los cuales daba destinos que le pedían los guardianes y abadesas para sus ignorantes deudos y paniaguados.

Dediquemos ahora, aunque sean unas pocas líneas, al encopetado personaje que proveía de mujeres al monarca. Era nada menos que un noble: Francisco Fernández de Córdoba y Glymes de Brabante, barón de Espés y Alfajarín, hijo menor del XI conde de Sástago. Estaba casado en primeras nupcias con María del Pilar de Silva y Palafox, condesa de Castelflorido, viuda del famoso conde de Aranda e hija mayor del X duque de Híjar.

Fernando VII supo premiarle como merecía: en 1814 le nombró comandante de los guardias de corps y le otorgó el título de duque de Alagón, con Grandeza de España de primera clase, faltaría menos. Pero aún reservó el monarca mayores recompensas a su alcahuete, concediéndole la Gran Cruz de Carlos III y el mismísimo Toisón de Oro, la más alta condecoración de los Borbones, además de ascenderle a capitán general. ¿Acaso tan delicada misión no requería distinciones de aquella clase?

De la desordenada vida de Fernando VII deja constancia también Alcalá Galiano:

> Dióse a salir disfrazado por las noches con algunos de sus privados, siendo su intento, no como suponían, meros pasatiempos de poca decencia, sino con la mira de indagar el estado de los negocios y de la opinión, haciendo a modo del califa de los cuentos árabes con su visir, o de varios reyes de comedias. Ganó con ello poco la justicia y perdió mucho el regio decoro. Se elogiaba por algunos su llaneza, confundiendo esa virtud, que nace de la bondad del corazón y la persuasión de la igualdad humana, con la natural pasión a los placeres bastardos.

Su anárquica vida de crápula le generó un mermado estado físico para su edad. Uno de los partes médicos señalaba: «Tiene gota en los riñones, hernia vieja, retención en la orina, no puede casi ni andar».

Los excesos de este libertino le hicieron perder el ritmo en las proezas viriles a las que tenía acostumbradas a demasiadas mujeres. Un afamado urólogo llegó a afirmar que su falta de descendencia se debía al enorme tamaño de su miembro viril, que le impedía copular con normalidad. Pero el doctor Enrique Junceda, que estuvo al frente del departamento de Obstetricia y Ginecología del Hospital Universitario de Asturias, ha desmentido esa opinión. Según Junceda, ese defecto podía corregirse utilizando, como así hizo el consorte durante sus relaciones íntimas, una almohadilla de tres o cuatro centímetros de grosor, perforada en el centro.

Hasta conocer en persona a su amada María Cristina de Borbón, el resignado rey se consolaba auscultando con la mirada cada detalle del retrato que le entregó su cuñada Luisa Carlota y con las esporádicas cartas que cruzaba con su novia mientras ésta viajaba hacia España. Así, María Cristina le escribía desde Valencia el 29 de noviembre:

> Mi muy querido tío:
>
> Siempre mayor gusto halla mi corazón en vuestras cartas. La que he recibido esta noche me ha incantada [sic]. ¡Ah, querido tío, cómo responder a tanto amor sino con igual amor! ¡Ah, si también yo tuviese mil corazones, todos serían de usted! Tanto es grande el afecto que me inflama por mi tío y por mi Fernando. No se puede explicar. Yo misma no podría hallar términos para demostrárselo…

Respetuosas palabras de enamorada, distintas del lenguaje informal que empleaba el novio, tuteándola, ajeno al tono protocolario, aunque apasionado, de la mujer. Fernando respondió a esa carta con otra fechada el 2 de diciembre en Madrid:

> Pichona mía, Cristina:
>
> Anoche, antes de cenar, recibí tu cariñosísima carta del 29 y tuve el mayor gusto en leer que tú, salero de mi vida, estabas buena y ya más cerca de quien te adora, y se desvive por ti, y no piensa más que en su novia, objeto de sus más dulces pensamientos. Puedes creer que todos los días más de una vez, cuando estoy solo, canto aquel estribillo:
>
> *Anda salero*
> *salerito del alma,*
> *cuánto te quiero.*

Al tratamiento de «Pichona mía», «azucena» o «ricura», respondía ella siempre con un discreto «Mi muy querido tío» o «Majestad y tío». Cortés y sumisa, se despedía así: «Adiós, mi amado tío, crea el amor de quien os besa la mano y se dice vuestra más afecta y obediente sobrina y futura esposa».

Él, en cambio, se mostraba impulsivo e impaciente: «Adiós, encanto mío, despena cuanto antes a este futuro esposo…». Y reconocía: «Me parece que nos hemos de llevar muy bien, pues yo no quiero para mujer a una sosa, lo que es un fastidio, sino a una viva como tú, salero de mi alma».

En eso Fernando era sincero: en su precipitación y osadía, con las que mancilló el matrimonio desde la misma noche de bodas, consumada con una violación. Jamás olvidaría María Cristina la violencia e íntima agresión que sufrió en aquella horrible velada, hasta el punto de que ese traumático recuerdo influiría en su comportamiento futuro.

Lascivo, traidor, sanguinario, cruel, cobarde... son algunos de los calificativos con los que no pocos autores han obsequiado a este monarca que se convirtió por primera vez en rey de España el 19 de marzo de 1808, tras la abdicación forzosa de su padre en Aranjuez. No obstante, casi dos meses después, el 6 de mayo, Fernando reconocía nuevamente como rey a su padre en Bayona, ante Napoleón, adhiriéndose a la cesión de la corona al emperador francés el día 10 de mayo. Repuesto en el trono de España por Bonaparte mediante el Tratado de Valençay, el 11 de diciembre de 1813, Fernando VII reinaría ya hasta su muerte, el 29 de septiembre de 1833.

Durante esos años también «reinó» la corrupción. En los negocios turbios desempeñó un papel protagonista un siniestro personaje que llegó a la corte de Madrid precedido por el escándalo económico en las cancillerías de Londres, capital de la que fue finalmente expulsado. Era el embajador ruso Tatistcheff, quien por desgracia se convirtió en árbitro de la política exterior española desde 1814 hasta 1820. El propio ministro español de Estado, Pizarro, escribió una carta a Fernán Núñez en la que le ponía en antecedentes sobre cómo se las gastaba el ruso con ocasión de un viaje de éste a París:

> El día en que se fue [Tatistcheff] recibimos los ministros y todo el cuerpo diplomático una papeleta diciendo que se había extraviado el ministro de Rusia, que se daría hallazgo al que lo entregase, que su facha era así y asao... El día de San Ale-

jandro todo el mundo recibió un billete que decía: *Le ministre de Russie prie Mr... de l'excuser s'il ne donne pas une fête chez lui, car il n'a pas d'argent.* En mi mesa tengo reclamaciones de trampas de sastre, zapatero, etcétera. No es esto lo peor, sino que es probable que al rey lleguen estas noticias, y al fin le harán mella. Yo le ruego, me mato, disimulo; pero es imposible que esto no dé un estallido, y entonces adiós influjo rey para nada...

Sin embargo, el turbio historial de Tatistcheff no hizo mella alguna en el monarca. Al contrario: el ruso acabaría convirtiéndose en su fiel aliado en oscuros negocios. El propio Tatistcheff sacaría buen provecho de la confianza brindada por Fernando VII, como señala Villa Urrutia:

> Quién había de decirle que Tatistcheff, cuyo descrédito por causa de las trampas y de las malas compañías tanto le dolía, había de salvar hábilmente aquel escollo y había de lucir, de influir y de cubrirse de gloria, llenándose de libras esterlinas los bolsillos durante los seis años del gobierno absoluto de Fernando VII, siendo no sólo su verdadero ministro de Estado, sino el árbitro de la política exterior de España.

Claro que el renombre del rey de España fuera y dentro de sus fronteras estaba casi a la misma altura que el del corrupto Tatistcheff, y de ello daba fe nada menos que el embajador británico en Madrid:

> No gozaba Fernando, ni entre los extranjeros ni entre los españoles, reputación de incorruptible. El ministro inglés Mr. Lambe, que era hombre de ingenio mordaz y agudo, decía sin ambages que, fuera del infante don Carlos y el duque

del Infantado, no había en España quien no se vendiera, incluso el rey, por un puñado de libras esterlinas; por lo que, para resolver las dificultades que en Madrid pudieran presentarse, no necesitaba que su Gobierno le enviara instrucciones, sino cheques.

El marqués de Villa Urrutia iba aún más lejos y aseguraba que Fernando VII cobraba comisiones por dar su beneplácito a determinados asuntos, como el reconocimiento de la independencia de las repúblicas hispanoamericanas:

> Y cuando se trató de vencer la resistencia que oponía el monarca al reconocimiento de las repúblicas hispanoamericanas, el duque del Infantado, que era su primer ministro, consideraba como uno de los medios infalibles para conseguirlo que los americanos, además del precio que hubiesen de pagar a España por el reconocimiento de su independencia, diesen al rey algunos millones secretos para sus gastos particulares.

Tatistcheff había llegado a Madrid con una carta de recomendación de su predecesor en la cancillería, el barón de Strogonoff, para Antonio Ugarte, con quien trabó una amistad muy provechosa para ambos. Ugarte era un hombre ambicioso que años antes se había establecido en Madrid, procedente de Vizcaya, en busca de fortuna. Al principio tuvo que contentarse con desempeñar los más modestos oficios, siendo criado de esportilla o mozo de plaza en casa del consejero de Hacienda, Juan José Eulate, en la que pasó luego a escribiente, hasta que se vio obligado a salir de ella por un asunto desagradable. Se convirtió entonces en maestro de baile y, a través de una de sus alumnas, conoció al barón Strogonoff, que al abandonar precipitadamente la capital, en 1808, le dejó encargado de cuantos asuntos tenía en la corte. Ugarte logró beneficiarse de importantes contratos durante la guerra de la Independencia, pero las funciones que desempeñaba eran modestas, tanto que Tatistcheff llegó a tratarle al principio como a un criado. Enseguida, sin embargo, reparó el embajador ruso en el gran partido que podía obtener de aquel hombre como agente de negocios y confidente diplomático en la camarilla del rey, a quien ya había servido en alguna empresa.

No en vano Ugarte se ganó pronto la confianza de Fernando VII y su trato de favor llegó a ser comparable en algún momento con el dispensado al propio Godoy. El monarca creó para él el cargo de director general de las expediciones destinadas a conquistar y pacificar América, gracias al cual Ugarte y Tatistcheff pudieron colaborar en el escandaloso negocio de la compra de barcos rusos.

La expedición a América, cuyo mando se confió, por indicación de Ugarte, al conde de La Bisbal, no acabó de arrancar como se esperaba, a pesar de lo cual Ugarte siguió retirando grandes sumas de dinero de la Tesorería del Estado. Su conducta irregular provocó reclamaciones y quejas de los intendentes, y Ugarte acabó siendo recluido en el Alcázar de Segovia para que pudiese arreglar sus cuentas pendientes con el Tesoro. No saldría de allí hasta tres años después, tras la Revolución de 1820, que le devolvió la confianza y el apoyo del rey.

Pero hasta entonces, como decíamos, Ugarte estaba convencido, al igual que el rey, de que toda la América española podía reconquistarse. Fue así como el 11 de agosto de 1817 el plenipotenciario ruso Tatistcheff, respaldado por su socio Ugarte, firmó en Madrid un acuerdo con el general Eguía por el cual el zar de Rusia vendía a España cinco navíos, equipados con setenta y cuatro cañones cada uno, y tres fragatas, de cuarenta y cuatro cañones cada una, por una suma de sesenta y ocho millones de reales, de los que nunca más volvió a saberse nada.

Ugarte hizo incluso publicidad del acuerdo en un artículo, inspirado por él, aparecido en la *Gaceta*, en el cual explicaba que el magnífico contrato de los barcos era «una negociación que el rey había entablado y continuado por sí mismo, hasta su feliz conclusión». Pero en realidad aquel acuerdo, como señala Villa Urrutia, «era un escandaloso negocio, con sus puntas y ribetes de estafa, de que iba a ser víctima nuestra esquilmada Hacienda». Tenía razón Villa Urrutia al afirmar que el negocio acabó siendo una ruina para la nación, pero no para los bolsillos de quienes lo arreglaron.

Cuando los cinco navíos y las tres fragatas atracaron en el puerto de Cádiz, pudo comprobarse que eran incapaces de navegar, excepto una de las fragatas, a la que se bautizó con el nombre de *María Isabel*. Esta fragata sería luego apresada por la Armada chilena en Talcahuano, mientras que los siete barcos restantes quedaron sepultados en el arsenal de la Carraca, hasta que fueron finalmente desguazados. Ni siquiera pudo salvarse el navío *Alejandro*, pese a que se invirtió en su reparación más de un millón de reales para que pudiera navegar hasta Barcelona, donde aguardaba la infanta Luisa Carlota.

Al final, una vez desguazada la flota comprada al zar de Rusia, los restos de la flamante escuadra acabaron vendiéndose en pública subasta al precio de ¡396.000 reales, cuando habían costado ciento ochenta veces más! «La diferencia, pagada por un país arruinado y en la miseria, se la repartieron Ugarte, Fernando, Tatistcheff y algún otro compinche», asegura Gonzalo de Reparaz.

No era sorprendente así que el embajador francés, Moustier, tuviese la siguiente opinión sobre Fernando VII:

> La preocupación principal de este príncipe es el agotamiento de sus recursos personales; pero el señor Calomarde, el director de la Policía y otros confidentes secretos de sus placeres tratan de devolverle el buen humor suministrándole pequeñas cantidades que extraen de las cajas de sus respectivas Administraciones, lo cual les da poderosos medios de influencia que hacen al rey inclinarse, ya de un lado, ya de otro.

Para el ex ministro Eugenio García Ruiz, el rey de España tampoco era santo de su devoción: «No hay palabras —advertía— en el Diccionario de nuestra rica lengua para pintar debidamente la avaricia, la concupiscencia y el estudiado fanatismo del ingrato tirano». García Ruiz añadía graves acusaciones contra el monarca: «Introduciendo grandes economías en su palacio, no obraba a impulsos del deseo de aliviar la suerte del pueblo, sino para depositar sendos tesoros en el Banco de Londres, a cuyo efecto hizo que se dotase su casa con ciento veinte millones de reales al año, sin perjuicio de las grandes gratificaciones que, bajo el nombre de regalos, se hacía entregar en los días de gala por los altos funcionarios, quienes recibían así carta blanca para saquear el país». Aseguraba también el ex ministro que Fernando VII consentía a su alcahuete Alagón que derrochase dinero del Tesoro Público, pretextando que era para la Guardia de Corps; y que, por si no bastase con eso, le ayudó a enriquecerse otorgándole el privilegio de introducir harinas extranjeras en

Cuba, mientras Chamorro, otro de los incondicionales del rey en sus correrías nocturnas, gozaba de plenos poderes para explotar cuantos negocios llegaban a sus manos.

Era tal la fortuna que el rey acumuló en sus últimos años de reinado, que a su muerte tenía una cuenta corriente con un saldo de quinientos millones de reales en el Banco de Londres, según denuncia Fernández de los Ríos. Con semejante despilfarro y tráfico de influencias, no era extraño que en 1826 la crisis financiera en España impidiese pagar al cuerpo diplomático en el extranjero, al que se le adeudaban tres millones de reales. Ante tan desolador panorama, el embajador español en París, el duque de Villa Hermosa, tuvo que pasar el bochorno de pedir prestados al gobierno francés sesenta mil francos para atender los gastos de su legación.

Con los años, los excesos de lujuria, unidos a su incontenible gula y a su alterada genética, sumieron a Fernando VII en un estado físico deplorable. Quizá el testimonio más gráfico sea la carta que dirigió al marqués de las Amarillas un cuñado suyo, el 27 de septiembre de 1833, tan sólo dos días antes del repentino fallecimiento del soberano:

> La salud del Rey se ha deteriorado de tal modo, que todos están temiendo a cada momento por su vida. Él mismo ha llegado a desanimarse enteramente y a dejarse dominar de la melancolía. Le obligan a pasear por las calles, porque los facultativos creen que puede convenirle el traqueteo; pero va en el coche con la cabeza baja, sostenido por unas fajas que le cruzan por el pecho porque no sólo no puede moverse, pero ni aun

sostenerse sentado; en una palabra, cadavérico. No es su enfermedad aguda como otras veces, sino lo que es peor, un decaimiento sensible y progresivo de su naturaleza.

No quiere hablar, sino las palabras absolutamente precisas; en fin, no hay ya hombre. Al mismo tiempo, tiene de cuando en cuando algún ataque de gota: el martes pasado tuvo uno, y le pusieron a toda prisa dos cáusticos en el pecho. También tiene frecuentes congojas, una de las cuales puso ayer a los facultativos en bastante cuidado. Ayer estuvo Joaquín a besarle la mano y se quedó aturdido de su mal estado.

Fernando VII falleció, en efecto, a las tres menos cuarto de la tarde del 29 de septiembre. «Siempre en expectación —decían los médicos en su parte— permanecimos al lado de S.M., hasta verle comer, y nada de particular notamos, pues comió como lo había hecho los días precedentes... Sobrevino al rey un súbito ataque de apoplejía, tan violento y fulminante, que a los cinco minutos sobre poco más o menos terminó su preciosa existencia.»

Su esposa, vestida con hábito de monja carmelita, tampoco se despegó de él. María Cristina recordaba, sin duda, la macabra experiencia vivida el año anterior en La Granja, que a punto estuvo de costarle la vida a su marido; por eso no permitió que nadie tocase su cuerpo hasta cuarenta y ocho horas después de muerto. Transcurrido ese plazo, el cadáver fue expuesto en el salón del trono del palacio real, donde lo contempló el viajero británico Richard Ford, quien afirmó que su rostro estaba «enrojecido como un higo maduro».

Fernando VII falleció antes de cumplir los cuarenta y nueve años. Subió al trono aclamado por todos los españoles, y al descender a la sepultura, «las gentes —recuerda Alcalá Galiano— le miraban con horror por sus dolencias repugnantes, con lástima algunos, poquísimos con buena fe, siendo numerosos quienes deseaban su muerte».

Martínez de la Rosa resumía así la precaria situación en la que el monarca dejó a la nación: «Falleció, llevando al sepulcro el íntimo convencimiento de la avenida de males que amenazaban, atendida la situación del Reino: en lugar de trono una cuna, las riendas del Estado en manos de una hembra, un pretendiente aprestando las armas y la revolución tanteando sus fuerzas».

Y un cruel humorista compuso estos versos que en la calle se entonaban a coro:

Murió el rey y lo enterraron.
¿De qué mal? De apoplejía.
¿Resucitará algún día?
¡Eso no, que le sacaron
las tripas y el corazón!
Si esa bella operación
la hubieran ejecutado
antes de ser coronado,
más valdría a la nación.

Hubo incluso quien acuñó el término «mal fernandino». Su autor fue el escritor Martínez Olmedilla, quien explicaba que aquel mal se caracterizaba «por dejar en libertad todos los malos instintos que, más o menos disimulados, laten en el fondo del ser humano, favorecido por su gran poder y escaso meollo».

Así quedaba enjuiciado el rey y su desastroso reinado.

Pronto su hija Isabel II daría también mucho que hablar. Tan sólo veinticinco días después del fallecimiento de su padre, el 24 de octubre, se suspendió el riguroso luto para proceder a la proclamación oficial de la nueva reina de España. Frente al balcón central del palacio real de Madrid se dispuso un tablado, adornado con banderas y reposteros, desde el que el marqués de Astorga, conde de Altamira, como alférez mayor del reino, proclamó a voz en grito: «¡Castilla, Castilla, Castilla, por la Reina Nuestra Señora Doña Isabel II!».

La Familia Real asistió desde el balcón a la ceremonia; la recién proclamada soberana tenía tan sólo tres años de edad, pues había nacido el 10 de octubre de 1830. Durante su minoría de edad, y de acuerdo con el testamento del difunto monarca, asumió la regencia su viuda María Cristina de Borbón, la reina gobernadora.

Pero, entretanto, España ya había coronado a su séptimo Borbón.

5

LA REINA INSACIABLE

La nueva reina de España tuvo una infancia enfermiza, influida por la antigua maldición que acechaba a su dinastía.

El mismo año en que fue proclamada soberana, pudo examinarla de cerca el marqués de las Amarillas, miembro del Consejo de Regencia instituido por Fernando VII para auxiliar a la reina madre en el gobierno; el marqués anotó luego en sus memorias la triste impresión que le produjo entonces la niña:

> Noté con pena que tenía las manitas muy ásperas y en un estado muy poco natural, que me hizo conocer debía padecer algún exantema, lo que a su edad tan tierna daba mala idea de su robustez y no muchas esperanzas de su existencia entre los peligros de los primeros años de la vida; hija de un padre lleno de males, que en su niñez había padecido casualmente de una afección cutánea, no pude extrañar el secreto del estado de las manos de Su Majestad.

No exageraba un ápice el marqués de las Amarillas al temer incluso por la vida de la pequeña; no en vano las pasadas generaciones de Borbones habían sido reducidas por la mortalidad infantil, aunque esta vez el destino hizo que Isabel II fuera una excepción.

A los padecimientos cutáneos de su padre sumaba Isabel II el carácter herpético de su abuela María Luisa de Parma y el de su propia madre, María Cristina; herpetismo que heredaría también el tataranieto de María Luisa, don Juan Carlos I.

Ya adulta, la reina debía limpiarse las manos con un pañuelo antes de darlas a besar, para eliminar los humores que las cubrían, y siendo ya anciana tuvo que ir vendada desde la punta de los dedos hasta el cuello, pues sin esa precaución se le desprendían túrdigas escamosas.

En mayo de 1840, cuando contaba diez años, los médicos le aconsejaron que tomase los baños de Caldas y los de mar para paliar sus dolencias de la piel; pero ese tratamiento la obligaba a trasladarse a Barcelona, y la reina no pudo seguirlo de modo constante, sobre todo tras el estallido de la guerra civil.

A esa edad era una chiquilla feúcha e ignorante que desesperaba a sus servidores por su suciedad, su pereza y su reprobable conducta en la mesa; necesitaba cuatro damas para vestirse y, sin haber terminado de hacerlo, ya tenía manchada de comida la parte delantera de las prendas.

Su educación, tan criticada por su madre María Cristina desde su exilio en París, dejaba bastante que desear: la niña no sabía apenas leer, y su caligrafía era muy deficiente, repleta de faltas de ortografía; le espantaba el francés y carecía de la necesaria corrección sintáctica al expresarse. «Era —como recordaba Theo Aronson— perversa, caprichosa y obstinada. Y, sin embargo, podía ser encantadora. Cuando le daba la gana desplegaba una gran dignidad natural, y sus formas rollizas daban a su figura tal empaque, que fácilmente conseguía un aspecto impresionante, casi noble.» Cuando sonreía, se le dibujaban en los mofletes unos simpáticos hoyuelos, y su contagiosa risa bastaba para ablandar las expresiones más duras. «En conjunto —resumía Aronson—, era una muchacha de personalidad definida, más precoz que lista, más voluntariosa que fuerte de voluntad, más impetuosa que entusiasta.»

El doctor Izquierdo explica que tenía una constitución pícnica, con tendencia a la obesidad, y un temperamento ciclotímico. Era sociable, afable, bondadosa, alegre, viva, vehemente, apasionada... Sobre este tipo temperamental, el psiquiatra Vallejo Nájera escribió: «Son gentes de buen humor, que toman la vida tal como es, naturales, abiertos, de amistades rápidas y fáciles, tiernos, fervorosos». Su blando carácter le facilitaba el contacto con la gente; tenía una conversación chispeante, una cordial sociabilidad y una propensión a los ligeros cambios de humor. Aunque, como advertía Vallejo Nájera, era inestable en sus afectos, y algunas veces se mostraba melancólica, irritable e incluso colérica.

Su personalidad ciclotímica marcaba su tendencia a la extraversión: jamás guardaba nada para sí misma, exteriorizaba su vida afectiva y deseaba en todo momento que su entorno participase en ella.

El día en que Isabel cumplió dieciséis años, se desposó con Francisco de Asís de Borbón, duque de Cádiz, su primo carnal por doble ascendencia, dado que los padres de la reina y del rey consorte eran hermanos, al igual que las madres. Para completar este explosivo cóctel borbónico, entre los progenitores de cada uno de los cónyuges mediaba parentesco de tío con sobrina carnal, el más próximo grado de consanguinidad que las dispensas canónicas y civiles podían consentir en el matrimonio. «Tan reiterados fueron los matrimonios dentro de la misma familia

—advertía Luis Cortés Echánove—, que los hijos de la nueva pareja serían Borbón, Borbón, Borbón, Borbón, Borbón, Borbón, Borbón, Borbón, Sajonia, etcétera.» Borbón hasta en la sopa: sus ocho primeros apellidos eran el mismo... ¡Borbón! Habría que remontarse a la reina María Amalia de Sajonia, esposa de Carlos III, para que el apellido cambiase.

El doctor Izquierdo señala, como se aprecia en el árbol genealógico de la siguiente página, que el apellido Borbón (1) de Alfonso XII era el primero del padre oficial (Francisco de Asís), del abuelo (Francisco de Paula) y del bisabuelo (Carlos IV). Y el apellido Borbón (2) de Alfonso XII era el primero de la madre (Isabel II), del abuelo materno (Fernando VII) y del bisabuelo (Carlos IV).

Por eso, el apellido Borbón de Carlos IV era el Borbón (1) de Alfonso XII por línea paterna, y el Borbón (2) por la materna. Y el Borbón (5) de María Luisa, el (5) por la paterna, y el (6) por la materna.

Del mismo modo, los Borbón de Francisco I y María Isabel de Borbón eran los (3), (4) y (7), (8), respectivamente.

Y podría continuarse con la consanguinidad, dado que María Isabel de Borbón era hija de Carlos IV y, por tanto, sus Borbón (7) y (8) eran el (1) y el (5), y el Borbón de Francisco I era también el (1), como nieto de Carlos III, hijo de Fernando, rey de Nápoles, hermano de Carlos IV.

Francisco de Asís de Borbón padecía, al igual que su tío Fernando VII, deformación genital; sólo que en este caso su miembro viril era demasiado pequeño, lo cual, según algunos de sus contemporáneos, le hizo ser impotente. Lord Palmerston no

GENEALOGÍA DE ALFONSO XII

Carlos IV de Borbón (1) (2).
(Rey de España)

María Luisa de Borbón (5) (6) (**).
(Princesa de Parma. Reina consorte.
Nieta de Felipe V)

Francisco I de Borbón (4) (3) (*).
(Rey de las Dos Sicilias. Nieto de Carlos III)

María Isabel de Borbón (8) (7).
(Infanta de España. Reina consorte.
Hija de Carlos IV)

Francisco de Paula
de Borbón (1)
y de Borbón (5).
(Infante de España)

Fernando VII de Borbón (2)
y de Borbón (6).
(Rey de España)

Luisa Carlota de Borbón (3)
y de Borbón (7) (*).
(Princesa de las Dos Sicilias.
Infanta de España consorte)

María Cristina de Borbón (4)
y de Borbón (8) (*).
(Princesa de las Dos Sicilias.
Reina de España consorte)

Francisco de Asís
de Borbón (1)
y de Borbón (3).
(Infante de España.
Rey consorte)

Isabel II de Borbón (2)
y de Borbón (4).
(Reina de España)

Alfonso XII
de Borbón (1)
y de Borbón (2)
de Borbón (3)
y de Borbón (4)
de Borbón (5)
y de Borbón (6)
de Borbón (7)
y de Borbón (8)

(*) Rama de las Dos Sicilias. (**) Rama de Parma
FUENTE: Manuel Izquierdo Hernández

tenía la menor duda al respecto: «Inglaterra —escribió— jamás dará su apoyo al enlace de Su Majestad con el infante D. Francisco de Asís, porque este príncipe está imposibilitado física y moralmente para hacer la felicidad privada de Su Majestad y la de la nación española».

El historiador Morayta tampoco apreciaba al novio, de quien decía que «era incapaz de abrigar una idea buena y más incapaz aún de dirigir y educar a una mujer».

Asimismo, el conde Paul Vacil, en sus memorias, refiere que la reina se quejaba con frecuencia: «Ninguna mujer más engañada que yo en su matrimonio. Busqué un hombre y sólo encontré un infante». Se llegó incluso a decir que María Cristina había hecho muy agudas observaciones al embajador francés sobre las caderas del muchacho, y que su hija Isabel había comentado, riéndose, que no le habría importado casarse con él si ella hubiera sido un hombre.

El doctor Marañón aludía veladamente a Francisco de Asís citando los versos de una estrofa de *La Corte de los Milagros*, de Valle-Inclán, que confirmaban el desviado talón de Aquiles de este rey, al que en todas las cortes de Europa se le conocía con el apodo de «Paquita». Su propio médico de cabecera corroboraba que su aspecto no era precisamente varonil: «La constitución del rey era enjuta, de mediano desarrollo orgánico».

Ligeramente asténico y aprensivo (no consentía recibir en audiencia a quien estuviera resfriado), Francisco de Asís moriría octogenario, de una pulmonía.

De sus hermanas, la que más se parecía a él era Pilar, que fallecería de una meningitis tuberculosa. La mayor, Isabel, murió pocos meses antes de cumplir los ochenta años, en París, de una esclerosis generalizada.

Puestos a completar el perfil de un auténtico varón, Francisco Herrera Luque, cofundador de la cátedra de Psiquiatría de la Universidad Central de Venezuela, no albergaba duda alguna de que Francisco de Asís era homosexual.

Fuera por esta circunstancia, unida a la impotencia de un marido al que la reina no amaba, por la propia herencia genética de los Borbones, o por todas estas causas a la vez, lo cierto es que Isabel II pasó a la historia, entre otras razones, por ser una ninfómana empedernida.

El psiquiatra Herrera Luque trazaba un elocuente árbol patológico de los Borbones, que hemos completado con el elaborado por Gonzalo de Repáraz, reproducido en la siguiente página.

La vida relajada de Isabel favorecía sus tentaciones libidinosas. No era extraño que se levantara a las tres de la tarde y se acostara a las cinco de la madrugada. Como comenzaba la jornada tan tarde, a menudo concedía audiencias a los diplomáticos vestida con un peinador y calzada con zapatillas; a continuación solía jugar al rehilete con sus damas de honor o incluso con sus ministros. Luego, ya arreglada, almorzaba con gran apetito; por la tarde bailaba durante horas, hasta que se ponía uno de sus vestidos con incrustaciones de piedras preciosas y se iba al teatro. Una cena íntima en el departamento más reservado de cualquiera de los mejores restaurantes madrileños completaba la jornada.

Semejante régimen de vida propició que la reina intimase con su primer favorito, el general Serrano, duque de la Torre, a quien, siendo aún adolescente, llamaba ya «el general bonito», cuando tres años antes éste se incorporó como ministro de la Guerra al Gabinete que dirigía Olózaga.

Isabel, además de ser reina, resultaba atractiva a los hombres. La expresión adusta de su infancia había desaparecido, y en su

LA HERENCIA MORBOSA DE LOS BORBONES

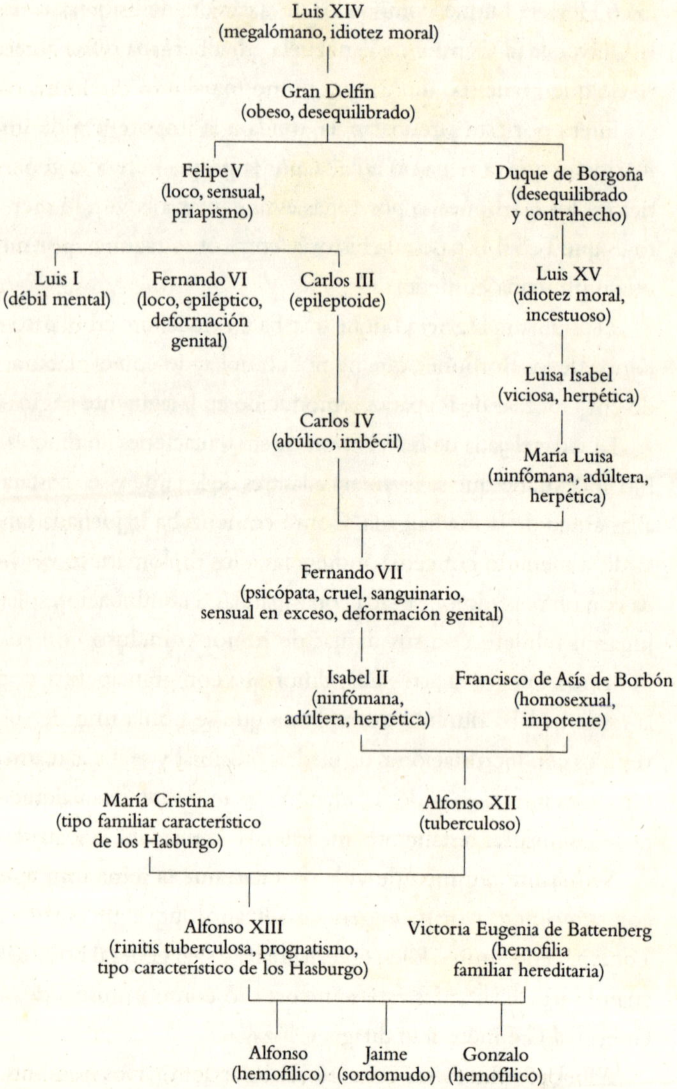

FUENTE: Francisco Herrera Luque, psiquiatra, y Gonzalo de Repáraz rostro resplandecía una afabilidad y una dulzura cautivadoras. Su mirada era oscura y brillante; y su nariz ladeada le daba cierta gracia. Tenía el pelo negro, se peinaba con raya en medio, y solía llevarlo hacia atrás; le gustaba ponerse un ramito de flores sobre una oreja. Su figura, aunque rolliza, estaba bien proporcionada y los afamados modistas de París contribuían a realzarla con vestidos de rico terciopelo negro o de resplandeciente brocado. Sabía insinuarse a los hombres luciendo sensuales escotes que mostraban el inicio de la curva de sus bien formados senos. A sus indudables atractivos físicos unía su no menos seductora forma de comportarse: era espontánea, alegre, desenfadada, cordial, casi picaresca… y solía adornar su expresión con una sonrisa jovial y una voz muy agradable.

Todos esos encantos hicieron que el general Serrano cayese rendido a sus pies. El ex ministro García Ruiz, contemporáneo de los hechos, acredita en sus *Historias* este primer adulterio de la reina:

> De entre las liviandades del Real Palacio no salían más que intrigas estériles, cambios infecundos de Gabinetes y escándalos a montones y de todas clases… El rey Francisco, que estaba separado de su mujer, no por celos, que no tenía, sino por odio personal a Serrano, favorito de aquélla, vivía en El Pardo, y el Gobierno procuró cortar el escándalo que tal separación producía, y al efecto comisionó a Benavides, hombre agudo y despreocupado, para que viese de convencer al esposo de que se uniese a la esposa.

El propio Ildefonso Bermejo, conocedor de no pocas intimidades de los monarcas en aquellos años, relata en su *Estafe-*

ta de palacio la desunión que provocó entre los regios esposos la nefasta influencia de los consejeros de una y otra parte, con el general Serrano siempre en el centro de todas las disputas:

> ¿Qué consejeros íntimos tenía la reina? Muchos que desatinaban y uno que le decía: «Señora, divorciaos de vuestro esposo; declaradle impotente y la ley os favorecerá». ¿Quién aconsejaba al rey? Muchos insensatos, y entre ellos uno más arrojado que todos, que le decía, presentándole una pistola: «Tomad, señor, amartillada; yo os diré dónde encontraréis a Serrano y disparadla contra su corazón». Una y otra cosa se propuso, pero ninguna se llevó a cabo, aunque lograron la separación.

El escándalo en la corte por el permanente adulterio de la reina afectó a los asuntos de Estado. Empezaron entonces las gestiones para intentar silenciar la impudicia. El ministro británico Bullwer, que participaba intensamente en la vida política española, quiso organizar un ministerio progresista con la participación destacada de Serrano. Acompañado por el general Chacón y otras personalidades, visitó al magistrado Manuel Cortina para convencerle de que tomase parte en la empresa. Pero éste puso como condición que se acabara de una vez con el escándalo expulsando al general Serrano de España. Los comisionados, estupefactos, alegaron que aquel requisito era impensable, y entonces Cortina mandó levantar un acta en la que constasen sus exactas palabras: «¡Jamás entraré en un ministerio presidido por un… favorito!».

Aun así, el ministerio que perseguía el británico Bullwer acabó formándose, y pronto encargó al ministro de la Gobernación, Benavides, que visitase al rey en su retiro de El Pardo para convencerle de que regresase de inmediato junto a la reina. Benavides tomó luego cuidadosa nota de su conversación con Francisco de Asís, la cual ha sido registrada fielmente por autores como Pirala, Bermejo y García Ruiz. Sabedor Benavides de su predicamento con el rey, intentó persuadirle para que abandonase El Pardo y volviese con Isabel II aquel mismo día. El diálogo que mantuvieron revela a la perfección la psicología de Francisco de Asís y su postura ante tan delicado asunto. Transcurrió así:

> —Esta separación no puede prolongarse —advirtió Benavides—, porque ni favorece a la reina ni favorece a Vuestra Majestad.
>
> —Lo comprendo —asintió Francisco de Asís—. Pero se ha querido ultrajar mi dignidad de marido, mayormente cuando mis exigencias no son exageradas. Yo sé que Isabelita no me ama, y yo la disculpo, porque nuestro enlace ha sido hijo de la razón de Estado y no de la inclinación; y soy tanto más tolerante en este sentido cuanto que yo tampoco he podido tenerla cariño. Yo no he repugnado entrar en el camino del disimulo; siempre me he manifestado propicio a sostener las apariencias para evitar este desagradable rompimiento; pero Isabelita, o más ingenua o más vehemente, no ha podido cumplir con este deber hipócrita, sacrificio que exigía el bien de la nación. Yo me casé porque debía casarme, porque el oficio de rey lisonjea; yo entraba ganando en la partida, y no debí tirar por la ventana la fortuna con que la ocasión me brindaba, y entré con el propósito de ser tolerante para que lo fueran igualmente conmigo; para mí no habría sido nunca enojosa la presencia de un privado.
>
> Benavides le interrumpió en ese preciso instante, para decirle:

—Permítame Vuestra Majestad que le observe una cosa: lo que acaba de afirmar relativamente a la tolerancia de un valido está en contradicción manifiesta con su conducta de hoy, porque, según veo, la privanza del general Serrano es lo que más le retrae para entrar en el buen concierto que solicitamos.

El consorte respondió entonces con entereza y desparpajo:

—No lo niego; ése es el obstáculo principal que me ataja para llegar a la avenencia con Isabelita. Despídase el favorito y vendrá seguidamente la reconciliación, ya que mi esposa la desea. Yo habría tolerado a Serrano, nada exigiría si no hubiese agraviado mi persona; pero me ha maltratado con calificativos indignos, me ha faltado al respeto, no ha tenido para mí las debidas consideraciones y, por lo tanto, le aborrezco; es un pequeño Godoy que no ha sabido conducirse, porque aquél, al menos, para obtener la privanza de mi abuela, enamoró primero a Carlos IV.

El ministro de la Gobernación escuchaba perplejo aquellas palabras demasiado ligeras, a su juicio. Francisco de Asís comprendió entonces que había ido demasiado lejos, y añadió:

—El bien de quince millones de habitantes exige este y otros sacrificios. Yo no he nacido para Isabelita ni Isabelita para mí, pero es necesario que los pueblos entiendan lo contrario. Yo seré tolerante, pero desaparezca la influencia de Serrano y yo aceptaré la concordia.

Benavides explicó al rey que era muy complicado prescindir así como así de Serrano, y le sugirió que podía hacerse despacio y con suma delicadeza. Pero Francisco de Asís no daba su brazo a torcer.

—Mi dignidad —adujo— reclama que antes desaparezca el valido, puesto que el favor en palacio de ese hombre es la causa de la separación…

Histórica conversación en la que el rey consorte apeló a su dignidad acatando que su esposa, la reina, tuviera otro amante que no fuera su odiado general Serrano. Aceptó Francisco de Asís ser tolerante a condición de que también lo fueran con él, que, como hemos visto, era impotente y, tal vez, como asegura el psiquiatra Herrera Luque, homosexual.

Entretanto, Francisco de Asís no hacía más que ponerse en evidencia ante los ojos ajenos.

El médico de la corte francesa, durante una visita de los reyes a Biarritz, escribía: «En cuanto al rey de España, ¿qué puede uno decir de él sino que lo compadece? Es bajito, canijo, pellejudo, con voz chillona y artificial; no vale nada en su reino, no tiene cargo, ni autoridad, ni hace nada; le ahorraré los chismes que he oído...».

La terrible opinión de este doctor fue suscrita por la princesa Paulina Metternich cuando, al año siguiente, el rey visitó París. Los emperadores organizaron una fiesta exclusiva en Versalles en honor de su huésped, y la princesa Metternich lo consideró «totalmente indigno de ella», añadiendo, malhumorada: «El infeliz reyecito de España era, sin duda alguna, la criatura más insignificante que se pueda imaginar». Desde luego, con su nimia apariencia y su voz atiplada, y desacreditado además en las cortes extranjeras tras los incesantes rumores sobre su deshonra conyugal, Francisco de Asís no era el embajador idóneo para España.

Mientras, en Madrid, un nuevo favorito reemplazó al general Serrano en el insaciable corazón de la reina: era el apuesto capitán de Ingenieros valenciano Enrique Puigmoltó y Mayans, a quien se atribuyó luego la paternidad de Alfonso XII. Esta vez fue el padre Claret quien intervino para zanjar este nuevo amorío que había escandalizado a la corte, como enseguida veremos.

Pero detengámonos antes en una trascendental carta que el

padre claretiano Cristóbal Fernández reproducía en su libro *El confesor de Isabel II y sus actividades en Madrid*, y que constituye la prueba fehaciente de que la legitimidad de Alfonso XII era seriamente cuestionada ya en su tiempo.

Isabel II, embarazada del futuro rey, había solicitado al papa Pío IX que fuese su padrino de bautismo. Pues bien, en la actualidad sabemos, por la correspondencia vaticana cruzada entre el cardenal secretario de Estado, desde Roma, y el nuncio en Madrid, que la propia reina Isabel II llegó a escribir de su puño y letra una carta a su amante asegurándole que él era el padre del hijo que entonces esperaba, es decir, del futuro Alfonso XII.

> Hace algunos días que ha comenzado a cundir entre la clase alta, aunque hasta ahora había podido conservarse en relativo secreto, el trato que S.M. tiene, desde hace tres meses, con un oficial del cuerpo de ingenieros. Llega éste a las habitaciones de la reina después de medianoche, permaneciendo en ellas hasta el amanecer. El presidente del Consejo de Ministros y el ministro de Estado han hablado fuertemente a S.M. con la amenaza de presentar su dimisión, y le han expuesto la necesidad de alejar del real palacio a tal sujeto; el duque de Valencia ya le habría enviado sin más a servir en el ejército de Cuba o de Filipinas, si no le hubiera contenido el temor de producir, con el disgusto, alguna desgracia en el próximo parto de Su Majestad.
>
> He tenido largo coloquio sobre este desagradable asunto con monseñor Claret, confesor de S.M., el cual, considerando que ello es ya tema de justas críticas, y que ya ha hablado seriamente sobre el caso a la Reina fuera de confesión, me ha manifestado haberle declarado repetidas veces, con enérgicas palabras, la estrecha obligación que tiene de alejar a dicho

militar, no solamente del real palacio, sino también de Madrid; y también las funestas consecuencias que su conducta puede ocasionar a la nación y al trono. Y quiera Dios que, dando a luz un varón, no se abran campo las dudas sobre la legitimidad del mismo...

El mismo monseñor Claret me ha dicho haberle asegurado la Reina que el padre de la prole que espera es su augusto esposo; pero que en una carta amatoria al oficial de referencia ha escrito de su puño y letra que dicha prole debe atribuirse a ese oficial, en cuyas manos está la carta.

La misiva, escrita el 15 de septiembre de 1857, dos meses antes del nacimiento del futuro Alfonso XII, motivó en buena lógica que el pontífice meditase su decisión de aceptar el padrinazgo propuesto por la reina.

Entretanto, tres días después de aquella epístola, el nuncio de Su Santidad en Madrid, Basili, consciente de que el rechazo a la petición de Isabel II sería poco diplomático, decidió enviar una nota al Vaticano en la que la reputación de la soberana salía aún peor parada:

Estoy esperando la respuesta a S.M. del Santo Padre sobre el bautismo de la futura prole. Aunque las desagradables noticias por mí suministradas en el pliego anterior tienen alguna publicidad, Vuestra Eminencia verá si deben tenerse en cuenta para la gracia solicitada. Lo que puedo decir es que, con ocasión de pedir la ropita bendecida para la princesita de Asturias [Isabel, la Chata] no se tuvieron en cuenta noticias semejantes o sospechas peores aún, surgidas, por desgracia, en situaciones iguales a la presente.

Así pues, el propio nuncio de Su Santidad insinuaba que el hijo que la reina estaba a punto de alumbrar podía considerarse tan bastardo como la infanta Isabel, nacida seis años atrás.

El Papa aceptó finalmente apadrinar al recién nacido, e incluso obsequió a la reina con la Rosa de Oro, la máxima distinción pontificia.

Como había sido regla habitual entre sus antepasados, Isabel II se debatió a menudo entre la moral católica y sus bajos instintos. Por reprobable que fuese su vida privada, siempre fue una devota hija de la Iglesia. Cualquier afrenta contra el Papa la sentía como si fuese contra ella misma. Tras la Revolución de 1854 se vio obligada a firmar, desconsolada, la ley que sancionaba la venta de propiedades eclesiásticas, pero de inmediato escribió al pontífice explicándole su delicada situación y rogándole que la perdonase.

Cuando el general O'Donnell anunció su intención de reconocer el nuevo reino de Italia, en 1863, la reina se quedó horrorizada. Reconocer al rey Víctor Manuel, el hombre que había arrebatado al Papa los Estados Pontificios, era para ella la peor herejía. O'Donnell, según comentaba el historiador británico Butler Clarke, «perdió el apoyo de la reina por entrometerse en el único terreno político en el que Isabel II de España tenía enérgicos puntos de vista: el respeto a los deseos de la Santa Sede».

A nadie podía sorprender por tanto que el papa Pío IX, pese a las continuas veleidades de Isabel II, la distinguiese con la Rosa de Oro que premiaba a las reinas virtuosas.

Volvamos ahora, tras este oportuno paréntesis, al padre Claret. Nacido el futuro rey Alfonso XII, el presbítero volvió a tener noticia, por una ilustre dama, de que la reina seguía siendo adúltera, y planteó encarecidamente a ésta que eligiera entre expulsar a su amante de palacio o permitir que él, su confesor, se marchara. La reina le suplicó, entre sollozos, que permaneciera junto a ella y dirigiera sus ejercicios espirituales. Pero el clérigo, inflexible, puso tres condiciones para seguir a su lado: primera, que cohabitara con el rey; segunda, que echase de Madrid al favorito, y tercera, que expulsase a una de sus camareras, que también era infiel a su marido.

Al día siguiente el padre Claret daba así cuenta de su conversación con la reina al nuncio de Su Santidad: «Promesas muchas; veremos el resultado. Alguna esperanza parece que hay; no sé si fracasará. Ya le dije que dejaría pasar estas tres semanas de las misiones y que veré cómo, entretanto, cumplirá las promesas y que si no las cumplía, yo me daba por despedido».

Durante tres semanas, en efecto, el padre Claret no acudió a palacio, en espera de que la reina cumpliese sus tres preceptos; luego dirigió dos cartas afectuosas a Isabel II, pero no obtuvo respuesta. Decidió entonces abandonar la corte, pretextando para ello la consagración del obispo de Vic, aunque a instancias del nuncio aplazó su partida hasta que pasara la Pascua. Tal vez su firme actitud hizo recapacitar a la reina, que dispuso el traslado de su favorito a Valencia; el rey, por su parte, se dejó ver nuevamente en palacio. Bajo la dirección de su confesor, la reina realizó los ejercicios espirituales acordados, desde el 21 de marzo, domingo de Pasión, hasta el día 30 del mismo mes, tercero de la Semana Santa, en que comulgó después de haberse confesado.

Pero el veterano clérigo no cantaba aún victoria —«Ahora veremos; encomendémoslo a Dios, porque los peligros que la rodean son muchos y muy grandes», advertía al representante del Pontífice—, pues Isabel II enseguida sucumbió a su marcada concupiscencia.

Seis años antes de nacer su heredero había dado a luz a la infanta Isabel, la Chata, de quien entonces se rumoreaba que era hija del comandante y gentilhombre José Ruiz de Arana, distinguido luego por la reina con el título de duque de Baena; de hecho, como se ha dicho, la infanta era motejada como «la Araneja». Sobre esta paternidad jamás albergó la menor duda Ceferino Míguez, duque de Guanarteme, y así lo plasmó en su estudio genealógico publicado en 1966.

El pollo Arana, como llamaban entonces sus detractores al presunto padre de la infanta Isabel, se convirtió en un hombre muy influyente en el gobierno de la época, e hizo negocios valiéndose de su privilegiada posición. El ex ministro García Ruiz refiere que en 1853, mientras Isabel II se hallaba con su esposo en La Granja, éste daba rienda suelta a sus pasiones y le hablaba con pasmosa naturalidad del amante de la reina:

> Entregado Francisco en el Real Sitio a toda clase de concupiscencias, porque de todas ellas gustaba su estragado organismo, era hasta no más tolerante, como tenía prometido, a título de que lo fueran con él, y tal y tan hedionda su degradación, que decía con la mayor naturalidad a su mujer: «Mira, Isabelita, que el pollo Arana te la pega». Éste, dueño de los destinos de la patria, sumida en degradante servidumbre, sacaba allí fuerzas de flaqueza para complacer a la concupiscente reina, nueva Mesalina, siempre sedienta, nunca harta de torpes y libidinosos placeres; y como la Naturaleza tenga puestos sus límites a todas las cosas, hacíase llevar el valido, para forzarla, viandas estimulantes, así de tierra como de mar, y tomaba sendos ba-

ños en marmóreas pilas llenas de rico vino de Jerez... Con esto su influencia ante Isabel era omnipotente y él la aprovechaba para asuntos de interés particular, en los cuales habían de servirle los ministros, bajo la pena de perder sus puestos.

Desde junio de 1861 hasta febrero de 1864, la reina alumbró a tres infantas: Pilar, Paz y Eulalia. Las tres, como advierte De la Cierva, «eran enteramente sanas, inteligentes, bellísimas, simpatiquísimas, dotadas de un sorprendente sentido político, aficionadas a las artes y a la literatura». Pero durante su vida las tres ofrecieron claros indicios de no ser hijas de Francisco de Asís: ninguna mostraba el menor cariño ni simpatía por el rey, y al parecer las dos menores —la infanta Pilar falleció con sólo diecisiete años— no sintieron en exceso la muerte del monarca. La infanta Paz, por su parte, rehusó siempre firmar con el primer apellido Borbón.

Todas esas reveladoras señales, y sobre todo una deslumbrante biografía escrita por el doctor Manuel Martínez González, amigo de Gregorio Marañón, que investigó durante su jubilación la vida y milagros de un ilustre paisano suyo, Miguel Tenorio de Castilla, llevaron a De la Cierva a la convicción de que el verdadero padre de las tres infantas no fue Francisco de Asís, sino ¡el propio Miguel Tenorio de Castilla, doce años menor que la reina!

Tenorio había sido universitario y luego destacado hombre de letras en Sevilla; pronto se dedicó a la política y fue gobernador de una docena de provincias españolas. Elegido diputado a Cortes en 1857, fue nombrado secretario particular de Isabel II el 20 de abril de 1859, cargo que desempeñó hasta el verano de 1865, en que la reina le nombró consejero de la Corona. Precisamente durante esa etapa en que fue secretario personal de la soberana, nacieron las tres infantas.

El cronista Pedro de Répide, que lo sabía casi todo sobre los entresijos de la corte isabelina, refiere que en una ocasión una persona se mostró preocupada ante la reina por la salud de las tres infantas, en vista de la tuberculosis que acabó con la vida de Alfonso XII, y que Isabel II la tranquilizó diciendo: «No hay cuidado, el padre de éstas disfrutaba de muy buena salud». Répide insinuaba que el padre era Tenorio, y el autor de su biografía, el doctor Martínez González, lo probaba. No en vano Tenorio falleció el 11 de diciembre de 1916, en el palacio de Nynphenburg, después de haber residido allí durante veintiséis años, en la suite 122 del ala sur, por deferencia de ¡la infanta Paz! ¿No es éste un detalle muy revelador del cariño que la infanta profesaba a quien sin duda sabía que era su verdadero padre? Pero es que además Tenorio legó todas sus pertenencias íntimas a la infanta Paz, quien las aceptó; así lo prueba un documento registrado en el consulado de España en Munich fechado el 9 de marzo de 1917. «Allí mismo figura el testamento de don Miguel —indicaba De la Cierva—, por el que constituye única y universal heredera a la infanta Paz, la hija que le acogió en su palacio durante los largos años de la vejez, y a la que tampoco nombra por el apellido Borbón.»

Por si quedase aún alguna duda sobre la paternidad de Tenorio, el biógrafo de la infanta Paz, Miquel Ballester, recoge una anécdota que la disipa por completo. En cierta ocasión, la propia infanta Paz, quien, como decíamos, había alojado en su palacio al antiguo secretario de su madre, al ver a éste abatido durante un ágape, le asió del brazo y anunció solemnemente a sus invitados: «Les presento a mi padre, Miguel Tenorio». Aquella insólita declaración, además de causar estupefacción entre los presentes, surtió en ellos el mismo efecto que el resultado positivo de una prueba de ADN.

Que Tenorio fuera el padre de las otras dos infantas, Pilar y Eulalia, es ya más discutible. El propio Alfonso XIII, nieto de Isabel II, reveló a la princesa Alicia de Coburgo, prima hermana de la reina Victoria Eugenia de Battenberg, que «el papá de la infanta Eulalia, la hija menor de Isabel II, había sido uno de sus guardias». Así se lo contó la princesa al historiador británico Theo Aronson. Además, la propia infanta Eulalia declaró en una ocasión que no sabía con certeza quién era su padre.

Los Borbones de España no estaban pues en condiciones de exigir la pureza de sangre como requisito para optar a la sucesión en el trono; de hecho, el matrimonio morganático, celebrado fuera del círculo de la realeza, fue uno de los argumentos esgrimidos por Alfonso XIII, por ejemplo, para descartar a sus dos hijos mayores de la sucesión, favoreciendo así los intereses dinásticos de don Juan de Borbón.

Sobre este delicado asunto, Antonio Jiménez-Landi, autor de numerosos libros de historia y asesor de la editorial Aguilar, llegaba a una conclusión parecida en 1967: «La historia —escribía en su concienzudo estudio *Una ley de sucesión*—, como creo haber probado suficientemente, nos da ejemplos continuos de soberanos que abdican, de príncipes que renuncian y luego se arrepienten, de herederos legítimos que después no heredan, y de bastardos que suben, en su lugar, al trono. Así pues… ¿qué eficacia pueden tener una renuncia, una abdicación, cuando existen descendientes del hijo mayor, aunque sean de un matrimonio morganático? ¿Es que puede presumir de puritana la descendencia de Isabel II?».

Jiménez-Landi ponía así el dedo en la llaga de los Borbones de España, cuyo desmedido apetito sexual los llevó, en algunos casos, a procrear hijos que eran fruto de una relación adúltera o morganática.

En torno a esta cuestión, el ex ministro Gonzalo Fernández de la Mora, ya fallecido, me brindó en 1997 esta aguda reflexión: «Ha habido reyes españoles en el ordenamiento jurídico español nacidos de un matrimonio morganático. Cuando no está vigente una monarquía con sus leyes dinásticas, los matrimonios dentro de una Familia Real, como las de Irán o Georgia, son cuestiones íntimas. La infanta Eulalia sabía, como casi todo el mundo, que Alfonso XII no era hijo del rey consorte Francisco, sino del apuesto oficial Enrique Puigmoltó, uno de los numerosos amantes de Isabel II».

La infanta Eulalia, de hecho, se preguntaba si los Borbones estaban en condiciones de exigir sangres absolutamente puras. Su propia madre le dio motivos suficientes para pensar así. No en vano la relación de amantes de Isabel II era casi interminable. Además de los ya citados, la reina protagonizó un idilio con Manuel Acuña, marqués de Bedmar, un sinvergüenza casado con una aristócrata resignada. Este joven bien parecido, a quien el general Narváez obligó a cruzar la frontera para alejarle de la reina, regresó a España clandestinamente y ocupó una habitación en palacio que se comunicaba por una pequeña escalera con los aposentos de Isabel. Enterado Narváez de que el marqués de Bedmar residía de nuevo en el alcázar, fue a ver a la reina para reprocharle su vergonzosa conducta. Pero la reina, muy irritada, expulsó de la estancia al general; luego éste, sin resignarse, visitó a María Cristina de Borbón, que acabó de arreglar la situación expulsando de palacio al amante de su hija.

En julio de 1850 nació el primer hijo de Isabel, que vivió apenas una hora, y muchos hicieron cábalas sobre quién podría ser el padre, dado que el marqués de Bedmar residía por aquel entonces en palacio. En círculos palatinos se barajó, sin embargo, el nombre del coronel Gándara, de quien también se había encaprichado Isabel en aquella época. Francisco de Asís pensó en negar públicamente que él fuera el padre de la criatura, como señala Theo Aronson. Pero luego no se atrevió y llegó a decir que, si lo hubiera hecho, se habría cortado la lengua. «Si la reina me da un heredero al trono de España, al menos seré alguien a los ojos de los españoles», concluyó, herido, el rey consorte.

El cantante de ópera Tirso Obregón, que causaba estragos entre las señoras por su ceñida forma de vestir dentro y fuera de los escenarios, fue también amante de la reina.

Luego ésta se encaprichó de un hombre muy distinto de los que había conocido hasta entonces. Siempre le gustaron los militares jóvenes y fornidos, así como los cantantes de aspecto aniñado. Pero tras su romance con Obregón la reina sucumbió a los encantos de Carlos Marfori, un tipo maduro, obeso y de cutis cetrino, que era hijo de un pastelero italiano y que durante algunos años había sido músico callejero. Le faltó tiempo para nombrarle intendente de su Real Casa y cederle un sitio junto a ella en su carruaje. Por la arrogancia con que este extravagante personaje de cuarenta y cinco años trataba a la servidumbre, pronto se supo que era el nuevo amante de la reina.

Pero Marfori fue sustituido pronto en el corazón de la reina por otro de sus servidores: Ramiro de la Puente.

La reina ninfómana tuvo también amantes extranjeros: el húngaro Josef Haltmann, que le acompañó en sus últimos años de exilio en París; el apuesto odontólogo norteamericano apellidado McKeon, y ¡hasta un turco-albanés, a quien llamaba ardorosamente Jorge en sus cartas! Un fragmento de una de esas epístolas casi desconocidas, que Juan Balansó incluyó en uno de sus libros, evidencia por sí solo la pasión irrefrenable de la reina. Así, el 14 de mayo de 1870, Isabel II escribía:

> Mi Jorge de mi vida, alma del alma mía:
>
> Yo te adoro a cada instante más y más y más. Siento mi vida toda dentro de tu vida bendita mía. Sí, yo te enseñaré el castellano; tú ya lo sabes, mi vida. Yo también de seguro entiendo el albanés, porque te adoro y el amor verdadero, el amor del alma, hacen que se hablen todos los idiomas del mundo, porque el lenguaje del amor es superior a todos. Sí, alma mía; sí, mi vida; sí, mi Jorge adorado, tú me enseñarás el albanés y el inglés y todos los idiomas, y yo te enseñaré a ti el lenguaje de mi alma, que es la tuya misma y que te adora infinito, infinito... Quiero que tú reposes de tus fatigas en mi pecho, que se abrasa de amor por ti...

A su extensa relación de amoríos, la reina sumó a su propio primo Carlos Luis de Borbón, infante de España y duque de Parma, que le doblaba la edad y para colmo era partidario de su principal enemigo dinástico: su tío Carlos María Isidro.

Isabel consumió sus años entre galanes de la más variopinta estofa, sin ser consciente muchas veces de la maldición que continuamente la acechaba, como el fatídico 2 de febrero de 1852, en que estuvo al borde de la muerte con sólo veintiún años...

6

LOS SECRETOS DE UN REGICIDIO

Quien consulte un plano antiguo de Madrid, por ejemplo de 1848, podrá comprobar que fuera de la puerta de Bilbao se extendían entonces sólo campos áridos y desiertos, salpicados de sinuosas colinas. De la puerta de Bilbao al portillo de Santa Bárbara no había más que dos grandes edificios: la Fábrica de Tapices y la cárcel de la Villa, también llamada Saladero. En plena llanura de Chamberí se levantaba el primero de los cementerios generales que tuvo la corte. Su existencia era fruto de una enérgica y oportuna decisión del gobierno del intruso rey José, hermano de Napoleón, que en 1809 quiso zanjar los abusos y peligros de los enterramientos en las iglesias. Pero el arquitecto Villanueva, a quien se confió la obra, trazó un edificio estrecho y miserable que no respondía a lo imaginado por José Bonaparte. En 1852, el abandono de este camposanto era tan lamentable, que se había convertido en un lugar tétrico, donde los hierbajos lo invadían todo y sólo unas flores brotaban medrosas de algunas tumbas.

Poco antes de las cuatro de la tarde del 7 de febrero de aquel año, dos carruajes se detuvieron a las puertas del cementerio. El apresuramiento y el profundo respeto con que los lacayos abrieron las portezuelas de los coches hicieron sospechar que los visitantes eran miembros de nobles familias, atraídos allí por un asunto de gran trascendencia. Cuando descendieron todos, se dirigieron sin cruzar palabra hacia el edificio; al fondo se divisaban las altas cumbres del Guadarrama, cubiertas de nieve y coronadas de nubes. El capellán se adelantó, entre una doble fila de sepultureros, a recibir a los recién llegados. Tres de aquellos visitantes llevaban insignias de autoridad; otro vestía de negro y luciente manteo de sacerdote, y calzaba zapatos de charol con hebillas de plata. Era un significado ministro de la Iglesia. Ninguno de aquellos hombres mostraba el menor gesto de aflicción, sino más bien de indiferencia y de melancólica seriedad.

El capellán del cementerio, tras saludar respetuosamente al sacerdote, indicó a uno de los visitantes:

—Todo está preparado, señor.

El hombre que parecía tener más autoridad dentro del grupo esbozó una sonrisa trémula y, con paso firme, hizo que le siguieran hasta el patio de la izquierda, junto a la fosa común, donde el capellán se detuvo. En el suelo había una caja vieja de madera, pobre, deshilachada, con una gran cruz pintada sobre la tapa. A su lado alguien había acumulado leña, en forma de pira, para que pudiese levantar una intensa hoguera. Varios enterradores se acercaron al ataúd y lo descubrieron. Los testigos, llenos de curiosidad, rodearon el cadáver. Se hallaba envuelto en una lúgubre túnica amarilla. Los pies estaban atados y las manos se perdían entre los pliegues de la ropa. La cabeza estaba cubierta por un birrete que casi le llegaba a las orejas. En el cuello eran palpables los signos de una brutal estrangulación, aunque no se hubiese desatado el ligero lazo que le unía la hopa.

De un simple vistazo podía deducirse que aquel cuerpo pertenecía a un hombre alto, delgado y de gran estructura ósea.

El rostro, contraído por la desesperación de un doloroso espasmo, estaba salpicado de manchas de sangre y bilis. La nariz, muy saliente, parecía desafiante, mientras que la boca hendida tenía una inconfundible expresión de desdén, como si hubiera intentado pronunciar una terrible palabra de despedida.

Varios sepultureros sacaron el cadáver de la caja, mientras otros prendían fuego a la leña, que no tardó en producir una espesa columna de humo y fuego. Arrojaron entonces el cadáver a la hoguera, y el fuego empezó a devorarlo.

Los testigos presenciaban a cierta distancia la cremación del cuerpo; uno de ellos emborronaba unas cuartillas, cuyo contenido debería trasladar luego a los pliegos de papel sellado.

El auto de fe se prolongó ¡más de dos horas! A las siete y veinte minutos, las cenizas, en las que se mezclaba el polvo negruzco del cadáver, se esparcieron en la fosa común.

¿Qué crimen tan horrible había cometido aquel hombre para merecer semejante castigo? ¿Por qué se le perseguía incluso después de muerto, negándose el respeto a sus inertes despojos en una nación católica como la española?

Los personajes que asistieron al macabro espectáculo firmaron un acta en cumplimiento de una orden superior. He aquí esa orden:

> Teniendo en consideración que por más eficaces que fueran las medidas que adoptara el Gobierno, no podría tal vez evitarse que se sustrajera en todo o en parte el cadáver de Martín Merino, o con objeto de especulación, o con el pretexto de estudiar su disposición orgánica: que lo primero debe impedirse como vergonzoso e inmoral, y que de lo segundo no puede resultar ningún beneficio a la humanidad; y a fin de que no

quede motivo alguno de recuerdo del horrendo crimen cometido contra la real persona de S.M. la Reina, de acuerdo con la autoridad superior eclesiástica del muy reverendo cardenal arzobispo de Toledo, y en cumplimiento de lo resuelto por el Consejo de Ministros, prevengo a V.E. disponga lo conveniente para que a su presencia, la de su secretario, del eclesiástico encargado en el cementerio, nombrado al efecto por el muy reverendo cardenal, y del juez y escribano que han entendido en la causa, se proceda a quemar el cadáver de Merino, dentro del mismo cementerio a la hora que V.E. designe, a esparcir enseguida sus cenizas dentro de la sepultura común, y que de ello se levante acta que, firmada por los concurrentes, se remita por V.E. al Ministerio de Gracia y Justicia de mi cargo.

De Real Orden lo digo a V.E. para su inteligencia y cumplimiento. Dios guarde a V.E. muchos años. Madrid, 7 de febrero de 1852. Ventura González Romero. Sr. Gobernador de la provincia.

A las nueve de aquella noche, el gobernador Ventura González remitió al ministro de Gracia y Justicia la siguiente acta:

Excmo. Sr.:

En cumplimiento de la Real Orden que V.E. se ha servido comunicarme con fecha de hoy, tengo el honor de participarle que queda quemado el cadáver del regicida Merino, y enterradas sus cenizas, según podrá ver V.E. en el acta adjunta.

El acta a la que aludía el gobernador en su oficio decía así:

En la villa de Madrid, y su cementerio extramuros de la Puerta de Bilbao, siendo las cinco menos cuarto de la tarde de hoy, 7 de febrero de 1852, hallándose reunidos el Excmo. Sr. Gobernador de la provincia; su secretario, el Sr. D. Antonio Guerola; el Sr. D. Antonio Tiburcio Acevedo, capellán del Excmo. Sr. Cardenal-arzobispo de Toledo, comisionado por su eminencia, el Sr. D. Pedro Nolasco Aurioles, como juez de la causa, y el infrascrito, como escribano de ella, se procedió a quemar el cadáver de Martín Merino, según lo dispuesto en la Real Orden de esta fecha, comunicada por el Excmo. Sr. Ministro de Gracia y Justicia al expresado Excmo. Sr. Gobernador; al efecto se hallaba preparada la leña y útiles necesarios, y en el patio de la izquierda entrando en dicho Campo Santo, inmediato a la sepultura común, se procedió a la operación, colocando sobre las llamas el cadáver del repetido Martín Merino, sacándose al efecto de la caja en que se hallaba, y quedando reducido a cenizas, que fueron esparcidas dentro de la indicada sepultura, y quedando finalizada esta diligencia a las siete y veinte minutos, y habiendo concurrido igualmente a este acto el capellán del cementerio D. José Losada, y lo firman todos los señores concurrentes, de que doy fe. Melchor Ordóñez. Pedro N. Aurioles. Antonio Guerola. Antonio Tiburcio Acevedo. José Losada. Ante mí. José Pérez Martínez.

Veamos ahora en qué consistió el horrible crimen del cura Merino y desvelemos luego su vida y milagros, cuyas huellas se esforzaron inútilmente en borrar sus contemporáneos.

El 2 de febrero de 1852, festividad de la Purificación de la Virgen, fue el día elegido para la primera salida de la reina Isabel II tras el alumbramiento de la infanta Isabel, la Chata, el 20 de diciembre del año anterior.

De acuerdo con el ceremonial aprobado, los ministros debían esperar a la comitiva en el atrio del templo de Atocha para acompañarla luego a su entrada y salida de la iglesia, donde se realizaría la solemne presentación de la nueva infanta.

Antes de salir a la calle, en la capilla real tuvo lugar una breve ceremonia religiosa, que contó con la asistencia del presidente del Gobierno, Juan Bravo Murillo.

Toda la guarnición de Madrid ocupaba, en apretadas filas, ambos lados del itinerario establecido, y desde primera hora de la mañana numeroso público se arremolinaba en los alrededores del palacio real.

Terminado el acto en la capilla, doña Isabel se dirigió a su cámara para colocarse un soberbio manto de terciopelo carmesí y bordado de oro. Acto seguido la comitiva se posicionó de la siguiente forma: en cabeza iba la alta servidumbre de palacio, seguida de la reina, y ésta, a su vez, de la marquesa de Pobar, que llevaba en brazos a la infanta recién nacida; rodeaban a la reina y a la marquesa el rey consorte Francisco de Asís, la reina madre doña María Cristina, la infanta Luisa Fernanda, hermana de Isabel II, el infante Francisco de Paula, el nuncio de Su Santidad, y el cardenal arzobispo de Toledo. Cerraba el cortejo el capitán de Guardias, duque de Bailén, junto a otros jefes del cuerpo de alabarderos y numerosos personajes de la corte.

Los alabarderos velaban en todo momento por la seguridad de la reina, impidiendo que el público se acercara a la galería de palacio por donde transcurría la comitiva. Pero cuando doña Isabel llegó a la parte donde estaban situadas las ventanas de la Sala de Alabarderos, una repentina tromba de público obligó a detener la procesión. Entonces, entre la multitud apiñada, un hombre vestido con hábito de sacerdote atravesó resueltamente la muralla humana y suplicó a los alabarderos que le dejaran situarse en primera fila para entregar a la reina un memorial. Los guardias titubearon, pero la reina, que había observado atentamente la escena, ordenó que franqueasen el paso al humilde sacerdote. Éste avanzó y se arrodilló, en espera de que la soberana llegase a donde él se hallaba. Confiada y resuelta, doña Isabel se acercó para recoger el memorial... Pero el cura extrajo entonces un estilete del interior de su sotana y asestó con él una fuerte puñalada a la reina en el costado derecho, de donde empezó a brotar la sangre.

La reina lanzó un grito de dolor: «¡Ay, que me han herido!», y se desplomó en el suelo.

Enseguida cundió el pánico entre los asistentes, que creían muerta a la reina. Un alabardero se abalanzó sobre el regicida y lo derribó, mientras éste aún exclamaba: «¡Tiene bastante!»; otro guardia recogió del suelo el puñal.

La confusión y el desorden se adueñaron de la escena, pues nadie sabía si el sacerdote obraba por cuenta propia o si tenía cómplices en la sala que podían poner en peligro la vida de la pequeña infanta.

Sin pérdida de tiempo, el coronel de alabarderos Manuel Mencos tomó a la infantita en brazos para protegerla; gesto por el que más tarde la reina le concedería el título de marqués del Amparo.

Tras unos instantes de desconcierto, el público reparó en lo que acababa de suceder, y descargó su furia contra el regicida, intentando lincharle allí mismo. Arrastrado a la contigua Sala de Guardias, la pasmosa frialdad del sacerdote exasperó a un grupo de alabarderos, que volvió a amenazarle de muerte, esta vez con sus armas. La voz imperativa de uno de los jefes impidió que el asunto se les fuera de las manos.

El clérigo resultó llamarse Martín Merino, y era natural de

la localidad riojana de Arnedo. Mientras se le interrogaba, la reina, inconsciente aún y con su precioso manto manchado de sangre, fue conducida al lecho en brazos de varios de sus servidores. Los médicos practicaron inmediatamente la primera cura a la herida, aplicando un apósito, pero no podían valorar aún la gravedad de la lesión, ni mucho menos presagiar el resultado.

En el inquieto silencio de la alcoba, una mujer sobresalía entre el resto de los congregados por su entereza y actitud esperanzadora: era la madre de la reina, María Cristina de Borbón, que sólo abandonó el cuarto un instante para decirle a Bravo Murillo, aludiendo a Martín Merino: «Ya sabes lo que he sido y lo que me habéis mortificado, no queriendo acceder, muchas veces, a mis súplicas de indulto para los desgraciados. Para este perverso, os pido el pronto castigo». El jefe del Gobierno asintió con la cabeza, dando a entender que todo iba a desarrollarse como acababa de pedirle la reina madre.

Poco después, Isabel II empezó a estremecerse y recobró lentamente el conocimiento. Una vez que volvió en sí, dirigió una mirada a los congregados y se detuvo en el rostro de Bravo Murillo, a quien dijo: «¿Por qué me quiere tan mal ese sacerdote? ¿Qué daño le hice? Traedle a mi presencia, que quiero hablarle y preguntarle en qué le ofendí». Muchos de los presentes se opusieron con voces a la petición de la reina. Y entonces ésta intervino de nuevo: «Pues perdonadle, no le matéis por mi causa».

Los médicos volvieron a examinar la herida: era, por fortuna, poco profunda, pero temían que pudiera infectarse. El arma homicida era terrible. Aunque fuese reducida a limaduras días después del atentado, una reproducción exacta permitía calibrar su gran peligro: era de las conocidas con el nombre de «estilete», de hoja fuerte, calada, estrecha y muy afilada. Sólo el rápido movimiento de la reina, echándose hacia atrás al sentirse herida, así como la espesa urdimbre del manto y del corsé, que sirvieron de coraza, impidieron que el regicida cumpliese su objetivo.

Aun así, el atentado frustrado tuvo serias consecuencias para la reina, como se detallaba en la causa contra Martín Merino, uno de cuyos fragmentos se reproduce ahora, más de siglo y medio después de los hechos:

> En la parte derecha del peto —se decía en el folio 4.°—, sobre el mismo bordado se advierte una cortadura como de unos dos dedos, y al parecer de arriba abajo; el forro de dicho peto es de gro [tela de seda sin brillo y de más cuerpo que el tafetán] blanco, y por la parte de la cortadura, que se halla un poco más rasgada, está manchado de sangre; el corsé tiene otra cortadura del mismo grandor y diámetro en el lado derecho, que no solamente traspasa dicho corsé, sino que una de sus ballenas ha sido, por uno de sus cantos, un poco rota, y también el corsé tiene manchas de sangre en el revés y en el derecho del agujero.

Cuando el puñal fue presentado a los médicos, se observaron algunas manchas de sangre en la hoja calada. Surgió entonces el espanto y la preocupación: ¿y si el arma había sido envenenada?

A esas alturas, la reina madre María Cristina deliberaba con los ministros, que desde hacía tiempo habían abandonado la iglesia de Atocha para dirigirse a palacio, instalándose en la Secretaría de Estado. En la reunión se dispuso que Bravo Murillo y el ministro de Gracia y Justicia interrogasen de inmediato a Martín Merino.

El cura conservaba su pasmosa tranquilidad, y ante la crucial pregunta de los ministros sobre si el arma estaba impregnada con alguna sustancia letal, se lamentó: «¡Caramba, no di en ello!». Otros afirmaron que exclamó, apesadumbrado: «¡Siempre se olvida un detalle!».

La noticia llenó de esperanza a la reina madre y a cuantos acompañaban a Isabel II, postrada en el lecho. Todavía murmuraban sobre la sorpresa e inquietud de los primeros momentos, cuando todos la creyeron muerta, sobre la bondad demostrada por la reina al recuperarse de su desmayo, y sobre la meritoria serenidad de su madre, María Cristina. Hubo un momento en que el ánimo de los presentes se encogió al ver que la reina vomitaba; pero no tardó en saberse que era una mera consecuencia de la conmoción sufrida.

Mientras en palacio todos recobraban poco a poco la calma, hacía ya tiempo que la trágica noticia había sacudido las calles. Las versiones del atentado fueron al principio confusas: un cura había atentado contra la vida de la reina... pero ¿cómo?, ¿a consecuencia de un complot?, ¿corría peligro doña Isabel? Nadie, ni los testigos del crimen frustrado que habían intentado linchar poco antes al homicida, podía responder a esas preguntas. El pueblo, indignado, inquieto y curioso, se congregó en las inmediaciones de palacio para que le dieran explicaciones. Pero no tuvo más remedio que aguardar a leer el documento oficial sobre el atentado, publicado en un número extraordinario de la *Gaceta* el lunes 2 de febrero de 1852. Decía así:

> *Presidencia del Consejo de Ministros*. Un hecho sin ejemplo en nuestros anales se ha verificado en el día de hoy. Al salir

SS.MM. de la Real Capilla para trasladarse a Atocha, un criminal ha atentado contra la preciosa vida de S.M. la reina.

El parte de los facultativos de Cámara de S.M. es como sigue: Excmo. Sr.: A la una y cuarto de esta mañana, al salir S.M. la reina Nuestra Señora de la Real Capilla, y al paso por la galería derecha, ha recibido una herida que después de haber rozado en el antebrazo derecho se encuentra en la parte media anterior y superior del hipocondrio del mismo lado, lo cual tiene de siete a ocho líneas en su diámetro transversal.

Lo que con el más profundo dolor comunicamos a V.E. en cumplimiento de nuestro deber. Dios guarde a V.E. muchos años. Madrid, 2 de febrero de 1852. Excmo. Sr. D. Juan Francisco Sánchez. Juan Drument. Dionisio Solís. Sr. Presidente del Consejo de Ministros.

Según la manifestación verbal de los mismos, la herida no aparece hasta ahora de gravedad, y S.M. la reina se halla animosa y tranquila. El agresor está preso, y la causa se instruye activamente. En la Imprenta Nacional.

¿Quién era en realidad aquel hombre que, a sus sesenta y tres años y vestido con hábito sacerdotal, debería haber inspirado respeto y devoción, en lugar de convertirse de la noche a la mañana en el enemigo público número uno de todo el país?

Sus jueces no quisieron dejar una sola huella de su paso por la vida. Sufrió una persecución implacable: se quemaron todos sus escritos, sus libros y sus papeles. Como en los tiempos de la Inquisición, ni siquiera se respetaron las obras cuya circulación estaba garantizada por la ley.

Martín Merino y Gómez era, como ya hemos apuntado, natural de Arnedo, en la provincia de Logroño. Pertenecía a una familia de humildes labradores que decidieron que su hijo siguiese, tal vez contra su voluntad, la exigente carrera eclesiástica. Para que el adolescente fuera tomando contacto con las prácticas religiosas, sus padres le enviaron al convento de San Francisco, en Santo Domingo de la Calzada. Pero en aquellos años de efervescencia política, con los efectos tan cercanos de la Revolución francesa, multitud de libros editados en aquel país circulaban clandestinamente por todos los rincones de España. Martín Merino tuvo oportunidad de aprender en ellos la nueva declaración de los derechos del hombre promulgada por la Revolución francesa, convertida en una especie de gran decálogo de las ideas que ayudaba a liberar muchas conciencias, y entre ellas, por supuesto, la suya. Pronto surgieron desavenencias con otros compañeros de la vida monástica, que tildaron al joven seminarista de blasfemo, díscolo, irascible e intolerante.

Sobrevinieron entonces los sucesos de 1808. España entera ardía de indignación contra los ejércitos napoleónicos que invadieron la península. En todas partes se proclamaba la guerra santa; el grito de independencia, alentado por los ingleses, resonó en los llanos y en las montañas, en las capitales y en las aldeas. En todos los lugares menos, curiosamente, en el alcázar, donde Fernando VII, como vimos en su momento, se plegaba sin condiciones a los designios de Napoleón, mientras miles de sus compatriotas se batían por él en el frente.

Merino huyó entonces del convento para enfrentarse a los invasores. Meses más tarde pudo localizársele como miembro de la partida de cruzados que se formó en Sevilla para combatir a los franceses. Tras contribuir a la defensa nacional, se marchó a Cádiz, donde en 1813 se ordenó sacerdote.

Al año siguiente, se reincorporó a su antiguo convento de

San Francisco; llegó a ser religioso profeso de la orden, y durante los cuatro años que estuvo en régimen de clausura se dedicó al estudio de los clásicos latinos, mientras a escondidas devoraba lecturas filosóficas y políticas de carácter revolucionario. Llegó un momento en que sus ideas liberales causaban graves disgustos a la comunidad, y el enardecido sacerdote llegó a plantar cara al mismísimo prior.

Merino, incapaz de seguir apartado del mundanal ruido, huyó del convento, dejando la siguiente nota para el prior: «Quédese en paz con su rebaño, que yo si no puedo ser en otra parte un gran político, tendré la vanagloria de ser otro Lutero».

Permaneció en España y se afilió al partido más avanzado de la época constitucional, pero los frailes no le perdonaron su conducta escandalosa. Temiendo las consecuencias de la persecución dictada contra él, escapó a Francia, donde desempeñó un curato en Saimemedal, cerca de Burdeos.

En 1820 regresó a España y al año siguiente abandonó la orden, pero no por ello dejó de tomar parte activa en los acontecimientos accidentados de aquellos años, siempre en defensa de las ideas liberales. Fue precisamente en aquella época cuando Merino resultó detenido, acusado de ser el autor de un atentado frustrado contra el rey Fernando VII en la Puerta del Sol. Uno de los testigos que declararon en la causa, Antonio Robles, aseguró que Merino, en un estado de exaltación indescriptible, se acercó con otros compañeros liberales al carruaje donde iba el rey, profiriendo contra él toda clase de amenazas e insultos. «Llevó su insolente osadía hasta el punto de arrojar paja, cebada y bellotas al coche, amenazando de muerte al rey si no firmaba la Constitución», declaró Robles al juez. Pudo demostrarse luego, sin embargo, que el testigo, influido por el ambiente de pública hostilidad contra Merino, intentó cargar las tintas contra él.

El propio sacerdote admitió su culpa, pero matizó que se había exagerado sobre su conducta: «Que quiso mal al rey Fernando —se decía en el acta judicial— desde que en 1814 abolió la Constitución. Que en 1822, hallándose en la Puerta del Sol, con otros de sus opiniones, y viendo llegar el coche del rey, excitó a aquellos a gritar con él: "¡Mueran los tiranos, mueran los perjuros!", y que así lo verificaron; cuyo hecho se aumentó y desfiguró después».

En otra ocasión, durante la sublevación absolutista de los cuatro batallones de la Guardia Real, acaecida el 7 de julio de 1822, Merino combatió como un soldado más al lado de los liberales.

En la madrugada del 6 al 7 de julio se pusieron en camino los batallones refugiados en El Pardo, y a las dos y media penetraron en la capital, por la puerta del Conde Duque, sin que nadie los viera. Atravesaron silenciosamente las calles; por la Ancha de San Bernardo llegaron a la embocadura de la Luna, donde se quedó un batallón que debía unirse luego con los que había en la plazoleta de palacio. El movimiento final consistía en entrar repentinamente en la Puerta del Sol y en la plaza Mayor, entonces de la Constitución, donde se hallaban el Ayuntamiento y los nacionales.

Sin embargo, se produjo un grave contratiempo: en el empalme de las calles de Silva y la Luna una patrulla sorprendió a los que se disponían a ejecutar la operación, disparó contra ellos y alertó así a todo el mundo de su presencia. En un primer momento, entre los guardias sorprendidos in fraganti cundió el desconcierto, pero ya no había tiempo para retroceder. El batallón que se dirigía a la Puerta del Sol alcanzó ésta sin novedad, y esperó allí hasta recibir nuevas instrucciones. Sin embargo los dos batallones que marcharon hacia la plaza Mayor se encontraron con la fuerte resistencia de la milicia, pertrechada con dos cañones, a las órdenes de Morillo, Riego, Álava, Ballesteros y otros generales.

El combate fue encarnizado: los nacionales, indignados por la audacia y la alevosía de los invasores; y éstos, a su vez, despechados por la resistencia numantina que ofrecían las tropas que ellos despreciaban por considerarlas indisciplinadas. La victoria correspondió a los nacionales; los guardias tuvieron que retirarse hasta la plazoleta de palacio, donde se encontraron con los dos batallones restantes.

A consecuencia de estos violentos sucesos, nuestro protagonista, Martín Merino, fue encarcelado junto con otros liberales a quienes el gobierno consideraba peligrosos. Pero el 20 de mayo de 1824 pudo salir de la cárcel gracias al decreto de amnistía. Emigrado a Francia, colgó definitivamente los hábitos de San Francisco y logró el nombramiento de cura párroco en la ciudad de Agens.

En 1841, tras restablecerse las instituciones liberales, en plena regencia del general Espartero, Merino regresó a Madrid; en esta ocasión fue nombrado capellán de la parroquia de San Sebastián. Residió durante nueve años en el número 3 de la calle Bordadores, mudándose después, definitivamente, al cuarto segundo de la casa número 2 del callejón del Infierno, llamado después, sucesivamente, Arco del Triunfo y Siete de Julio.

Con el dinero que trajo de Francia y cinco mil duros que ganó a la Lotería, se dedicó durante un tiempo al negocio de prestamista, sufriendo el descrédito y enfrentándose a numerosos problemas. Así, en 1846 fue encausado por haber prestado dinero con usura a José Salazar, quien llegó a abofetearle. En aquellas fechas, siendo juez el señor Chinchilla y fiscal el señor Méndez, se instruyó otra causa contra la criada de Merino por presunta estafa. De las diligencias de este proceso se desprendía que el cura y la doncella habían mantenido relaciones sexuales; extremo que pudo comprobarse meses después, cuando la mujer se quedó encinta. Para evitar el escándalo de que diese a luz en su propia casa, Merino envió a la muchacha a su pueblo. La mujer escribió al padre de su hijo desde allí, rogándole que prestase dinero a personas desconocidas que ella misma garantizaba. Pero al fin se descubrió que los deudores eran ficticios y que la verdadera intención de ella había sido estafar al sacerdote.

Otros disgustos no menos graves causó a Merino su actividad de prestamista. Mientras estuvo en la parroquia de San Sebastián llegó a intervenir más de una vez el Tribunal Eclesiástico. Por la declaración de Antonio Chico, capellán de la Inclusa, sabemos que conocía personalmente a Merino desde 1820 y que, según le dijeron, éste regresó de Francia e ingresó en un convento de la orden de San Francisco, donde sus compañeros tenían cierta prevención hacia él por su carácter impetuoso en las cuestiones familiares. El testigo sabía que, concluida la época constitucional, Merino regresó a Francia, y no volvió a tener noticias de él hasta 1841, cuando, a raíz de un robo que sufrió el testigo en su propia casa, Merino le ofreció dinero, que luego Antonio Chico le devolvió. En ese tiempo tuvo ocasión de conocer a una tal Rafaela Calvo, que después vivió con Merino y trató también de estafarle.

Entretanto, el cura no perdía de vista la política. Siendo

regente Espartero, le dirigió una exposición en la que se quejaba con amargos reproches de que no se le atendiera como merecía, olvidándose los valiosos servicios que había prestado a la causa de la libertad.

El odio que sintió en otro tiempo contra Fernando VII lo concentró después en la Familia Real y en el general Narváez, a quien tildaba de «gobernante oligárquico» y al que comparaba con un auténtico tirano.

Cuando Isabel II fue declarada mayor de edad, se sublevó contra esta decisión, por considerarla prematura, y redactó el siguiente discurso, titulado *La Conciencia*:

> La España, créanlo o no lo crean los siglos venideros, debía, en las circunstancias más difíciles, ser gobernada por una niña de once años.
>
> ¡Qué reina de España había de ser entonces una niña que el general Narváez llevaba a los cuarteles como a una cantinera!
>
> Me propongo demostrar que el Gobierno de España, desde el año 43, es acaso el más inmoral, el más violento y vicioso de cuantos han sido llamados gobiernos en el mundo.
>
> Si Dios no nos tiene de su mano, quiero decir, que si el Gobierno no se moraliza, único y solo remedio, nos queda mucho dolor que pasar. Los viajes y despilfarros en los mayores apuros del Erario no son más que pecados veniales para los cortesanos.
>
> El engrandecimiento del Real Palacio se intentó en ocasión tan apurada, que la mayor parte del pueblo cenaba pan seco, no alcanzando el jornal a los artesanos para comprar carbón para calentar un poco de agua y hacer unas sopas de ajo; entonces se aconsejaba a la reina niña que engrandeciese el palacio, sin duda para dar prestigio a la real persona. ¿Pero se puede des-

> prestigiarla de una manera más eficaz y dar lecciones más elocuentes contra los monarcas y, por consiguiente, preparar el republicanismo y socialismo contra tan chocante inhumanidad e inmoralidad? Háganse jardines que envidiara la misma Semíramis; menudeen los teatros en palacio y sus alrededores como si no costaran más que las cerillas de los meloneros, que esto da realce a las virtuosas y útiles ocupaciones de los monarcas, ésta es su verdadera misión, mejor diré, una conjura permanente contra el monarquismo.

Por si fuera poco, los continuos desengaños de la vida convirtieron a Merino en un misógino siete años antes del regicidio. Vivía pobremente en su humilde habitación, sin familia, acompañado tan sólo por una criada. Se acostaba al anochecer y leía de madrugada con el mismo ardor de su juventud. Quienes le conocieron en esa época recordaban que tenía el cabello completamente blanco, era alto, y se mostraba vigoroso pese a ser un sesentón. Su rostro estaba demacrado y, lo mismo que en sus manos, se distinguían en él las venas y los huesos. Una tenaz afección de hígado le tenía perpetuamente desabrido, haciéndole parecer un hombre tétrico y taciturno. Era también hipocondríaco, con todos los males que esa enfermedad conlleva: vértigos, ansiedad, tristeza, desconfianza, estremecimientos repentinos por la más leve causa... Extenuado por sus terribles padecimientos, temía una muerte próxima, sintiéndose desvelado en todo momento por su estado de salud. Solía exclamar: «¡Para qué sirve la vida!». Cuestión dolorosa y punzante que le escuchó más de una vez un sillero amigo suyo.

En cierta ocasión, mientras leía el periódico en casa de su amigo, se detuvo en una noticia que daba cuenta del suicidio de un anciano, incapaz de soportar la grave dolencia que le aquejaba. Merino, con el desprecio que sentía por las cosas mundanas, le dijo al sillero: «Son tan necios los hombres, que aun en estos trances decisivos, no quieren hacer las cosas perfectas, y eso que tienen largo tiempo para meditarlas». El anfitrión no acabó de comprender el pensamiento del cura, y le pidió que se explicara mejor. Merino añadió: «Si ese hombre tenía ganas de morir, ¿no supo o no razonó que había verdugos que podían ahorrarle el trabajo que se tomó? ¿No pudo buscar un hecho meritorio para hacerse acreedor de tan honrosa deferencia? Después de que ese necio vejete cargó la pistola, ¿por qué no buscó a Narváez o a la reina, y disparó con provecho? La humanidad entendida y despreocupada le habría agradecido la obra, por más que los imbéciles la deplorasen; él se habría hecho célebre y la historia le habría dado una página en sus anales».

Y diciendo esto, rasgó el periódico, y exclamó: «¡Qué necios son los hombres!».

Cuando Merino cometió el atentado, y antes de conocerse la identidad del regicida, corrió la voz por Madrid de que el autor era un cura. El sillero, espantado, asió la mano de su esposa y le dijo, muy seguro: «¡Ese cura es don Martín!».

Retratado el regicida, recordaremos que, una vez detenido, fue conducido al cuarto de sargentos de alabarderos, donde se le efectuó un registro gracias al cual pudo localizarse la vaina del puñal bajo su sotana, cosida a ella en el lado izquierdo.

El ayudante de alabarderos, señor Casini, procedió a tomarle la primera declaración. El detenido, muy sereno, facilitó su identidad y estado civil; al ser preguntado sobre si servía en alguna parroquia, dijo: «No; ahora soy un saltimbanqui, y voy de una a otra».

La primera declaración del acusado, reproducida ahora después de tanto tiempo, es un documento histórico de gran interés por las revelaciones que aporta. Interrogado sobre los antecedentes del regicidio, Merino confesó:

> Que había ido al Real Palacio a lavar el oprobio de la humanidad, vengando en cuanto estuviera de su parte la necia ignorancia de los que creen que es fidelidad aguantar la infidelidad y el perjurio de los reyes; que cuando se arrimó a la reina fue con el objeto de quitarle la vida, sin que nadie estuviera en connivencia con él; que para matar a la reina llevaba un puñal, pareciéndole ser el mismo que se le ponía de manifiesto, el cual compró en el Rastro, llevándolo a propósito para matar al general Narváez, a la Reina Cristina o a S.M. la Reina doña Isabel II, cuando fuera mayor, pues cuando lo compró la reina no era mayor de edad, aun cuando estaba declarada como tal; que sabía que con el referido puñal había herido a la reina, e ignoraba si moriría de la herida, y que no tenía más que decir, afirmándose y ratificándose en lo que dejaba declarado.

A continuación, el regicida detalló lo que había hecho el mismo día del atentado, entre otras cosas ¡celebrar la santa misa!:

> Salió a las nueve de la mañana de su casa y se fue a decir misa a la parroquia de San Justo, como era su costumbre. Volvió a tomar chocolate, y se volvió a marchar diciendo que iba a la función de las Candelas. Asistió a este acto religioso, y al concluir la procesión se marchó sin esperar a que la ceremonia se

acabara; y en la galería de palacio entró sin papeleta, pues como iba con traje eclesiástico no le pusieron obstáculo ninguno a su entrada.

Poco después, el jefe del Gobierno, Bravo Murillo, y el ministro de Gracia y Justicia se encerraron durante más de una hora con el detenido para interrogarle. Merino aprovechó para mostrarse así de cínico con ellos: «Compré el puñal en el Rastro, lo examiné y vi que tenía buena punta y excelente hoja», explicó. Y mostrando a continuación la sotana, se felicitó a sí mismo por su trabajo: «Yo, con mis propias manos, fabriqué esta vaina que ven ustedes en el hábito. Está bien cosida; la cosí de noche, a la luz artificial de un quinqué, y no es mala costura, hecha por la mano temblorosa de un hombre anciano y nervioso por añadidura». Sin embargo, todos los testigos coincidieron en que Merino estuvo siempre muy tranquilo. La dureza de su lenguaje no alteró su voz ni su semblante:

—Y sepan ustedes, caballeros —añadió a Bravo Murillo y al ministro que le acompañaba—, que el golpe ha sido certero; y aunque no he hundido el puñal por completo, la herida ha sido mortal.

El jefe del Gobierno le interrumpió entonces, despechado:

—Sepa usted que S.M. la reina no ha muerto.

Merino se descompuso:

—¡Que no ha muerto!

—No, señor —corroboró el ministro de Gracia y Justicia—; la herida no ha sido profunda y los facultativos aseguran que S.M. se salvará.

Fue entonces cuando el detenido exclamó con inquina:

—¡Ya tiene bastante!

Apremiado por las insistentes preguntas de los dos gobernantes, que le miraban con desprecio, Merino arremetió contra las instituciones, entre ellas la monarquía, reclamando un cambio radical que sólo era posible, a su juicio, si se hacía desaparecer a la reina o a Narváez, el hombre más influyente entonces.

Concluido el tenso interrogatorio, el juez de primera instancia del distrito de palacio se hizo cargo del caso. Aquella misma noche, a las ocho, Merino fue trasladado en un coche de alquiler a la cárcel del Saladero. Pese a la fuerte escolta de caballería, grupos de ciudadanos indignados lograron apedrear el carruaje durante su itinerario.

Una vez allí, se preguntó al detenido si deseaba elegir abogado defensor, a lo que aquél replicó: «¿Para qué? ¿Qué va a decir en mi defensa? ¿Qué necesidad hay de poner a un hombre en tales aprietos? Dirá que estoy loco y ustedes ven que me encuentro en la plenitud de mi razón. ¿A qué dar pasos ociosos y dilatar un trance que yo quiero que se efectúe cuanto antes? Esta máquina humana es tan miserable, que está compuesta de nervios. Soy viejo; y si se dilata el instante puede enflaquecer mi espíritu y yo quiero llegar al trono de la ejecución, sereno y sin abatimiento».

Aun así, en cumplimiento de la ley se designó de oficio para defenderle al letrado Julián Urquiola. Vista la causa en la misma prisión, sin asistencia del reo, se dictó esta *Sentencia Consultada*:

> En la villa de Madrid, a 3 de febrero de 1852. El señor don Pedro Nolasco Aurioles, juez de primera instancia de esta corte, habiendo visto la causa formada contra don Martín Merino y

Gómez, natural de Arnedo, vecino de esta capital, presbítero, y de edad de sesenta y tres años, por tentativa contra la vida de S.M. la reina doña Isabel II, ocasionándole una herida poco interesante en el antebrazo derecho y otra en la parte superior y anterior del hipocondrio del mismo lado, que penetra en la cavidad del vientre, y en el momento fue detenido por los guardias alabarderos y por las personas que rodeaban a SS.MM.: Considerando que el procesado está convicto y confeso de haber atentado contra la vida de S.M. la reina doña Isabel II, S.S. por ante mí el escribano, dijo: Que debía condenar y condenaba a don Martín Merino y Gómez a la pena de muerte en garrote, con arreglo a lo dispuesto en los artículos 160 y 89 del Código Penal, al resarcimiento de los gastos ocasionados por el juicio y al pago de las costas procesales, mandando que la ejecución se verifique en las afueras de la Puerta de Santa Bárbara de esta capital; que el reo sea conducido al patíbulo con hopa amarilla y un birrete del mismo color, una y otro con manchas encarnadas, conforme a lo previsto en el artículo 91; que luego que esta sentencia cause ejecutoria, se pase testimonio literal de ella, con el oportuno oficio, al eminentísimo y excelentísimo señor Metropolitano para que se proceda a la degradación, correspondiente al reo, en observación de lo establecido por el artículo 5° del Real Decreto del 17 de octubre de 1835; y finalmente, que esta sentencia se consulte con el Tribunal superior del territorio, previa su notificación a las partes y con citación y emplazamiento de ellas por término de tres horas se remita el proceso a dicha superioridad por conducto del Ilustrísimo señor Regente. Así definitivamente juzgado, lo proveyó y firmó S.S., de que doy fe. Pedro Nolasco Aurioles. José García Varela.

Dos días después se verificó la primera parte del suplicio de Martín Merino con la cruel ceremonia de la degradación. Antes de ser conducido al patíbulo, el sacerdote debía ser despojado de sus vestiduras eclesiásticas.

El ritual fue lento y humillante; se separó al reo de la comunión de la Iglesia para siempre, sin que cupiese recurso alguno por su parte. Se trataba del sombrío *Anatema Maranata* establecido por el cuarto Concilio de Toledo, cuando ya la doctrina regicida de Juan Parvo había estremecido al mundo.

La degradación de Merino se llevó a cabo en la misma cárcel del Saladero, el lugar más siniestro y deplorable que podía elegirse para una ceremonia como aquélla. La historia de esta prisión era tétrica: a causa de la epidemia contagiosa que amenazaba a la población de Madrid, el rey Fernando VII expidió un Real Decreto para que los presos recluidos en la cárcel de la corte fuesen trasladados al antiguo saladero de tocino, que entonces era presidio correccional y que pasó a ser, por voluntad del monarca, cárcel para hombres. El edificio era horrible y estaba destartalado. La fachada carecía de ornamentación, y por ella no entraba más luz ni ventilación que la necesaria para conservar fresco el tocino. Jamás pudo imaginar el arquitecto Ventura Rodríguez que aquella casa construida para almacenar cerdos muertos serviría también para hacinar seres humanos.

A las dos y media de la tarde se hallaban en la sala de visitas del penal el obispo de Málaga, don Juan Nepomuceno Cascallana, acompañado de doce sacerdotes auxiliares, del juez de primera instancia Pedro Nolasco, y del escribano de cámara Ucelay.

Frente a los balcones abiertos, para que el público pudiese

presenciar el acto desde la calle, había una mesa con un crucifijo y dos velas, un cáliz con patena, los ornamentos episcopales y la vestidura sacerdotal que debía ponerse el reo.

Enfundado el prelado en su ropa pontifical, de color rojo, puesta la mitra, báculo en mano, y sentado de espaldas al altar y frente al pueblo, se hizo comparecer a Martín Merino.

Aquella mañana, cuando el alcaide le cambió los pesados grillos por esposas más ligeras, Merino protestó porque no se le hacía comparecer ante el pueblo como realmente estaba en el calabozo. Las manos del regicida iban atadas por detrás y de cada uno de sus pies pendía una cuerda que sujetaba un granadero. Así penetró en la sala aquel anciano, vestido aún con sotana y manteo.

El obispo de Málaga lloró al verle; en todos los rostros se reflejaba una honda consternación. Sólo Merino, tranquilo y frío, como era habitual en él, dirigió una mirada escrutadora a los presentes.

—Tiene usted que vestirse —le indicaron, señalando los ornamentos colocados en el altar.

—¿Y cómo, si tengo las manos atadas? —alegó él.

Le quitaron las esposas y comenzó a vestirse con aplomo, murmurando entre dientes las oraciones que rezan los sacerdotes al ponerse las sagradas vestiduras.

El silencio, entretanto, era sepulcral. Cuando uno de los acólitos fue a ponerle el manípulo en el brazo derecho, le dijo sin alterarse:

—Al brazo izquierdo.

Ya vestido, le mandaron que se pusiese de rodillas; pero al postrarse un poco alejado del obispo, que se hallaba sentado en la silla, le indicaron que se acercase; al hacerlo con gran rapidez, arrastrando las rodillas, asustó al prelado, que se puso en pie de inmediato.

De nuevo dirigió Merino una mirada a la muchedumbre reunida en la calle y preguntó con pasmosa frialdad:

—¿Hay alguna rúbrica que disponga que estos actos se celebren a la luz del día y con los balcones abiertos?

Nadie le contestó, y entonces hizo ademán de resignarse, encogiendo los hombros.

Arrodillado, le entregaron el cáliz con vino y agua, y la patena con la sagrada forma; pero el prelado le arrebató ambas cosas, mientras recitaba: «Te quitamos la potestad de ofrecer a Dios sacrificio y de celebrar la misa, tanto por los vivos como por los difuntos».

Entonces, el obispo empezó a rasparle las yemas de los dedos con un cuchillo; luego, hizo lo mismo en los demás sitios del cuerpo donde le ungieron con los santos óleos durante su ordenación sacerdotal, mientras decía: «Por medio de esta rasura, te arrancamos la potestad de sacrificar, consagrar y bendecir que recibiste con la unción de las manos y de los dedos». Acto seguido, quitándole la casulla que llevaba puesta, añadió: «Te despojamos justamente de la caridad, figurada en la vestidura sacerdotal, porque la perdiste y al mismo tiempo toda inocencia». Al despojarle de la estola, dijo: «Arrojaste la señal del Señor, figurada en esta estola; por esto te la quitamos, haciéndote inhábil para ejercer todo oficio sacerdotal».

El regicida, a juzgar por varios testigos, escuchaba todos estos anatemas sin pena ni sobresalto aparentes, con indiferencia y sin muestras de indignación.

Privado así de todas sus facultades sacerdotales, se pasó a degradarle de las demás órdenes. Los auxiliares le vistieron con los distintivos de diácono, entregándole unos Evangelios que, instantes después, el prelado le retiró, diciéndole: «Te quitamos la potestad de leer los Evangelios de la Iglesia, porque esto no corresponde sino a los dignos».

Al despojarle de la dalmática, le dijo: «Te privamos del orden levítico, porque en él no cumpliste con tu ministerio». A continuación le retiró la estola, sentenciando: «Te arrancamos con justicia la cándida estola que recibiste para llevarla inmaculada en la presencia del Señor, porque no lo hiciste así, conociendo el misterio, ni diste ejemplo a los fieles para que pudieran imitarte como consagrado a Cristo, y te prohibimos todo oficio de diácono».

Por este orden y con fórmulas parecidas se le fueron poniendo y quitando todas las demás insignias de los otros cuatro grados menores, hasta llegar a los de la primera tonsura. Mientras, el reo estaba vestido de sotana y sobrepelliz, arrodillado a los pies del obispo; éste, con unas tijeras, empezó a cortarle el pelo, indicando luego a un peluquero que prosiguiera con la tarea hasta dejarle el cabello corto, como establecía el ritual.

Merino ofreció resistencia al principio, pero luego dijo, irónico, al peluquero:

—Corte usted poco, porque hace frío y no quiero constiparme.

En ese instante el público, aglomerado en la calle, prorrumpió en un estruendoso «¡Viva la reina!». Merino, por su parte, exclamó:

—Pero ¿por qué no cierran ese balcón? No lo digo por mí, sino por la solemnidad del acto.

Los sacerdotes auxiliares despojaron entonces al reo del resto de la indumentaria clerical, incluido el alzacuello, dejándole sólo el pantalón y una chaqueta. Poco después, el obispo se dirigió en estos términos al juez ordinario y al fiscal:

—Pronunciamos, que al que está presente, despojado y degradado de todo orden y privilegio clerical, lo reciba en su fuero la curia secular. Es la primera ceremonia de degradación a la que asisto, y ¡quiera Dios que sea la última! ¡Rogad a Dios, señores, que lo sea!

Y enseguida, añadió:

—Señor juez, os rogamos con todo el afecto de que somos capaces que por el amor de Dios, por los sentimientos de piedad y misericordia y por la intercesión de nuestras súplicas, no castiguéis a Martín Merino con peligro de muerte o mutilación de miembro.

Degradado ya, el prelado rogó al regicida que se postrase de hinojos para leerle la sentencia; pero se decidió que aquél no era el lugar apropiado para hacerlo, y se condujo al reo hasta la capilla, a cuya puerta le fue leída la sentencia.

Acto seguido, Merino estampó su firma en la notificación sin que le temblase lo más mínimo el pulso. Advertido de ello, el notario Ucelay le dijo: «¡Qué firmeza de pulso!»; a lo que Merino respondió: «No hay motivo para que vacile».

Aún dio el acusado otra prueba más de su pasmosa serenidad cuando hizo una reverencia al obispo y dijo: «Lo cortés no quita lo valiente».

Hablábamos del hombre al comienzo de este relato; ahora hablaremos del reo. Puesto en capilla desde las tres de la tarde del 6 de febrero, Merino siguió sin ofrecer señales de arrepentimiento. Por más que el cardenal obispo de Toledo le exhortó para que pidiese perdón a la reina, él permaneció impasible; sólo al final exclamó, en tono colérico: «Yo no pido perdón a esa señora. Yo concebí el atentado seguro de que me esperaba el suplicio; y por lo tanto quiero que se me dé el castigo merecido».

Sin embargo, tras reiteradas reflexiones, accedió a escribir finalmente una exposición a la reina pidiéndole, no el indulto, sino el perdón por la ofensa que le había causado. Hizo esta exposición en la capilla, a las once de la noche de la víspera de su ejecución, ante el gobernador de la provincia, el sacerdote que le asistía, el cura teniente de Chamberí, dos mayordomos de la Paz y Caridad, el comandante de la guardia, y el alcaide de la prisión. Decía así la última voluntad del hombre que estaba a punto de morir:

> Señora:
>
> Deseando remediar en lo posible las inquietudes de que, según me han informado, está S.M. poseída de resultas de la atroz ofensa que insensatamente he cometido, y no habiendo podido persuadir a V.R.M. por los esfuerzos que he hecho por medio de personas de la confianza de S.M., he creído más eficaz escribir la presente que será remitida a S.M. después de mi muerte, para que no pueda creerse que yo hacía dichas manifestaciones con ánimo interesado. Soy a los reales pies de S.M. El arrepentido sinceramente, Martín Merino. Madrid, 6 de febrero de 1852, en capilla esperando el justo castigo de mi criminal locura. Señora: las manifestaciones a que me refiero son que en manera alguna dejo cómplices que puedan atentar a la vida de S.M. y ruego a S.M. perdone ante Dios al súbdito y sacerdote Martín Merino.

Durante esas horas, que para la mayoría de los presos eran de angustia, los sacerdotes auxiliares pedían a Martín Merino que buscase el camino de la salvación. Pero éste contestaba que no era más que una planta, que nace, vive y muere como todos los seres de la naturaleza, sin que después de esta vida tengan premio o castigo sus acciones; y concluía así: «Como la hoja cae del árbol marchita, así cae la existencia del hombre cuando está marchita también».

Al ofrecerle una taza de chocolate que había pedido antes de su ejecución, lo saboreó y dijo: «No está malo; de esta misma clase he mandado hacer una tarea que ya está casi concluida».

El gobierno designó a Lorenzo Arrazola y a José María Huet para que explorasen a Merino tratando de averiguar si actuó solo o tenía algún cómplice. Durante las conversaciones que ambos mantuvieron con el reo, Arrazola le dijo: «Vamos, don Martín, usted quería con este crimen el honor de una fama póstuma». El sentenciado replicó: «Desprecio a los héroes. Ninguno ha hecho nada de provecho».

En otro momento Merino mostró una vez más su profundo odio a los políticos del partido moderado, asegurando que el general Narváez no era merecedor del título de Castilla que la reina le había otorgado; también criticó a los progresistas, explicando que no había visitado a Salustiano Olózaga desde que en 1844 se le incendió su casa, porque él no visitaba a la gente más que cuando sucedía alguna desgracia.

El cardenal arzobispo de Toledo logró convencer al reo para que se confesase; cosa que Merino hizo a las dos de la tarde con don Manuel Tirado, párroco de San Millán.

A las once y media de la noche, tumbado en la capilla sobre dos colchones que estaban en el suelo, tomó un vaso de agua con esponjado. El sacerdote que le confesó fue relevado por don Carlos Cordero, párroco de Santa Cruz. Mientras charlaban, penetraron en la capilla algunos hermanos de la Caridad y varios alguaciles. Merino se dirigió a ellos:

—¿A qué hora va a ser la ejecución?

—A la una —le contestaron.

—¿Saben ustedes cómo me van a conducir al patíbulo?

—En una caballería menor —respondió uno de los alguaciles.

—Será un mal borrico —replicó el reo. Y quiso saber—: ¿Me llevarán con estos grillos?

—No, señor; se los quitarán a usted y le atarán los pies —explicó otro alguacil.

—Hombre —repuso Merino—, esto es una invención diabólica. Cualquiera creerá que me sujetan como a un niño para que no me caiga. Soy un buen jinete, y si lo quieren ver, que me pongan un caballo.

Martín Merino se quedó dormido a las dos de la madrugada y se despertó a las seis. Cinco horas después pidió otro chocolate, que tomó con pan de regalo, bebiendo seguidamente dos vasos de agua. Cuando dieron las doce, los hermanos de la Caridad irrumpieron en la capilla precedidos del alcaide y de un mozo que, con yunque y martillo, se dispuso a quitarle los grillos. Merino se incorporó con presteza del improvisado lecho y, tomando los grillos con la mano derecha, exclamó:

—¡Magnífica pieza!

Los hermanos de la Caridad entregaron a Merino una túnica. Su confesor, don Manuel Tirado, le indicó:

—Tiene usted que ponérsela; debe traerle a la memoria la de Nuestro Señor Jesucristo.

—Muy bien —asintió Merino—. Ya verán ustedes con qué serenidad la visto; con la misma serenidad con que vestiría la túnica de César. A fin de cuentas, el mundo es un teatro donde cada uno representa su papel...

Acto seguido se ató el lazo que unía la hopa al cuello. Luego miró el birrete y exclamó:

—¡Hombre, aquí caben tres cabezas como la mía! Ustedes me lo colocarán, porque yo no he de acertar a meter tan poca carne en tan grande puchero.

Según la costumbre, el verdugo abrazó al reo y le pidió perdón por la muerte que le iba a dar. Pero Merino le dijo:

—No tengo que perdonarle; usted cumple con su deber, con lo que manda la ley, y va usted a ejecutar una sentencia que es justa. Lo único que quiero pedirle es que cuando llegue el momento, lo ejecute lo más pronto posible.

Esposado y vestido con la túnica amarilla y el birrete, se dispuso a abandonar la capilla, pero antes se detuvo delante de una imagen de la Virgen, ante la cual se hincó de rodillas y rezó la Salve en latín. Poco después, la lúgubre comitiva se puso en movimiento. El reo apenas podía sujetar, entre sus manos esposadas, una estampita de la Virgen; de su rostro pálido sobresalía una incipiente barba canosa que no se había afeitado en cinco días.

Durante el camino, fijaba a veces la vista en la imagen de la Virgen y susurraba algo, como si rezase. Después giraba la cabeza a un lado y a otro para contemplar al pueblo apiñado en la carretera. Otras veces se incorporaba ligeramente de la montura de su asno para comprobar si el cadalso estaba ya cerca.

Minutos después, al penetrar en el cuadro, dirigió una mirada al tablado, y recibió allí mismo la absolución de uno de los sacerdotes que le acompañaban. Intentó ascender por la escalerilla, pero uno de los alguaciles le detuvo, indicándole que la ejecución debía verificarse a la misma hora en que se cometió el atentado.

El fatídico momento llegó minutos después. Subido al cadalso, Merino hizo ademán de dirigirse al pueblo; al percatarse de ello, el público le frenó con un estruendoso grito de «¡Viva la reina!». Encogiéndose de hombros, Merino se sentó en el garrote y, mientras le ataban los pies, dijo al verdugo:

—No apriete usted mucho, que yo procuraré no menearme.

Luego se echó la argolla al cuello para probarla, y añadió alzando la voz:

—¡Señores, voy a decir la verdad, como la he dicho toda mi vida!

Se repitieron los vivas a la reina, pero el reo continuó, sereno:

—No voy a decir nada contra esa señora. El acto que he perpetrado es un acto exclusivamente de mi voluntad y no tengo cómplices. Sépase que ninguna conspiración ha tenido connivencia ni conexión conmigo. He dicho.

Luego, volviéndose hacia el verdugo, le indicó:

—Cuando usted quiera.

El verdugo volvió a colocarle la argolla en el cuello, mientras los sacerdotes entonaban sus plegarias, señal de que la ejecución debía comenzar. El verdugo dio entonces la vuelta al fatal tornillo. La cabeza del difunto regicida quedó un poco inclinada. En su rostro no hubo alteración, como si hubiese tenido energía suficiente para no estremecerse con violentas sacudidas.

Entretanto, la reina Isabel II se había recuperado rápidamente de sus heridas. Una Real Orden dispuso que se quemaran los escritos de Martín Merino. Los libros y papeles que no eran de interés particular se arrojaron al fuego, mientras que el puñal con su vaina y la pistola con las balas halladas en su casa fueron convertidos «en fragmentos tan sutiles como los polvos que se usan en los escritorios, y arrojados al común de la Audiencia», según consta en un comunicado oficial.

Un aviso del fiscal de imprenta prohibió a los periódicos reproducir detalles sobre el proceso. Era como si, de repente, las autoridades hubiesen decidido que a aquel hombre debía tragárselo para siempre la tierra, sin dejar huella. Una Real Orden dispuso la cremación del cadáver en el cementerio y el esparcimiento de sus cenizas.

La reina Isabel II pudo burlar esta vez la trágica muerte que siempre rondó a los Borbones de España. Pero su cuñado, el infante don Enrique de Borbón, no tuvo la misma fortuna…

7

DUELO A MUERTE ENTRE BORBONES

Una sola carta bastó para que sobre aquel infante de España recayese una especie de maldición. Don Enrique de Borbón, duque de Sevilla, era el hermano menor del melindroso rey consorte Francisco de Asís, esposo de Isabel II. Pero como en una misma familia nunca hay dos varones iguales, don Enrique se distinguió muy pronto del mayor por ser inconstante, altanero, veleidoso, de fuerte carácter y pendenciero. El vivo ejemplo del hombre liberal, revolucionario y masón que bien pudo haber inspirado a Galdós, e incluso a Zola, en sus relatos si hubiese nacido algunas décadas después.

Su vida transcurrió entre destierros y exilios; nunca perdonó a su hermano que le arrebatase la mano de Isabel II, con quien había suspirado por casarse algún día. Pero al final todo fue un sueño del que pareció no despertar jamás, a juzgar por sus actos posteriores. Desde que tuvo casi uso de razón, demostró su desmedida ambición, heredada sin duda de su madre, la infanta Luisa Carlota de Nápoles, hermana de María Cristina de Borbón, cuarta esposa de Fernando VII.

Su padre era el infante Francisco de Paula, hermano de Fernando VII. Por tanto, era insoslayable que don Enrique de Borbón tenía sangre real; además, era nieto del rey Carlos IV, sobrino de Fernando VII y primo de la reina Isabel II. Todo quedaba en familia.

Decíamos al principio que una carta, o una hoja volante, para ser exactos, fue suficiente para que don Enrique sellase su sentencia de muerte. Titulada *A los Montpensieristas*, circuló por Madrid a principios de marzo de 1870. Veamos ahora qué decía el infante en aquel trascendental documento, casi desconocido, cuyo precio fue nada menos que el de su preciosa vida:

> Cumple a mi honor romper el silencio cuando, desde la llegada a Madrid del duque de Montpensier, se hace correr la especie de hallarme acobardado o en tratos sumisos con aquél, cual si fuera un héroe conquistador que a todos debe atar a su carro.
>
> La especie es tan malévolamente calumniosa y tan inicua, como la que hace depender la coronación de Antonio I por el distinguido general Prim en un depósito de millones, como pago del servicio.
>
> Del ilustre presidente del Consejo de Ministros no es necesario proclamar lo que, en honra suya, nadie ignora, y prueban sus terminantes palabras, así como yo no necesitaría repetir a no haber interés montpensierista en olvidarlo.
>
> 1.° Que soy y seré mientras viva el más decidido enemigo político del duque francés.
>
> 2.° Que no hay causa, dificultad, intriga ni violencia que entibie el hondo desprecio que me inspira su persona, sentimiento justísimo que por su truhanería política experimenta todo hombre digno, en general, y todo buen español en particular.

Nada me importa provocar iras y sordos propósitos vengativos de los que se han envilecido besando, al pesarlo, el dinero montpensierista.

Emigrado yo, y trabajador liberal en París, cuando Narváez y González Bravo, hablo con conocimiento de causa referente a la cuestión Montpensier.

Este príncipe tan taimado, como el jesuitismo de sus abuelos, cuya conducta infame tan claramente describe la Historia de Francia, habría sido proclamado rey en las aguas de Cádiz, si un ilustre compañero mío de Marina no se negara a manchar su uniforme, indisciplinándose por Montpensier, y no rechazara con tanta energía como dignidad la mayor traición que conocen los tiempos modernos.

Dicen los mercenarios ¡que Montpensier es un ser perfecto, el iris de paz y Dios de bondad!... Por eso, cuanta sangre se ha derramado y tal vez se derrame antes de su completa desaparición cae sobre su cabeza de pretendiente. ¡Mala manera de levantar una corona caída por tierra!

El liberalismo de Montpensier, conducido por la fiebre de hacerse rey, es tan interesado que se merece la terrible lección que de cuando en cuando impone la justicia de las naciones indignadas.

Soy español y experimento las nobles impresiones de mi país.

Siempre que navegando pasaba por delante de Gibraltar, he exclamado: «¡Cuándo seremos completamente españoles!». Y siempre que paso por delante del augusto monumento del Dos de Mayo, repito: «¡Cuándo seremos del todo españoles!».

En 1808, cuando mi padre provocaba el levantamiento del valiente pueblo de Madrid, era la invasión armada contra nuestra patria; hoy es la invasión hipócrita, jesuítica y sobornadora de los orleanistas contra nuestro país tan cansado, tan desilusionado y tan ametrallado por sus gobiernos.

Por fortuna, las sombras gloriosas de Daoiz y Velarde y de los mártires del Carral no han desaparecido aún; y aún están presentes para todo buen español.

Montpensier representa el nudo de la conspiración orleanista contra el emperador Napoleón III, conspiración en la que entraron ciertos españoles de señalada clase. Pero que sepan esos conspiradores de Francia y España que, caída la dinastía imperial, no la heredarían los Orleanes, sino Rochefort, o lo que es lo mismo, ¡la república francesa!

Que sepan también que en España el esclarecido Espartero es el hombre de prestigio y el objeto de la veneración nacional, y de ninguna manera el hinchado pastelero francés.

ENRIQUE DE BORBÓN
Madrid, 7 de mayo de 1870

El documento, como era lógico, desató la ira e indignación de su destinatario: Antonio de Orléans, duque de Montpensier, casado con la infanta Luisa Fernanda, hermana menor de Isabel II.

Como digno hijo de Luis Felipe de Francia, el duque de Montpensier quiso ser siempre rey de España. En eso tenía razón el infante don Enrique, pues su desmedida ambición hizo sospechar a varios historiadores sobre su posible participación en el misterioso atentado sufrido por Isabel II el 10 de mayo de 1847, diez meses después de su boda con Francisco de Asís.

Aquel día, según relataba el historiador Morayta, Isabel II atravesaba de noche la calle Arenal, cerca de San Ginés, cuando alguien disparó dos veces contra la reina desde un coche aparcado junto al arcén. Una bala rozó la cabeza de la soberana, mientras la otra impactó en su carruaje. Instantes después, la policía detenía al presunto autor del regicidio, que resultó ser Ángel de la Riva, un joven abogado de buena familia.

Al contrario de lo que sucedió cinco años después con el regicida Merino, condenado a muerte, Ángel de la Riva fue inexplicablemente castigado a una pena levísima y poco después indultado. «El regicidio —concluía Morayta— sólo podía aprovechar a Montpensier.»

Esta gravísima acusación tenía, en principio, cierta lógica: si la reina Isabel II hubiera muerto entonces, la corona la habría ceñido automáticamente su hermana Luisa Fernanda, princesa de Asturias, dado que la reina no tenía aún descendencia. El duque de Montpensier hubiese sido entonces rey consorte, pero rey de hecho.

Parecida extrapolación podía hacerse con el regicidio del cura Merino; pero en este caso el beneficiado por la muerte de la reina habría sido su esposo, Francisco de Asís, convertido así en rey regente al haber sido padre de una criatura cuarenta y cuatro días antes del atentado frustrado.

Pero, desgraciadamente para su ambición, Montpensier tuvo que contentarse con ser el marido de la hija menor de Fernando VII, porque Inglaterra, que tampoco aprobó su matrimonio con la infanta Luisa Fernanda, se había opuesto radicalmente a que se casara con Isabel II. Parece ser que a los ingleses les bastaba ya con tener a un Orleans en el trono de Francia, como para que otro miembro de la dinastía reinase en España.

El tiempo puso a Montpensier en su sitio. Llegó un momento en que el duque no aguantó más y reveló su oculta ambición, declarando públicamente que «si la reina Isabel II perdía la corona por sus errores personales, no era justo que la perdiesen también la infanta y sus hijos».

Era un secreto a voces que, con la complicidad de su esposa, Montpensier se había erigido en patrocinador de un complot para destronar a Isabel II, llegando incluso a poner a disposición de los conspiradores su propio patrimonio personal. Así pagaba el duque las atenciones de su cuñada la reina, que le había distinguido con los honores de infante de España, nombrándole capitán general y otorgándole el Gran Collar de Carlos III.

En su palacio sevillano de San Telmo, el duque urdía planes, celebraba reuniones, daba instrucciones... Incluso su propia esposa, al regresar en cierta ocasión de la corte madrileña, hizo unas insólitas declaraciones que acabaron de convencer a los más escépticos sobre las verdaderas intenciones de su marido: «Volvemos de esa corte corrompida e inmunda... La revolución es necesaria... Nosotros estamos dispuestos a ponernos al frente de ella», aseguró la infanta.

Por eso, a nadie extrañó que el capitán general de Sevilla, Lassala, entregase a los duques, en su palacio de San Telmo, una Real Orden que disponía su destierro de España el 9 de julio de 1868.

Destronada Isabel II por la *Gloriosa* de aquel año, se produjo una honda división entre los revolucionarios, que hasta entonces habían estado unidos por su oposición frontal a la reina. Las disputas entre republicanos y monárquicos fueron intensas. Entre los candidatos de estos últimos figuraba precisamente Antonio de Orleans, a quien apoyaban sin condiciones para ser rey sus partidarios, conocidos con el nombre de «montpensieristas»; los mismos a quienes don Enrique de Borbón aludía despectivamente en su escrito.

Cuando el infante redactó aquel manifiesto, su enemigo político Antonio de Orleans aún mantenía viva su esperanza de ceñir la corona de España, razón por la cual su publicación supuso para él un severo contratiempo y una ofensa intolerable. El duque de Montpensier tenía también enemigos, y muy poderosos, que se oponían a su ascensión al trono. Uno de ellos era nada menos que el general Prim, el político más influyente entonces. Por si esto fuera poco, el trágico suceso que abordaremos a continuación también le perjudicó seriamente. El duque no tuvo así más remedio que acatar, con todo el dolor de su corazón, el resultado de la votación de las Cortes para elegir nuevo rey, hecho público el 16 de noviembre de 1870, que fue el siguiente: Amadeo de Saboya (191 votos), los republicanos (60 votos), el duque de Montpensier (27), Espartero (8), Alfonso de Borbón, primogénito de Isabel II (2), y 198 votos en blanco.

Seis meses antes, como decíamos, el documento rubricado por Enrique de Borbón provocó la ira e indignación de Antonio de Orleans, que exigió de inmediato una rectificación o, simplemente, que el infante negase que el escrito era suyo.

Pero don Enrique contestó, desafiante, que no sólo era suyo aquel documento sino que le adjuntaba otro número de la hoja volante, firmado por él, para que no le cupiese duda de quién era el autor.

La reacción del duque fue fulminante: comisionó a los generales Fernando Fernández de Córdoba y Juan Alaminos, y a su secretario, el coronel Felipe Solís y Campuzano, para que se entendiesen con los padrinos que nombrase el infante.

Don Enrique designó en su representación a los diputados

republicanos Emigdio Santamaría, Andrés Ortiz y Federico Rubio.

Aceptado el duelo, se acordaron las trece condiciones siguientes (¡otra vez el número fatídico de los Borbones!) entre los representantes de una y otra parte, según constaba en este documento:

1.° Se colocarán los combatientes a nueve metros de distancia uno de otro.

2.° Si el primer disparo por una y otra parte no diese resultado, se acortará un metro de distancia, quedando ocho entre los combatientes.

3.° No podrá disminuirse la distancia de ocho metros, cualquiera que sea el número de disparos efectuados infructuosamente.

4.° Los disparos se harán sucesivamente y no a la misma vez por parte de ambos, por demostrar la experiencia que en la práctica siempre se adelanta o se retrasa alguno.

5.° Se echará a la suerte cuál deba disparar primero, continuándose después por orden sucesivo.

6.° El combate no terminará hasta resultar herida.

7.° Si al ser herido alguno llevara hecho un disparo menos que su adversario, tendrá derecho a hacer fuego para igualarse.

8.° Se echará a la suerte la elección del puesto que hayan de ocupar los combatientes.

9.° Se repartirán el sol, para que no hiera de frente a los que combatan.

10.° Se cargarán las dos pistolas con intervención de testigos de una y otra parte.

11.° Se echará a la suerte la pistola que corresponda a cada uno.

12.° Se permitirá el uso de gafas al señor duque de Montpensier por llevarlas habitualmente.

13.° A las diez de la mañana del día siguiente, sábado, 12 del actual, habrán de encontrarse los señores infante don Enrique y duque de Montpensier, acompañados de sus respectivos testigos y facultativos, en el exportazgo de las ventas de Alcorcón.

Llegada la hora de la verdad, la fortuna se puso al principio del lado de don Enrique de Borbón, a quien correspondió, tras el sorteo, disparar primero y elegir lugar para hacerlo. El infante esperó a que sonaran las tres palmadas de uno de los padrinos, que equivalían a las voces de «preparen, apunten, fuego». El proyectil salió desviado y pasó por encima de su rival; éste, a continuación, erró también al hacer fuego, sin que se supiese adónde fue a parar la bala.

Tampoco en la segunda ocasión apuntó bien don Enrique, aunque su contrincante pudo oír el zumbido del proyectil muy cerca de su cabeza. El duque se dispuso a efectuar su segundo intento: esta vez el proyectil impactó en el culatín de la pistola que sostenía con firmeza su oponente, a quien la bala rozó de rechazo en el hombro izquierdo pero no llegó a perforar el paño de su levita.

Fue entonces, mientras cargaba de nuevo su arma, cuando el infante don Enrique de Borbón presagió la maldición. Se acercó a su médico, le entregó el reloj y le susurró al oído: «Montpensier afina la puntería, y si no le doy ahora, presiento que me va a matar».

El infante volvió a fallar. Enrique de Borbón se dispuso entonces a recibir, resignado, el mortal impacto de la bala. El duque, consciente de que aquélla era quizá la última oportunidad que el destino le brindaba, apuntó de nuevo y abrió fuego. Esta vez acertó: su adversario hizo una pirueta en el aire antes de caer al suelo de espaldas, con la cabeza ligeramente inclinada sobre el cuerpo.

El médico, que segundos antes había recogido el reloj del infante, comprobó que la bala había penetrado en su cráneo, entre la sien y la oreja derecha. Por la herida brotaba abundante sangre y masa encefálica.

Instantes después apareció el subdelegado de Orden Público, Maestre, que había intentado detener a los insignes duelistas en sus casas. Observando que el infante movía aún la cabeza, recogió su sombrero del suelo y se lo puso bajo la nuca; luego enderezó su cuerpo y sacó de debajo el brazo izquierdo. La pistola estaba a los pies del moribundo, que no tardó en exhalar el último suspiro, convirtiéndose en otra víctima de la maldición.

El duelo que puso fin a la existencia del infante don Enrique de Borbón, como otros muchos celebrados a lo largo de la historia, fue objeto de apasionadas discusiones. Permítame el lector que haga ahora un inciso para abordar brevemente una cuestión de interés. ¿Era legal batirse en duelo en tiempos de los Borbones?

Los partidarios del duelo alegaron siempre que se reparaba así el honor ultrajado, tan valioso como la propia vida. Gracias al desafío, argumentaban sus defensores, podía hacerse frente a las calumnias y al daño ocasionado a los familiares del ofendido. En determinados casos, no pudiendo acudir el injuriado a los tribunales por falta de pruebas, el duelo era el único instrumento reparador.

Casi todos los países condenaron el duelo; en Inglaterra, por ejemplo, cuando uno de los combatientes perecía en duelo, su muerte se asimilaba al homicidio cometido con premeditación y era castigado con la pena capital.

La prohibición de los duelos en España databa de la época de los Reyes Católicos, imponiéndose entonces a quienes los provocasen o aceptasen la «pena de aleve» y la confiscación de todos sus bienes; al retador se le condenaba a muerte si mataba o hería a su adversario, el desafiado que seguía con vida era desterrado del reino, y los padrinos eran castigados también con la pena de aleve y la pérdida de sus bienes.

Pero la ley que impuso penas más severas fue la Pragmática de Felipe V, renovada por su hijo Fernando VI el 9 de mayo de 1757: «No habiendo hasta ahora podido —se decía en el preámbulo— las maldiciones de la Iglesia, y las leyes de los reyes, mis antecesores, desterrar el *detestable uso de los duelos y desafíos, sin embargo de ser contrarios al Derecho Natural y ofensores del respeto que se debe a mi real persona y autoridad* [las cursivas son mías], y valiéndose los que se discurren agraviados del medio de buscar por sí la satisfacción que debieran solicitar recurriendo a mi real persona o a mis ministros, habiendo sugerido el engaño o el falso concepto de honor, de ser falta de valor el no intentar admitir este modo de vengarse, *como si la nación española necesitara adquirir créditos de valerosa por un camino tan feo, criminal y abominable*, después de tantas conquistas, sangre vertida y vidas sacrificadas a la propagación de la fe, gloria de sus reyes y crédito de su patria. [...] Declaro primeramente por esta inalterable ley y real pragmática que el desafío o duelo debe tenerse y estimarse en todos mis reinos *por delito infame*».

El monarca enumeraba entonces las penas que debían aplicarse a quienes incumpliesen su real voluntad, convertida en ley: «Mando que todos los que desafiaren, los que admitiesen en ellos por terceros o padrinos, los que llevaren carteles o papeles con noticia de su contenido, o recados de palabra para el mismo fin pierdan irremisiblemente por el mismo hecho todos los fueros, rentas y honores que tuvieren por mi real gracia, y sean inhábiles para tenerlos durante su vida, y si fueren caballeros de alguna de las cuatro órdenes militares, se les degrade de este honor, y se les quiten los hábitos, y si tuvieran encomiendas, vaquen y se puedan proveer en otros; y esto, además de la pena de aleves y perdimiento de bienes, establecida por mis abuelos don Fernando y doña Isabel en la ley precedente que mando sea observada en todo lo que por esta mi real pragmática no se hallare innovada».

Estas penas quedaron sin aplicación. La ley se reformó en el Código Penal de 1822 y luego en el de 1848. Se impuso así la pena de destierro a quien aceptase el duelo, la de prisión mayor al que matase a su adversario, la de prisión menor si se causasen lesiones graves, y la de arresto mayor aunque no hubiese daños físicos.

Regresemos ahora un instante, tras este paréntesis jurídico sobre el duelo, a la escena del crimen. Mientras contemplaba el cadáver del infante don Enrique tendido en el suelo de los Carabancheles, el subdelegado de Orden Público decidió que lo mejor era ver, oír y callar.

Horas después, el vencedor del desafío llegó tan quebrantado a su casa, que al descender del coche, apoyado en el brazo de su padrino Federico Rubio, la angustiada familia del duque de Montpensier creyó que el herido era él.

Entretanto, el cadáver del infante había sido trasladado, sobre un colchón en el carro de un hortelano, hasta Carabanchel Alto, custodiado por cuatro guardias civiles. Una vez allí se colocó el cuerpo sobre la mesa de una de las habitaciones de la Casa Ayuntamiento, con cuatro blandones alrededor. La Guardia Civil y los dos serenos de la población permanecieron allí toda la noche velando el cadáver.

Al día siguiente, a las nueve de la mañana, se hizo un retrato al cadáver, y una hora después los médicos de los dos Carabancheles efectuaron la autopsia. Más tarde llegaron varios amigos del infante muerto para trasladar sus restos a Madrid en un gran ómnibus custodiado también por la Guardia Civil. En la capital expusieron el cadáver. Los masones se hicieron cargo del cuerpo de la víctima, dado que el infante había pertenecido al rito escocés de la orden, en la que poseía el grado 33. Numeroso público acudió a la capilla ardiente, en buena parte arrastrado por el morbo que suscitaba la muerte del infante en duelo con un miembro de su misma familia.

El 15 de mayo de 1870, a la una de la tarde, se verificó la conducción del cadáver de don Enrique al cementerio de la Sacramental de San Isidro, en las afueras de la Puerta de Toledo. El carruaje mortuorio de la Sacramental enfiló la calle Arenal, atravesó la Puerta del Sol y tomó, sucesivamente, las calles de Carretas y Atocha, la plaza Mayor, la calle de Toledo y, finalmente, la Puerta de Toledo. Precedían al carruaje fúnebre, en cabeza del cortejo, dos secciones de agentes de Orden Público, y una de guardias del Ayuntamiento, encargados de abrir paso a la comitiva entre el inmenso gentío congregado a lo largo del itinerario. Detrás iba una doble fila de acogidos del Hospicio y San Bernardino, con hachas, y otra sección de agentes de la autoridad a las órdenes del jefe de Orden Público, Posada Porrero, así como varios delegados del gobierno de la provincia y del municipio.

El coche fúnebre, tirado por seis caballos enlutados y empenachados, marchaba a continuación. El cadáver del infante iba dentro de una magnífica urna de bronce con cantoneras y frisos dorados, sobre la cual se había colocado la insignia de teniente general, la Gran Cruz de Carlos III, y el símbolo de su pertenencia a la masonería. Cuatro masones de la misma categoría que el finado llevaban las borlas.

Detrás del coche mortuorio iban las bandas de música de los acogidos de San Bernardino y del Hospicio; y entre ambos, el duelo presidido por el duque de Sessa, vestido con uniforme de maestrante, la banda de Carlos III y el collar del Toisón de Oro, así como el joven teniente de húsares, Güels, amigo íntimo del hijo mayor del infante, el sacerdote Pulido, y alrededor de mil quinientas personas.

Entretanto, en la puerta principal de la residencia del infante, en el número 3 de la Costanilla de los Ángeles, alguien puso la siguiente inscripción:

Aquí vivió un español
Único Borbón leal
Que por decir la verdad
Murió en el campo de honor.

Llegado el cortejo al cementerio, se depositó el féretro en el nicho número 32 de la quinta galería del cuarto patio.

El primogénito del infante, Enrique de Borbón y Castellví, duque de Sevilla, alférez del regimiento de húsares de Pavía, obtuvo seis meses de licencia para viajar al extranjero.

Izquierda: El primer Borbón de España, Felipe V (1683-1746), era un loco melancólico, que a los dieciocho años padeció ya sus primeras crisis. *Abajo*: Su hijo Fernando VI (1713-1759) murió también loco, mientras intentaba estrangularse él mismo con sus sábanas entre estremecedores aullidos.

Izquierda: Carlos III (1716-1788) era, en palabras del doctor Cabanés, «un hombre equilibrado entre locos».

Izquierda: Bárbara de Braganza, esposa de Fernando VI, supo cautivar al monarca con sus grandes virtudes: era una mujer muy culta, que dominaba cinco idiomas e incluso componía música. Abajo, Goya retrató de forma implacable a la familia de Carlos IV, el quinto Borbón de España, un monarca obsesionado con la caza, la comida, las mujeres y los relojes.

Abajo: María Luisa de Parma, esposa de Carlos IV, era una perversa ninfómana que enseguida supo dominar a su débil y sumiso marido, y mantuvo una prolongada relación amorosa con el guardia de corps Manuel Godoy (*abajo: derecha, retratado por Goya*), a partir de 1788.

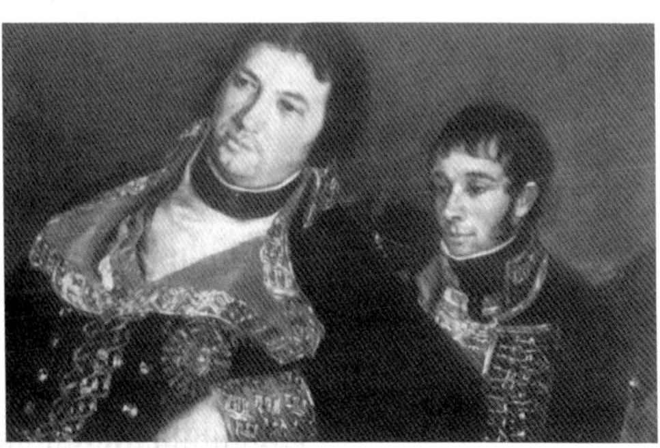

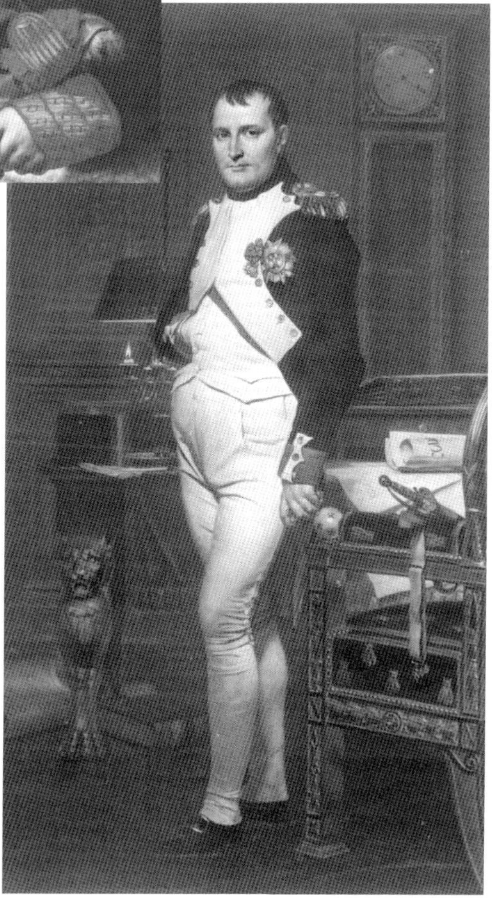

Arriba: Fernando VII (1784-1833) fue un monarca vil y cobarde, obsesionado con el sexo; pero lo peor de todo no fue eso: mientras miles de españoles daban su vida por él en los campos de batalla, el felón se postraba a los pies de Napoleón Bonaparte (*derecha, retratado por David*).

María Cristina de Borbón, cuarta esposa de Fernando VII, fue violada por el monarca en la misma noche nupcial; tras la muerte de este, la reina contrajo matrimonio en secreto con el guardia de corps Fernando Muñoz.

Isabel II (1830-1904) fue una ninfómana empedernida, que tuvo numerosos amantes, como el general Serrano o el apuesto capitán valenciano Enrique Puigmoltó, de quien se dice que fue el padre de Alfonso XII.

A la izquierda: Francisco de Asís de Borbón, esposo de Isabel II, a quien en las cortes europeas ridiculizaban apodándole Paquita, era homosexual, según el psiquiatra Herrera Luque. *Abajo*: Juan Prim, el general que encabezó la revolución de 1868 que mandó a Isabel II al exilio.

Derecha: Alfonso XII (1857-1885) estuvo marcado desde niño por la ausencia de la figura paterna; heredó de su madre, Isabel II, un desbordado apetito sexual, como advertía el psiquiatra Enrique Rojas.

Alfonso XII y María de las Mercedes, prima hermana suya, se casaron muy enamorados, pero la felicidad les duró sólo cinco meses. La prematura muerte de la reina obligó al monarca a contraer segundas nupcias con María Cristina de Habsburgo.

La reina María Cristina, madre de Alfonso XIII, era de temperamento esquizotímico, a juicio de los doctores Izquierdo y Vallejo Nájera; procuraba así aislarse del mundo circundante para vivir más intensamente el mundo interior de sus propios ensueños.

Arriba: Alfonso XII, junto a su segunda esposa, María Cristina de Habsburgo, con su hija mayor, María de las Mercedes, en brazos, y acompañada por las hermanas del monarca, las infantas Eulalia, Paz e Isabel, apodada *La Chata*. *A la derecha*: la fotografía oficial de Alfonso XIII y Victoria Eugenia el día de su boda.

Alfonso XIII (1886-1941) fue víctima del segundo atentado de su vida el 31 de mayo de 1906, cuando regresaba a Palacio acompañado de su esposa Victoria Eugenia, con la que acababa de casarse; una bomba lanzada por el anarquista Mateo Morral explosionó al paso del cortejo nupcial. *Abajo*: una curiosa imagen del rey con uniforme de húsar.

Las dos caras de Alfonso XIII en el exilio: *arriba*: La sonrisa entrañable junto a sus dos nietos Juan Carlos y Alfonso, en 1938. *A la derecha*: con la mirada patética y abatida, consciente de que ya todo estaba fatalmente perdido.

ROGAD A DIOS EN CARIDAD POR

S. M. EL REY DON ALFONSO XIII

QUE ENTREGÓ SU ALMA A DIOS EN ROMA A 28 DE FEBRERO DE 1941, CONFORTADO CON LOS SANTOS SACRAMENTOS Y LA BENDICIÓN APOSTÓLICA

R. I. P.

Jaculatorias que oyó en sus momentos postreros:

En tus manos, Señor, encomiendo mi espíritu. (500 d. de ind.)

Jesús mío, misericordia. (300 d. de ind.)

Corazón de Jesús, en Vos confío. (300 d. de ind.)

Jesús, María y José. (7 años de ind.)

Los Excmos. Arzobispos y Obispos españoles han concedido indulgencias en la forma acostumbrada.

Su oblación por España, al recibir el Manto de la Virgen del Pilar, el día antes de su muerte:

"Estoy dispuesto a lo que la Virgen quiera: si me quiere conseguir la salud y mi vida sirviera para bien de España, yo haré todo lo que pueda para su engrandecimiento; pero si quiere que mi muerte sea para la salvación de España, yo caigo y Ella queda en pié y pensaré en España".

Su jaculatoria:

"Virgen del Pilar, ruega por España y por mí".

Su oración:

"Padre, que se cumpla tu voluntad".

Sus últimas palabras:

"España . . . ! Dios mío . . . !"

Su último acto:

Besar el Crucifijo.

Arriba: Recordatorio de la muerte de Alfonso XIII, acaecida en el Grand Hotel de Roma, el 28 de febrero de 1941. Hoy, su hijo ilegítimo Leandro Alfonso (*arriba, derecha*), que posa junto al retrato del monarca en su residencia de Madrid, ha conseguido apellidarse Borbón con todas las de la ley.

A la izquierda: Entrañable imagen del príncipe de Asturias, don Alfonso de Borbón, junto a sus hermanos don Jaime, don Juan, Beatriz, Gonzalo y María Cristina, en la playa del Sardinero, en Santander. *Abajo a la izquierda*: Don Alfonso de Borbón y Battenberg, junto a su primera esposa, la cubana Edelmira Sampedro.

Arriba: Estado del coche tras el accidente sufrido en Miami, a raíz del cual murió, desangrado, don Alfonso de Borbón y Battenberg, que era hemofílico. *A la izquierda*: Su hermano menor, el infante don Jaime de Borbón, junto a su segunda esposa, la prusiana Carlota Tiedemann.

Arriba: Nostálgica imagen del infante don Alfonso, fotografiando a su padre, don Juan de Borbón. Don Alfonso vino a estudiar a España con su hermano mayor don Juan Carlos (*abajo*), por decisión de Franco, tras la entrevista del general con don Juan a bordo del *Azor* en agosto de 1948.

Arriba: Don Juan y don Juan Carlos, junto al féretro del infante don Alfonso, fallecido en un trágico accidente en Estoril, en marzo de 1956. Juan Carlos, de dieciocho años, manejaba la pistola que se disparó e hirió mortalmente en la frente a su hermano Alfonso, de casi quince años. El entierro congregó en Portugal a cientos de españoles procedentes de numerosas ciudades (*abajo*).

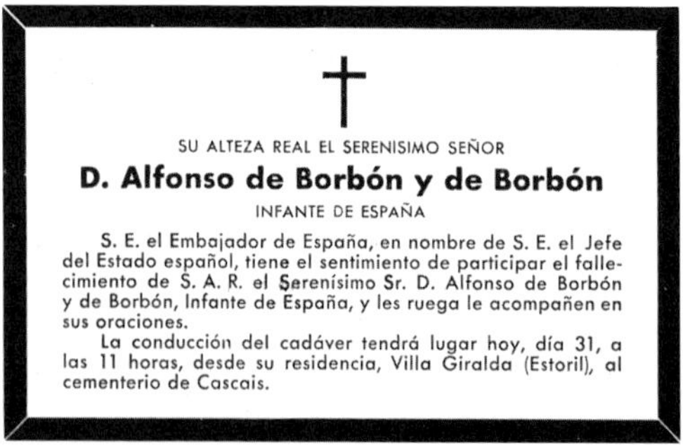
SU ALTEZA REAL EL SERENISIMO SEÑOR

D. Alfonso de Borbón y de Borbón

INFANTE DE ESPAÑA

S. E. el Embajador de España, en nombre de S. E. el Jefe del Estado español, tiene el sentimiento de participar el fallecimiento de S. A. R. el Serenísimo Sr. D. Alfonso de Borbón y de Borbón, Infante de España, y les ruega le acompañen en sus oraciones.

La conducción del cadáver tendrá lugar hoy, día 31, a las 11 horas, desde su residencia, Villa Giralda (Estoril), al cementerio de Cascais.

Esquela del infante don Alfonso de Borbón, en la que el embajador de España, en nombre de Franco, hace público su pésame; abajo, a la izquierda. *Debajo*: Alfonso de Borbón Dampierre, primo hermano de don Alfonso, con su esposa Carmen Martínez-Bordiú y sus dos hijos, Francisco y Luis Alfonso, en una estación de esquí.

Abajo: Croquis dibujado por el jefe del comando de ETA, Juan José Rego Vidal, en el que detalla cómo pretendían asesinar al rey don Juan Carlos y emprender después la huida, en agosto de 1995. *Abajo, a la izquierda*: Su hijo Iñaki Rego, integrante también del comando, en el instante de su detención.

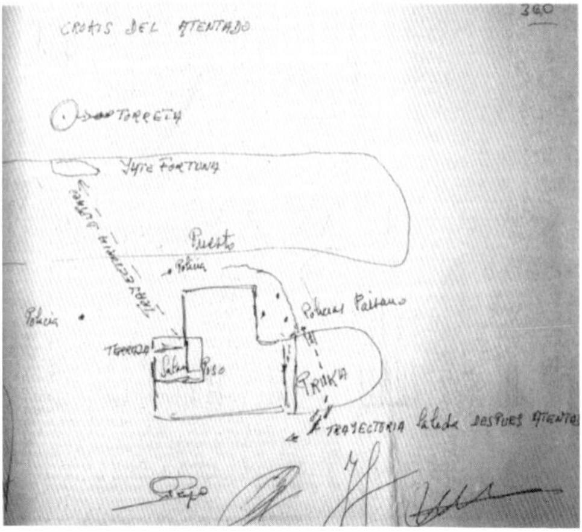

El príncipe Felipe mantuvo en vilo al país con su larga soltería, durante la que protagonizó diversos romances: En la parte superior aparece junto a Isabel Sartorius; a la izquierda, Gigi Howard sale del Tribunal de lo Penal de Nueva York, y sobre estas líneas, acompañado por Eva Sannum, en la boda real de Haakon y Mette-Marit, celebrada en agosto de 2001, en Noruega.

Los príncipes de Asturias posan con la infanta Leonor, llamada a suceder algún día a su padre en el trono de España. Casándose con la periodista Letizia Ortiz, don Felipe ha transgredido la normativa secular de la Casa Real, separando así la jefatura efectiva del Estado de la jefatura dinástica.

La princesa Letizia embarazada de su segunda hija. Pero, ¿qué sucederá si alumbra algún día un varón sin que se haya reformado aún la Constitución? En caso de que la reforma sea retroactiva, en beneficio de la infanta Leonor, su hermano saldría claramente perjudicado.

Durante esos días, varios grupos de exaltados recorrieron las calles más céntricas de la villa y corte entonando coplas alusivas a la muerte del infante, una de las cuales rezaba así:

El crimen del francés
tenemos que vengar
viva la libertad
y muera Montpensier.

A sus cuarenta y siete años, don Enrique de Borbón dejaba viuda, Elena de Castellví, hermana del último conde de Castellá, y cuatro hijos: Enrique, de veintidós años; Francisco, de diecisiete; Alberto, de dieciséis, y María del Olvido, de once.

Días después del trágico duelo, el duque de Montpensier quiso prohijar a los vástagos de don Enrique, pero éstos rechazaron indignados la tutela.

El periódico *La Época* reflexionaba entonces sobre el duelo de sangre real y apuntaba que el infante don Enrique había presagiado ya días antes su fatal desenlace:

> Eran antiguas entre los dos primos las desavenencias que han tenido tan funesto resultado. Antipatías personales, choques pequeños, pero que, como la gota de agua sobre la piedra, acaban por producir grandes resultados, habían envenenado de tiempo atrás sus relaciones.
>
> No era la primera vez que el infante don Enrique atacaba por medio de la prensa, violenta y duramente, al hijo menor de Luis Felipe.
>
> Parecía como que entre ambos tenían el presentimiento de la tragedia del sábado. Cierta noche que el duque de Montpen-

sier leía en su tertulia de Sevilla, una de las furiosas diatribas que el difunto no le escaseaba, volvióse hacia las personas que estaban presentes, y les dijo pálido, descompuesto, convulso:

—¡Este hombre ha de ser mi perdición!

Por parte de don Enrique no eran tampoco menos fatídicas sus ideas acerca del término de las cuestiones que les dividían.

—¡Él o yo! —solía exclamar cuando se trataba del asunto.

La víspera del duelo, en los momentos mismos en que éste se realizaba, no ocultó a nadie los temores de que la suerte le fuese fatal.

Por su carácter indomable, enérgico e inaccesible al temor, resistió a cuantas indicaciones se le dirigieron para venir a un arreglo amistoso.

—No, no —decía—; me matará, si la Providencia lo determina así; pero no cederé jamás.

¡Deplorable firmeza que tan dolorosas consecuencias ha producido!

¡Triste valor digno de mejor causa y de más noble fin!

Nada iguala a la desesperación de Montpensier cuando se hubo convencido de la muerte de su contrario.

¿Era que su corazón se estremecía al ver que había derramado la sangre de una persona de su familia?

¿Era que adivinaba las consecuencias que la catástrofe podía originar a sus intereses particulares?

Sin duda las dos cosas, y el efecto físico que ha determinado la afección moral, es elocuentísimo y hace inútil todo comentario.

¿Qué fue del duque de Montpensier tras aquel lamentable episodio? Proclamado rey Amadeo de Saboya, se acordó que todos los capitanes generales del ejército jurasen lealtad al nuevo monarca. Antonio de Orleans, que poseía ese grado, se negó a ello y fue deportado por esa razón a la isla de Menorca, donde permaneció algunos meses, hasta que obtuvo acta de diputado por el distrito de San Fernando, en Cádiz, en las nuevas Cortes, y renunció a su graduación militar.

En lugar de regresar a Madrid, Montpensier decidió establecerse en Francia, donde se dedicó a administrar su inmensa fortuna. Aquel exilio no significó su alejamiento de la política española, ni mucho menos. En este terreno trató de estrechar relaciones con su sobrino Alfonso de Borbón, en espera de mejores tiempos. Aquellos contactos, rechazados por la destronada Isabel II, quien culpaba de todas sus desgracias a su propio cuñado, permitieron que una hija de Antonio de Orleans, María de las Mercedes, y Alfonso se conociesen. Entre los dos jóvenes surgió el verdadero amor (caso raro entre los Borbones de España), y cuando Alfonso se convirtió en Alfonso XII, tras la Restauración, luchó con todo su empeño para convertir a su prima en reina.

La boda se celebró el 23 de enero de 1878 y contó con la significativa ausencia de Isabel II, que desde el principio se había opuesto al matrimonio. Quien salió ganando esta vez fue su cuñado Montpensier, que se convirtió, gracias a su hija, en suegro del rey. Desde esa ventajosa posición trató de ejercer de nuevo sus influjos, pese a la vigilancia de Antonio Cánovas del Castillo, quien, lo mismo que Isabel II, se había opuesto al enlace en el intento de neutralizar la tremenda ambición del duque.

Sin embargo, el destino puso de nuevo a Montpensier en su lugar. La dolorosa muerte de su hija María de las Mercedes fue un durísimo golpe para su corazón de padre y marcó el ocaso de sus esperanzas políticas; aunque sólo contaba cincuenta y cuatro años, viviría desde entonces prácticamente al margen de la intriga política hasta su muerte, que tuvo lugar en Sanlúcar de Barrameda el 4 de febrero de 1890.

Su hija María de las Mercedes pudo haber conservado la vida, pero el destino sentenció su trágico final. Una vez más, los médicos no acertaron con el tratamiento de la grave enfermedad, que fue disfrazada ante el pueblo para evitar comentarios. María de las Mercedes padecía tifus —como tal, contagioso—, y el falso diagnóstico que se difundió fue: «fiebre gástrica-nerviosa».

La suerte de María de las Mercedes, insistimos, pudo haber cambiado si la reina hubiera sido tratada exclusivamente por el padre de Jacinto Benavente, el primer pediatra que hubo en España. Su hijo, el ilustre premio Nobel de Literatura, estaba convencido de ello: «Yo estoy seguro —decía don Jacinto— de que si mi padre se hubiera encargado de la asistencia de la Reina, pero él solo, sin intromisiones de otros médicos, la reina Mercedes no hubiera muerto en plena juventud. Mi madre, que sentía plena simpatía por la pobre reina, cuya muerte fue muy sentida en toda España, se lamentaba muchas veces de que no se hubiera llamado a mi padre, y no ciertamente por presumir de señora de médico palatino, sino porque siempre creyó que los médicos no habían entendido la enfermedad».

Pero si a alguien afectó de manera decisiva la muerte de la reina María de las Mercedes fue a su esposo Alfonso XII, que ya nunca volvió a ser el de antes.

8

LA MALDICIÓN DE LOS ALFONSOS

El octavo Borbón de España era de constitución débil y enfermiza, propenso a contraer gripes, catarros y rinitis, requiriendo con frecuencia las atenciones de sus médicos. Uno de sus maestros anotó: «Desde los siete años se hizo visible cómo el desequilibrio entre la naturaleza física del Príncipe y sus facultades intelectuales era grande». En efecto, la claridad de mente del futuro Alfonso XII contrastaba con su mediano desarrollo orgánico y su discreta estatura. «A los 12 años —explica el psiquiatra Enrique Rojas, que ha estudiado a fondo su personalidad—, era de cuerpo fino, estatura regular, un poco más bajo de lo que correspondía a su edad, suelto de movimientos, con una gran viveza en la mirada y con unos matices en su contacto con las personas enormemente entrañables.» Estas últimas cualidades de su carácter recordaban la forma de ser de su madre, la reina Isabel II; no así, como era lógico, a las de su padre oficial, Francisco de Asís, un hombre pusilánime y retraído, como hemos visto.

Lo más destacable de la personalidad de Alfonso XII era, como subraya Rojas, la ausencia de la figura paterna, a la cual aludirá el monarca en los momentos más decisivos de su vida, echándola mucho en falta. «Francisco de Asís —explica Rojas— es una figura que nosotros los psiquiatras denominamos como "la ausencia paterna", es decir, un padre desentendido de los avatares fundamentales que deben darse en el troquelaje psicológico del hijo.» Pasaba por alto Rojas, sin embargo, que el verdadero padre de Alfonso XII, a falta de la decisiva prueba de ADN, no era Francisco de Asís —impotente y probablemente homosexual, según otro eminente psiquiatra, como también vimos en su momento—, sino muy posiblemente el apuesto oficial Enrique Puigmoltó y Mayans, nacido en Onteniente en 1827, hijo de un prócer valenciano, el conde de Torrefiel, y fallecido en 1900. Era de tal relevancia este hecho, que Balansó no se recataba al afirmar: «Por culpa de esta reina [Isabel II], a partir de Alfonso XII la Casa de los Borbones iba a convertirse, para los antidinásticos, en la estirpe espuria de los Puigmoltejos. Hoy, si el tema llegara a plantearse, bastaría una simple prueba genética para disipar dudas».

Tras pasar por la Academia de Ingenieros, Puigmoltó fue destinado el 8 de marzo de 1856 como oficial al regimiento del arma, de guarnición en Madrid. Desde entonces se ganó el favor de la reina Isabel II, que le distinguió con la Gran Cruz de San Fernando de primera clase y con el título de vizconde de Miranda.

La ausencia de un padre llevó a Alfonso XII a encontrar en su tutor, Isidro José Osorio de Silva-Zaya, la anhelada figura de referencia. Esta especie de padre putativo, treinta y tantos años mayor que el monarca, se completó luego con la dedicación de otras personas, como el conde de Cheste y el propio Antonio Cánovas del Castillo.

Pero retomemos los rasgos que configuraron la individualidad fisiológica de Alfonso XII. Para ello resulta muy útil la detallada historia clínica del monarca que elaboró el doctor de la Real Cámara y catedrático de la Universidad Central, Tomás Santero y Moreno, a finales del siglo XIX. El doctor Santero confirmaba la predisposición de Alfonso XII a padecer episodios febriles como consecuencia de algún ejercicio fuerte, así como frecuentes catarros por el clima frío y húmedo en el que vivía.

Resultaba curioso que el rey no sufriera manifestaciones ostensibles del herpetismo que había amargado la vida a su madre y también a su presunto padre, Enrique Puigmoltó, quien, según consta en su hoja de servicios conservada en el Archivo Histórico Militar de Segovia, padecía también trastornos en la piel.

Conforme se fue haciendo mayor, se intentó vigorizar su constitución con ejercicios físicos y baños de mar, y pronto el futuro rey se aficionó a la caza, a los caballos y al patinaje sobre hielo.

Cuando vino a España, tras la Restauración, siendo aún muy joven, hubo de salir de campaña con motivo de la guerra civil que asoló a las provincias del norte; allí sufrió los influjos de la intemperie, padeciendo por ello algún catarro agudo.

En agosto de 1883 le sorprendieron los sucesos de Badajoz y la Seo de Urgel, lo que le obligó a salir de pronto a recorrer las provincias del este con el sofocante calor estival, a caballo muchas veces, aspirando el polvo del camino y con poco descanso. Como consecuencia de todo ello, su delicada salud se resintió con una angina febril, pero el rey se negó a guardar cama por estimar que las circunstancias no se lo permitían.

Fue en el otoño de 1883 cuando se manifestaron por vez primera hechos morbosos que precedieron a su última enfermedad, aunque no fueron la causa de aquélla. Como consecuencia de un enfriamiento, «sufrió S.M. —consigna el doctor Santero— a fines de noviembre una pleuresía reumática del lado derecho con interés principal de la pleura costal, así como de los tejidos intercostales y el catarro bronquial correspondiente, cuya afección fue de mediana intensidad».

Por si fuera poco, en la primavera siguiente volvió a enfriarse al presenciar unas maniobras militares de Caballería, exponiéndose además al relente de la Casa de Campo, adonde iba con frecuencia en coche descubierto. El resultado fue un proceso gripal que obligó al regio enfermo a guardar cama. Así, entre catarros, transcurrió buena parte de su corta vida.

Pero la *Gaceta*, el órgano oficial del gobierno, no consignó ni un solo parte de enfermedad en los tres años anteriores a su muerte. Quiso silenciarse así su verdadero estado de salud incluso en sus últimos momentos.

«¿De qué murió el rey?», se preguntaba el doctor Izquierdo. Y él mismo se respondía: «De un acceso de disnea, a juzgar por el diagnóstico que el doctor Camisón estampó en la *Gaceta*; pero un acceso de disnea no es una enfermedad, es un síntoma, y con este síntoma se enmascara la verdadera causa, que también se había ocultado durante toda su evolución».

¿Cuál fue entonces la verdadera causa de la muerte de Alfonso XII? Sin duda, la tuberculosis —la «tisis», como entonces se la llamaba—, una enfermedad que de sólo nombrarla producía pánico y que los médicos tal vez trataron de ocultar a la opinión pública para que nadie cuestionara la «saludable» herencia borbónica. ¿Por qué otra razón ocultaron si no al pueblo el auténtico padecimiento del monarca, como advertía muchos años después el doctor Izquierdo?

Los padres de Alfonso XII no tuvieron jamás síntomas tuberculosos. La reina Isabel II padeció dermatosis rebeldes y fue obesa, probablemente a raíz de una insuficiencia tiroidea, como apuntaba el doctor Izquierdo. Gozó de buena salud hasta su muerte, que le sobrevino a los setenta y tres años en París, en su palacio de Castilla, el 9 de abril de 1904. Su desenlace fue casi repentino, en el curso de un estado gripal complicado con miocarditis. Aquella mañana la levantaron de la cama para sentarla en una butaca. Poco después mandó llamar a su yerno, el príncipe Luis Fernando de Baviera, ante quien exclamó: «¡Cógeme las manos!... Siento en el pecho una cosa muy rara... Parece que voy a desmayarme...». Y murió fulminada.

Aun suponiendo que el progenitor de don Alfonso —el oficial Enrique Puigmoltó— hubiera padecido una tuberculosis de tipo fibroso, de las que pasaban entonces inadvertidas por considerarse catarros crónicos, los médicos sabían perfectamente que esta enfermedad no era hereditaria. «Lo que sí se hereda —advertía el doctor Izquierdo— es la predisposición, y la constitución asténica reúne las cualidades genotípicas necesarias para que en ella se desarrolle la enfermedad tuberculosa.»

Diagnosticada la verdadera causa de la muerte de Alfonso XII, el doctor Izquierdo afirmaba que, de niño, el príncipe debió de padecer el chancro primitivo de la tuberculosis, cuya adenopatía evolucionó con lentitud, manifestándose en esos continuos catarros que afloraban ante cualquier ejercicio intenso. Los médicos, evidentemente preocupados por su estado, intentaron vigorizar su salud con ejercicios físicos. Cuando don Alfonso partió hacia la campaña del norte padeció un nuevo brote de tuberculosis, tras el cual recuperó la salud, contrajo matrimonio con su prima María de las Mercedes sin que nadie sospechase que padecía enfermedad alguna.

Pero la auténtica felicidad le duró tan sólo cinco meses. Fallecida su esposa, el rostro del rey se tornó pálido y demacrado. Alfonso XII contrajo entonces segundas nupcias con la archiduquesa María Cristina Enriqueta Deseada Felicidad Reniera, nacida en Gross-Seelowitz el 21 de julio de 1858.

Su nueva mujer tenía las características de los Habsburgo, entre ellas el prognatismo inferior. Su abuelo, el archiduque Carlos, mostraba ese mismo prognatismo en sus retratos, además de un acusado desarrollo de la nariz y un grado ligero de exorbitismo.

El desarrollo mandibular desproporcionado era de carácter hereditario y tenía su origen en España, dado que el mal llamado «estigma de los Habsburgo» apareció por vez primera en los reyes de Castilla, tal y como advertía el académico y doctor Floristán Aguilar en su concienzudo estudio *Origen castellano del prognatismo en las dinastías que reinaron en Europa*.

Las efigies de san Fernando y san Luis, primos hermanos e hijos de dos princesas castellanas, hijas a su vez de Alfonso VIII, *el de las Navas*, mostraban inequívocamente ese rasgo facial, cuyos descendientes transmitieron por herencia primero a las casas de Anjou, Borbón, Lancaster, York y Portugal, luego a los Habsburgo en 1438, y más tarde a las dinastías de Parma, Médicis, Estuardo, Valois y Saboya.

El abuelo de María Cristina, que fue gran maestre de la orden teutónica en 1801 y duque de Teschen en 1822, heredó así su prognatismo inferior de los descendientes de los reyes castellanos. Era hermano del cruel Francisco II, emperador de Alemania desde 1792 hasta 1804, y luego emperador de Austria, con el nombre de Francisco I, hasta 1835.

Este tío abuelo de María Cristina era un personaje lamentable, como acredita el doctor Galippe: «La única disculpa que se puede invocar ante la Historia en descargo de Francisco II y de su hija es que ambos eran seres anormales y que pensaban y sentían como tales». Francisco II renegó varias veces de la palabra dada a Napoleón, a su nieto el príncipe imperial, y a su hija la emperatriz María Luisa de Austria, segunda mujer de Napoleón.

Presentemos ahora al padre del archiduque Carlos, es decir, al bisabuelo de la segunda esposa de Alfonso XII. El emperador Leopoldo II, gran duque de Toscana en 1765 y emperador en 1790, era, en palabras del doctor Galippe, un «déspota filósofo». Desconfiado y maniático, algunos atribuyeron su muerte a excesos venéreos.

Se había casado en 1765 con María Luisa, hija de Carlos III de España, uniéndose así de nuevo un Habsburgo con una Borbón, al igual que haría años después su bisnieta María Cristina con el rey Alfonso XII. La esposa de Leopoldo II era horrorosamente fea. Al contemplarla, podía tenerse la misma sensación que si se estuviera en un laberinto de espejos que deformaran el semblante.

A la dinastía a la que pertenecía María Cristina, el doctor Galippe dedica estas terribles palabras:

> Los Habsburgo, habiendo fijado por uniones consanguíneas un estigma de degeneración y habiendo trasmitido, solo o con otros, o somáticos o psíquicos, a las familias que se han aliado con ellos, han creado un tipo humano particular, por los mis-

mos procedimientos que se emplean en zootecnia para la creación de subrazas animales.

Puede uno preguntarse si, de haber poseído un tipo ideal de humanidad superior, en lugar de presentar un estigma de degeneración, los Habsburgo habrían podido igualmente fijarlo y transmitirlo empleando los mismos procedimientos. Puede contestarse con la negativa si se acepta la influencia degenerativa del poder y de los privilegios de todas clases que supone: cultura intelectual intensiva, e incluso genio.

Galippe remataba así su tenebroso concepto de esta dinastía:

> Los Habsburgo de España han abandonado desde hace tiempo el escenario de la Historia y han desaparecido en la impotencia y la locura. Los Habsburgo de Austria, aunque cuentan con numerosos representantes, acabarán por desaparecer a su vez, como familia histórica, si persisten en sus errores, es decir, en las uniones consanguíneas.

Del bisabuelo de la segunda esposa de Alfonso XII, el emperador Leopoldo II, miembro de la Casa de Austria, el doctor Fréderic Masson traza una desconsoladora herencia patológica, para ocuparse a continuación de los Borbones de España. Sus conclusiones, estremecedoras, revelaban las características de los antepasados de la archiduquesa María Cristina, madre de Alfonso XIII, como si se tratase de una maldición:

> En la Casa de Austria, de trece hijos de Leopoldo II, tres han muerto locos, con una locura constante y segura; cinco han muerto antes de la edad de cinco años; para los demás, el promedio

de la vida es de cuarenta y cuatro años; cuatro solamente dejan posteridad.

En la generación precedente, la de la abuela materna, la emperatriz Teresa, de diecisiete hijos, dos han muerto antes de su segundo año, dos antes del tercero; cuatro únicamente, y de ellos dos locos, han pasado los sesenta años. Para las generaciones posteriores, está ahí la historia contemporánea para atestiguar cómo viven y cómo mueren; sería cruel hojearla.

Napoleón quiso un hijo para revivir en él y, en efecto, tuvo un hijo, pero ese hijo es un Borbón de Nápoles. Sobre él, como sobre todos sus primos, flota la tuberculosis o la locura. Está condenado antes de nacer, y tal es el heredero que el casamiento austríaco le ha dado...

Ahora bien, esta sangre de Borbón, María Luisa [segunda esposa de Napoleón e hija de Francisco II, tío abuelo de la reina María Cristina, mujer de Alfonso XII y madre de Alfonso XIII] no la recibe siquiera directamente de los Borbones de Francia, cuya raza es ya tan pobre y tan degenerada que de nueve hijos del Delfín, hijo de Luis XV, cuatro han muerto en corta edad, uno de sus hijos es impotente, y una de las hijas, estéril; que de los cuatro hijos de Luis XVI, tres han muerto en corta edad y que la hija es y seguirá siendo estéril; que de los cuatro hijos del conde de Artois, dos han muerto en corta edad y uno es impotente, sino que la recibe de los Borbones de España por su abuela María Luisa [hija de Carlos III de España], esposa de Leopoldo II, y de los Borbones de Nápoles por su madre María Teresa; y estas dos razas reales —ésta salida de aquélla— traen taras hereditarias que condenan a los descendientes a la locura, a la imbecilidad o a la muerte prematura.

Felipe V tuvo cuatro hijos de su primer matrimonio con María Luisa Gabriela de Saboya; dos han muerto de corta edad;

> uno a los diecisiete años; otro, sin heredero directo, a los cuarenta y seis. De su segundo casamiento con Isabel Farnesio, última de su raza, ha tenido siete hijos: dos han muerto jóvenes; los otros cinco, en edades normales; pero de los trece hijos que ha tenido Carlos III, siete han muerto de corta edad; uno era tan pobre de espíritu que se le separó de la sucesión, y ¿qué valdría si Carlos IV subió al trono de España y Fernando IV al trono de Sicilia? El infante Gabriel, muerto a los treinta y seis años, valía lo mismo que sus hermanos; el infante Antonio muere sin posteridad; finalmente, la emperatriz María Luisa, abuela de la archiduquesa, muere a los cuarenta y siete años. De María Carolina de Austria, Fernando IV tuvo diecisiete hijos: diez murieron antes de su décimo año, dos antes del trigésimo, uno a los treinta y cinco años, cuatro pasaron de los cincuenta. Se puede dudar de que estos últimos fueran de su padre legal. En todo caso, para los demás, en la segunda y aún más en la tercera generación, la locura, la tuberculosis, las enfermedades congénitas vienen a ser la regla. Si algunos sujetos escapan es una casualidad.

Los antepasados de la segunda esposa de Alfonso XII abusaron del matrimonio consanguíneo, incluso en el grado de parentesco de sobrina y tío, o de primos carnales; exactamente igual que los Borbones de España. Sobre este particular, el doctor Galippe señala: «Los casamientos consanguíneos entre degenerados no están exentos de graves inconvenientes: no se fijan únicamente las manías físicas, se multiplican también las taras morales intelectuales».

Alfonso XIII llevaría así mezclada en sus venas sangre de los Borbones y los Habsburgo. Estos últimos, por la gran intensidad de sus estigmas familiares, arraigados desde tiempos inmemoriales, los impondrían a las familias —en este caso a los Borbones— con las que se unieron, como advierte el doctor Galippe: «Sea cual fuere su sexo, cuando un Habsburgo se separaba del tronco familiar y contraía una unión con una familia extraña a la suya o que poseía ya una cierta proporción de sangre de los Habsburgo en las venas, es siempre la herencia de esta familia la que se imponía, aun cuando su representante era una mujer [tal era el caso de María Cristina con Alfonso XII]».

Definidos genéticamente los Habsburgo, cabe preguntarse cómo era psicológicamente uno de sus miembros destacados, la reina María Cristina. El doctor Izquierdo hace un análisis retrospectivo de su personalidad: «Doña María Cristina, de constitución leptosomática, tenía un temperamento esquizotímico, y era, por tanto, aristocrática, leal, tranquila, seria, delicada, femenina; vivía su vida interior, un mundo individual y privado».

Vallejo Nájera, por su parte, explica en qué consistía ese temperamento esquizotímico, caracterizado por una especie de reserva mental, denominada autismo. Según ese temperamento, la esposa de Alfonso XII y madre de Alfonso XIII procuraba aislarse del mundo circundante para vivir más intensamente el mundo interior de sus propios ensueños e ilusiones. María Cristina era esencialmente introvertida y poco dada, como tal, a exteriorizar sus sentimientos. En opinión de Vallejo su autismo se debía a «una susceptibilidad excesivamente delicada, nerviosidad e hiperestia, que le retraen del mundo como recurso defensivo, porque al esquizoide delicado le hacen sufrir intensamente las impresiones vulgares de la vida cotidiana».

María Cristina era una mujer idealista y romántica, con grandes limitaciones para hacer amistades; pero, eso sí, cuando las hacía, eran para toda la vida. El temperamento esquizotímico que la definía era frecuente en los grandes filósofos y matemáticos, en los líricos y en ciertas naturalezas patéticas, románticas e idealistas. Vallejo distingue entre los ciclotímicos, como Isabel II, y los esquizotímicos, como María Cristina: «Poseen [los esquizotímicos] aquello de que carecen los ciclotímicos: fino espíritu, capacidad de abstracción, idealismo, energía serena y tenacidad: fáltanles, en cambio, realidad práctica de la vida, sentimientos cálidos, adaptabilidad al medio ambiente y humor. Para la vida social son preferibles las personas ciclotímicas; para la vida productiva, intelectual, reúnen mejores condiciones los esquizotímicos».

Si de alguien estuvo enamorado el rey Alfonso XII fue de su primera esposa, María de las Mercedes. Con María Cristina, su segunda esposa, celebró un matrimonio arreglado en busca del heredero que tanto ansiaba. María Cristina, según Rojas, era «fría y movida por la razón»; todo lo contrario que María de las Mercedes.

La segunda esposa del monarca tampoco se casó enamorada, pero poco a poco fue sucumbiendo a los indudables encantos del rey, hasta caer rendida a sus pies. «María Cristina —observa Rojas—, una mujer posesiva, condicionó una situación de celos bastante compleja, pues no era mujer que se resignase y exigía de su marido no ya el respeto que él estaba dispuesto a ofrecerle, sino cariño.» Y el psiquiatra añade: «En este orden de cosas, ella no aceptaba la figura de una "favorita" en la Corte, con la que tener que pasar por la humillación de tener que disputarse el amor de su marido. Cuando las relaciones extraconyugales del rey eran excesivamente notorias o prolongadas, la reina intervenía casi directamente en buscar drásticas soluciones para interrumpirlas».

Rojas señalaba la auténtica piedra de toque de los Borbones de España: la infidelidad constante, provocada por su desbordante sexualidad, convertida en una imperiosa necesidad vital. «En el aspecto sexual —apunta Rojas—, indiscutiblemente, tuvo importancia la herencia materna.»

Alfonso XII no fue así un joven normal: «En una personalidad sana y madura —explica Rojas—, la sexualidad no ocupa nunca un primer plano, está siempre en un tercer o cuarto lugar, aparece como algo que pertenece a la propia intimidad, nunca en un lugar destacado, algo que ocurría en el caso del joven Alfonso». Su despertar sexual fue precoz. La primera aventura que se le conoce data de su estancia en el Theresianum de Viena, adonde se trasladó para proseguir sus estudios iniciados en el colegio Stanilás de París. Tenía sólo quince años cuando conoció a la cantante de ópera Elena Sanz Martínez de Arizala, cinco años mayor que él, con la que empezó a flirtear. Fue su propia madre, Isabel II, ante quien había cantado Elena Sanz en el palacio de Basilewski, la que convenció a la joven para que visitase a su hijo en el Theresianum de Viena, ciudad a la que se dirigía para actuar en el teatro Imperial. En cuanto Alfonso la vio en el colegio, se quedó prendado de sus encantos. Cinco años después, el 4 de octubre de 1877, siendo ya rey, Alfonso XII volvió a ver a Elena Sanz en el Teatro Real de Madrid. Aquel día el tenor roncalés Julián Gayarre cantaba la ópera *La favorita*. Y, casualidades de la vida, la protagonista era precisamente la favorita del rey en la vida real: Elena Sanz, emparentada con el conde de Cabra y educada en el Colegio de las Niñas de Leganés.

Era discípula del profesor de música de aquella escuela, Bartolomé Saldoni, y el tenor Tamberlik le pronosticó grandes éxitos. Enterada de su reputación y después de oírla cantar, la reina Isabel II le dispensó su protección, haciendo posible que viajara a Italia para perfeccionar sus estudios y labrarse un prometedor futuro en la ópera.

En la Real Academia de la Historia se conserva una reveladora carta de Mariano Roca de Togores, marqués de Molins, embajador en París tras la Restauración, al entonces presidente del Gobierno, Antonio Cánovas del Castillo. Molins daba cuenta en esa epístola, fechada el 3 de diciembre de 1877, de la grave confesión que hizo la reina Isabel II, irritada sin duda por el casamiento de su hijo con la hija de su odiado Montpensier, sobre la disipada vida de Alfonso XII: «Dice aquella persona [la reina madre] que no sabe por qué a ella se le exige la continencia, cuando el novio [Alfonso XII] tiene éstas y las otras, y aquí los nombres, y que ha estipulado la continuación de N., y volvió a nombrarla, en su servidumbre de casado». La misiva ponía así de manifiesto que en pleno idilio con María de las Mercedes, y un mes antes de casarse con ella, el joven rey no sólo «tenía a éstas y las otras», sino que se proponía introducir a una de ellas en su servicio íntimo tras su boda.

Además de Elena Sanz, el rey se dejó embelesar por los encantos de la ambiciosa Adelina Borghi, que también era contralto y cantante en el Teatro Real, y que finalmente fue expulsada de España por el gobierno para evitar el escándalo.

Pero Elena fue especial porque dio dos hijos al monarca: Alfonso y Fernando, que llevaron el apellido materno desde que nacieron en París el 28 de enero de 1880 y el 25 de febrero de 1881, respectivamente.

Balansó reproduce parte de la correspondencia íntima del

rey con ella, como esta carta que refleja el ciego apasionamiento regio:

> Elena mía:
>
> Mil gracias por tu billete de ayer y cuanto me dices. Mucho sentí no poder verte anoche, y aún más triste estoy ante la idea de que te hayas enfriado conmigo. Otra vez haremos aún más, y así sudarás y no hay enfriamiento posible.

La atractiva Elena Sanz no cautivó sólo al rey; su belleza tampoco pasó inadvertida al ex jefe del Gobierno de la Primera República, Emilio Castelar, que la describía así: «La color morena, los labios rojos, la dentadura muy blanca, la cabellera negra y reluciente, la nariz voluptuosa, el cuello carnoso y torneado a maravilla, los ojos negros e insondables».

Incluso Pérez Galdós le dedica un espacio en sus célebres *Episodios nacionales*: «Moza espléndida, admirablemente dotada por la Naturaleza en todo lo que atañe al recreo de los ojos, completando así lo que Dios le había dado para goce y encanto de los oídos».

Enamorado perdidamente de la cantante de ópera, Alfonso XII la retiró de los escenarios y le puso un piso en la cuesta de Santo Domingo, para trasladarla luego a un palacete en la confluencia de las calles de Alcalá y Jorge Juan.

Al mismo tiempo, el monarca mantenía sus escarceos amorosos, otro de los cuales da a conocer el escritor Ramón J. Sender en su *Álbum de radiografías secretas*; se trataba nada menos que de una mujer casada: la esposa del embajador de Uruguay en Madrid, con la que el rey tuvo otro hijo bastardo:

> Yo traté muy de cerca a una hermana natural de Alfonso XIII, casada con el embajador de Chile en Madrid. No es broma. Ella misma me decía que en palacio «no había protocolo para ella...». Parece que hacia 1884, Alfonso XII se enamoró de la esposa del embajador uruguayo, quien tuvo el diplomático deber de cederle su puesto en el lecho conyugal. La embajadora quedó encinta y parió a una criatura de perfiles borbónicos a quien yo conocí cuando ella tenía cuarenta y dos años y estaba todavía de buen ver.
>
> Me invitaban a comer a la embajada, a veces, y la señora de la casa me decía altiva y señorial: «Esa misma silla donde usted está —era un sillón con respaldo tallado y corona de lises— la ocupaba la semana pasada Su Majestad el rey Alfonso». Yo no me sentía muy halagado por aquello, la verdad. El embajador Rodríguez de Mendoza afirmaba con una falsa modestia: «¿Usted sabe? Mi esposa tiene sangre real. Es hermana natural de Su Majestad don Alfonso XIII». Y era verdad. No se podía pedir una figura más borbónica que aquélla...

Entretanto, la enfermedad del rey progresaba sin remedio. A finales de 1883 volvió a sufrir otro episodio enmascarado de tuberculosis, que cursó con fiebre, síntomas bronquiales y pleuresía. Pero, en cuanto se restableció, siguió adelante con sus aventuras amorosas. Digno hijo de su madre, su energía se disipaba y la entonces llamada «tisis» transmitía su excitación al carácter ya de por sí apasionado del monarca.

Por si fuera poco, Alfonso XII, como hiciera su abuelo Fernando VII, tuvo su propia camarilla de vividores de la época que le reían las gracias y le acompañaban en sus continuas conquistas: Julio Benalúa, Vicente Bertrán de Lis y el duque de Tamames, principalmente. A ellos se unía, con su silencio cómplice, José Alcañices, duque de Sesto.

En la primavera de 1884, el rey volvió a enfriarse y esta vez la elevada fiebre le obligó a guardar cama durante unos días. Pero el 25 de noviembre de 1885 el nuevo brote de la enfermedad fue ya definitivo. Minutos antes de las ocho de la mañana, la respiración del paciente varió de ritmo. Su médico se acercó a la cama para tomarle el pulso, apenas perceptible. El rostro desencajado, pálido y sudoroso del regio enfermo hablaba por sí solo, haciendo visible el esfuerzo supremo e inútil de sus músculos para llevar el aire a los pulmones. Con una sola mirada, la reina supo que su esposo se moría y llamó al cardenal Benavides para que le administrase los últimos sacramentos. Poco después, ordenó que trajesen a sus hijas, pero cuando el coche llegó con las infantitas, éstas sólo pudieron besar la mano yerta del cadáver de su padre.

María Cristina se deshizo en sollozos ante el cadáver de su amado esposo; sólo una noticia que ella misma reveló al agónico rey, quien a su vez se la transmitió a Cánovas del Castillo, mantuvo viva su esperanza: estaba embarazada. Cánovas decidió no precipitarse, aunque era consciente de que, con arreglo a la Constitución, en el mismo momento de fallecer el rey su sucesora natural era la princesa de Asturias, doña Mercedes, que debiera haber sido proclamada reina de España. Pero como sabía que María Cristina esperaba un hijo, creyó prudente aguardar al alumbramiento por si nacía un varón, a quien la ley respaldaba como legítimo heredero frente a la mujer. «No quise crear una reina para destituirla y destronarla al poco tiempo», explicó el propio Cánovas. Así fue como María Cristina inició su regencia, en espera de la llegada de un ansiado varón que consolidase la dinastía.

Para combatir la maldición de los hijos muertos, la reina viuda comenzó un peregrinaje por las principales iglesias de la Corte, implorando de la Divina Providencia un feliz alumbramiento. El 3 de mayo de 1886 visitó a la Virgen de la Paloma, y rezó también a la Virgen de la Almudena, patrona de Madrid. Dos días después fue a ver a la Virgen del Milagro en las Descalzas Reales, y se postró también ante Nuestra Señora del Buen Suceso, en su iglesia. Luego rezó ante las Vírgenes de Atocha y de Loreto, visitó a la del Buen Parto y la Buena Leche, en la iglesia de San Luis, y por último a la Virgen del Carmen.

El día 12, hacia las seis y media de la tarde, negros nubarrones que cubrían el cielo de Madrid desencadenaron una tormenta cuyos relámpagos y truenos atemorizaron a los madrileños. Al tremendo aguacero, entremezclado con granizo, se sumó un ciclón de inusitada violencia que devastó la zona sudeste de la Corte, de los Carabancheles al Retiro. El huracán duró cinco minutos, pero sus consecuencias fueron catastróficas: hubo veinticuatro muertos y cuatrocientos heridos, y los daños materiales fueron cuantiosos.

Entretanto, todo estaba preparado en palacio para el feliz alumbramiento. A la cámara regia se había llevado la reliquia de la santa Cinta, de la catedral de Tortosa; el sagrado báculo de santo Domingo de Silos; el bastón de santa Isabel de Hungría, de la iglesia colegial de San Ildefonso, y otros santos vestigios que siempre consolaron a las reinas de España en el trance de su maternidad.

Tan sólo cinco días después del desastre natural acaecido en la capital, vino al mundo el ansiado varón. El parte oficial del nacimiento, publicado en la *Gaceta*, decía así:

> S.M. la Reina Regente (q.D.g.) experimentó en las primeras horas de la mañana de hoy las molestias precursoras del alumbramiento. Por este motivo se constituyó la Real Facultad al lado de S.M., y pudo convencerse de que, en efecto, se trataba del principio del parto, que sin incidente alguno y con toda felicidad ha terminado a las doce y media de este día, dando S.M. a luz un robusto rey.
>
> Tanto S.M. el Rey como S.M. la Reina se hallan en estado completamente satisfactorio.
>
> Lo que tenemos el honor de poner en conocimiento de V.E., en cumplimiento de su deber y para los efectos oportunos.
>
> Palacio, 17 de mayo de 1886. Doctor Esteban Sánchez Ocaña, decano. Doctor Pascual Candela. Doctor Manuel Ledesma.

La reina, como vimos ya en el primer capítulo, desoyó la última voluntad de su regio marido y llamó Alfonso a su hijo póstumo. Sin embargo, María Cristina respetó al principio la superstición de su esposo, que había elegido el nombre de Fernando para su hipotético varón, de lo cual daba fe la propia infanta Eulalia, hermana de Alfonso XII, a su hermana Paz: «Subí a anunciar a las niñas —recordaba Eulalia de Borbón— que tenían un hermanito. Fuimos juntas a mirarlo. María Teresa, especialmente, le encontró muy raro. Las niñas le llaman Fernando, porque su madre había dicho que así se llamaría».

Aquel mismo día, antes de que el recién nacido fuera inscrito en el Registro Civil, el 20 de mayo, la reina escribió a lápiz, en un volante de Mayordomía de Palacio, de su puño y letra: «Fernando, Alfonso, María, Póstumo [éste tachado con una raya], José, León, Isidro, Pascual, Santiago». Pero poco después, influida por el deseo de todos de que el nuevo rey continuase la numeración de los Alfonsos, pese al número XIII que le correspondía, anotó debajo, sin tachar lo anterior: «Alfonso, León, Fernando, María, Santiago, Isidro, José, Pascual», nombres que no fueron todavía los definitivos. No obstante, el de Alfonso era ya incuestionable, como aseguraba el cronista José Fernández Bremón en *La Ilustración Española y Americana*, el 22 de mayo:

> ¿Qué otro nombre se hubiera podido escoger para continuar la historia de España? —según la frase del señor Cánovas del Castillo—. El nombre de Fernando no dejó buenos recuerdos a los partidos liberales; el de Carlos tenía complicaciones numéricas desagradables; el de Luis sólo tenía un precedente y desgraciado; los Felipes habían dejado huellas aristocráticas, no conformes con el espíritu dominante; en los Enriques sobresalía un fratricida; había, pues, que resucitar nombres muy lejanos, adoptar uno nuevo o elegir el que, con verdadero acierto, se ha impuesto al niño rey, es decir, el del glorioso nieto de doña María de Molina.

El futuro Alfonso XIII fue bautizado por el que más tarde sería Pío X, siendo su padrino el papa León XIII; otra vez el número de la mala suerte. Los nombres elegidos para la criatura fueron: Alfonso, León, Fernando, María, Santiago, Isidro, Pascual, Antón.

Cuando don Alfonso contaba apenas tres años de edad, otro desastre natural, esta vez en forma de virus mortal, hizo su aparición en España a partir de 1889. La gripe o *influenza* de aquel año tuvo su origen en China, y se transmitió lentamente por las rutas del Turquestán y Siberia hasta llegar a Rusia, desde donde se extendió por Europa. A últimos de noviembre empezaron a manifestarse en Madrid numerosos casos de gripe:

Segismundo Moret, el duque de Ahumada y el subsecretario de Ultramar fueron de los primeros en caer. El 19 de diciembre había en Madrid más de veinte mil afectados. La enfermedad infecciosa no respetaba a nadie, y el propio Cánovas, el general Cassola y muchos otros políticos y militares fueron también sus víctimas. Las esquelas de defunción ocupaban páginas enteras en los diarios. El 2 de enero del año siguiente, el célebre tenor Julián Gayarre fallecía a consecuencia de la pandemia, que postró también en cama a los ministros de Hacienda, Marina, Estado y Ultramar, y a la madre de Canalejas. Cuando el pueblo madrileño estaba aterrorizado por toda esta sucesión de infortunios, la *Gaceta* y los demás periódicos publicaron una terrible noticia: el rey estaba gravemente enfermo.

Los temores supersticiosos de Alfonso XII, mientras agonizaba en el lecho de muerte parecieron confirmarse apenas cinco años después, cuando el doctor Esteban Sánchez Ocaña, decano de los médicos de cámara, firmó el siguiente parte:

> S.M. el Rey, que no ofrecía ayer novedad alguna en su salud, sufre desde la madrugada última una indigestión, acompañada de algunos reflejos cerebrales. Combatidos estos trastornos desde los primeros momentos, con los medios adecuados, se ha logrado que entrasen en vía de remisión, en la que continúan a las nueve de la noche, que cerramos este parte. 4 de enero de 1890.

Muchos años después, el doctor Izquierdo diagnosticaba la auténtica enfermedad que a punto estuvo de acabar con el pequeño rey: se trataba de una neumonía gripal, de esas que pasan inadvertidas en los niños y que sólo se descubren tras un examen clínico minucioso, por un recuento de leucocitos o una radiografía al tercer día. El niño experimentó fiebre brusca y elevada, vómitos, trastornos digestivos, sintomatología de meningismo... La noche del 9 al 10 de enero, la situación era gravísima, y a todos embargaba el terror de una meningitis. Los médicos administraron al rey un purgante de aceite de ricino, jarabe de tolú y tónicos cardíacos. La reina madre no pudo dominar sus fuertes emociones y sufrió un desvanecimiento. Los médicos le ofrecieron una taza de tila con unas gotas de éter, y la rogaron que descansase. Pero su hijo la reclamaba: «Estate conmigo; no me dejes solito, mamá». Y allí, al pie de su cunita, permaneció María Cristina horas interminables.

Mientras, en la llamada «pieza amarilla» se celebró una misa, a la que acudieron la reina Isabel, la familia y los palatinos para pedir por la curación del rey. María Cristina, arrodillada ante la cuna de su hijo, miró suplicante al mismo Cristo que consoló a María Estuardo.

Cuando ya casi todos, incluidos los políticos, daban por muerto al rey, se produjo su milagrosa curación. La enfermedad cedió al final: el pequeño dejó de tener fiebre y vómitos, y empezó a tolerar alimento. La reina madre, que, con gran intuición, desde el nacimiento de su hijo le había tenido muchas horas en el campo para contrarrestar así la desgraciada herencia de su padre, siguió esas mismas indicaciones de los médicos. El pequeño Alfonso XIII se acostumbró así a pasar casi todo el día en la Casa de Campo o en El Pardo, durante meses y años, motivando que muchos madrileños llegaran a preguntarse si al regio chaval se le criaba para ser rey o ¡conejo!

Como su padre, el pequeño Alfonso XIII era de constitución débil y enfermiza. Más Austria que Borbón en sus facciones, se parecía a Felipe IV o a Carlos II, el Hechizado. En octubre de 1892, con seis años de edad, tuvieron que interrumpirse los festejos programados en Sevilla a raíz del parte oficial del doctor Candela: «S.M. el Rey, por efecto sin duda del cambio de vida de estos días, se resiente de cansancio y empacho gástrico; por ello conviene proporcionarle un periodo prudencial de reposo, para su mejor y más pronto restablecimiento».

En enero del año siguiente, Alfonso XIII volvió a tener fiebre, anginas y una erupción que fue diagnosticada de escarlatina; en febrero de 1895 pasó el sarampión. La reina madre, tratando de preservar la delicada salud de su hijo, relevó del servicio palatino a todos los empleados que tuviesen niños, para evitar su contagio. Esta norma protocolaria se mantuvo siempre en palacio, incluso para los médicos de cámara, que no asistían a nadie de su clientela privada con enfermedades contagiosas.

Desde niño, Alfonso XIII arrastró una rinitis tuberculosa que hizo su aliento desagradable a los que se le aproximaban; sus numerosas amantes podían dar fe de su mortificante halitosis.

Tampoco este monarca, como digno Borbón, tuvo mesura con las mujeres. Pródigo en amoríos, llegó incluso a recibir un sonoro bofetón de una dama al tratar de cortejarla. Así relata Gonzalo de Repáraz la anécdota, que él mismo pudo contrastar:

> Poco después de acabada la guerra [la de Marruecos], llegó a Friburgo, en Suiza, el príncipe de Asturias para consultar al célebre médico doctor Clément, hospedándose en el hotel de Roma. Parecióle simpática al muchacho una empleada de

> dicho hotel. Propusiéronle que entrase al servicio del príncipe los cortesanos que con él viajaban. Ella aceptó semejante proposición, y se vino con él.
>
> Cierto día cruzóse con Alfonso XIII en un solitario pasillo del Palacio Real. Quiso aprovechar el monarca aquella ocasión única y, precipitándose sobre la muchacha, la besó. Entonces recibió Alfonso XIII la más estentórea bofetada de que hablan —o mejor dicho no hablan— los anales palatinos...
>
> Al año siguiente, residíamos mis padres y yo en Friburgo y conocimos el hecho por dos conductos perfectamente fidedignos: una parienta próxima de la señorita en cuestión, y un catedrático friburgués, amigo y antiguo compañero suyo de estudios.

¿Y qué decir de su formación? Fue también decepcionante, como señala el monárquico Alfredo Kindelán: «En su educación se cometió el doble desacierto de hacerle vivir entre ayudantes y de privarle de la sociedad de sus coetáneos». Incluso Winston Churchill despreciaba a los maestros de Alfonso XIII: «Preceptores, obispos y generales se presentan a cada hora y se apostan en cada sendero de su vida juvenil». Tampoco Ortega y Gasset escatimó críticas, en el diario *El Sol*, al talante excesivamente conservador de quienes estaban más cerca del rey: «¡Cuántas ventajas se derivarían si en vez de rodear al rey los palatinos, le aconsejasen que de vez en cuando escuchara a los intelectuales, a los periodistas y a cuantos, noblemente, le llevaran el eco sincero de la opinión pública!».

Educado entre «obispos», como decía Churchill, y con el vivo ejemplo de la religiosidad en su propia madre, Alfonso XIII faltaría sin embargo a su solemne juramento a la Constitución prestado ante los Santos Evangelios, para dar paso a la dictadura militar del general Primo de Rivera en 1923, dos años después del desastre de Annual. No obstante, su hijo don Juan de Borbón trataría luego de disculparle así: «Mi padre aceptó la dictadura creyendo que habría de durar sólo lo bastante para la preparación del retorno a la normalidad política sobre nuevas estructuras». Meras excusas que se convirtieron en una especie de tradición exculpatoria en la Familia Real. Alfonso XIII sabía muy bien que estaba cometiendo perjurio. Uno de sus biógrafos, Julián Cortés Cavanillas, que le entrevistó personalmente, dejó escrita la prueba fehaciente de que el monarca fue consciente en todo momento del gravísimo acto que realizaba:

> Opté por Primo de Rivera —confesaba el propio Alfonso XIII a su biógrafo—, al que telegrafié ordenándole que se trasladara a Madrid. Los ministros me dijeron, solemnemente, que yo violaba mi juramento a la Constitución. Me había decidido en un momento tan crítico a servir a mi patria, prescindiendo de las trabas que me imponía la Ley Orgánica del Estado [...] Acaso de lo único que tengo que arrepentirme es de haber observado [hasta entonces] los artículos de la Constitución.

¿Había algún reconocimiento más explícito de su perjurio?

La maldición de sus antecesores pesó también como una losa sobre Alfonso XIII, que a punto estuvo de morir varias veces en un atentado; por lo menos en seis ocasiones. La más sonada fue la que protagonizó el anarquista Mateo Morral. Pero el primero de todos los regicidios frustrados sucedió en París, cuando sólo había transcurrido media hora del día 1 de junio de 1905. El joven Alfonso XIII, de diecinueve años, regresaba en un carruaje después de asistir a la representación de *Sansón y Dalila* en el teatro de la Ópera. A su llegada a la capital francesa, el 30 de mayo, el rey español había sido recibido con todos los honores por el presidente de la República, Émile Loubet. Su presencia en París, como el resto de sus viajes, obedecía al interés del monarca por encontrar una mujer de estirpe regia con la que contraer matrimonio. Concluida la ópera, don Alfonso XIII y el presidente francés subieron al carruaje que los conduciría hasta el Quai D'Orsay, el palacio del Ministerio de Asuntos Exteriores, donde se alojaba el monarca español. En otro carruaje, detrás, viajaban el general Dupont, el duque de Sotomayor, otro funcionario del Ministerio francés de Exteriores y el marqués de Villa Urrutia. Este último, miembro del séquito de Su Majestad, contaría más tarde que les llamó la atención un fuerte silbido que se oía cada vez que los carruajes pasaban por una bocacalle. Sobre las doce y media de la noche, cuando el coche de Alfonso XIII llegó a la altura de las calles de Rohan y Rivoli, estalló una bomba. Varios coraceros de la escolta se precipitaron al suelo desde sus caballos. El monarca se puso enérgicamente en pie y gritó a Villa Urrutia que no había pasado nada, que estaba bien.

Un testigo privilegiado del suceso, el insigne periodista y escritor Azorín, envió la primera crónica telefónica del periodismo español a su diario, el *ABC*. Contaba Azorín cómo don Alfonso XIII abrazó al anciano presidente francés, que permaneció inmóvil y atemorizado a su lado. Para tranquilizarlo, le dijo que sólo había sido un petardo. Alfonso XIII pronunció entonces una frase que se haría célebre: «Son gajes del oficio». Esas mismas palabras las repetiría, años después, su nieto Juan Carlos I tras el atentado fallido contra su persona en Palma de Mallorca, en agosto de 1995, al cual nos referiremos más adelante.

Justo un año después del regicidio de París, el día de su boda con Victoria Eugenia de Battenberg, don Alfonso XIII volvió a ser víctima de otro intento de acabar con su vida. «Sí, lo recuerdo perfectamente», diría años después la propia reina a uno de sus biógrafos, Marino Gómez-Santos. Y añadió: «El rey no me dijo ni una sola palabra del anónimo que había recibido aquella mañana, antes de salir de palacio para la iglesia; pero cuando empezaron a tirar flores en la calle Mayor —él me hablaba en francés, porque yo no hablaba español, y él no hablaba inglés; así es que el francés era nuestra lengua— me dijo: "*J'ai défendu de jeter des fleurs. Maintenant il n'y a plus danger*". ("He prohibido arrojar flores. Ahora no hay peligro.") Pero antes de que yo pudiera decir: "*Quel danger?...*" es cuando vino la explosión».

El cortejo nupcial regresaba en ese momento a palacio por el itinerario previsto. Eran alrededor de las dos de la tarde del 31 de mayo de 1906. Las calles y los balcones de Madrid estaban repletos de un gentío que aclamaba a su paso a los reyes, que acababan de casarse en el templo de San Jerónimo el Real. El pueblo había madrugado mucho para ocupar las mejores posiciones a lo largo de todo el trayecto de la regia comitiva: la Puerta del Sol, la Carrera de San Jerónimo, Alcalá, Mayor, Carretas, Montera, Arenal, Preciados... Todas las calles del noble Madrid habían sido invadidas por gente llegada de distintos puntos de España en trenes, diligencias y coches de caballos. Las avenidas estaban engalanadas con banderas, guirnaldas y arcos de triunfo, y los balcones, decorados con ramos de flores. Al llegar a la altura del número 88 de la calle Mayor, frente a la de San Nicolás, la carroza de los reyes hizo un alto. A don Alfonso le extrañó: «No me explico. Seguramente esta parada es causada por los que se apean en palacio. Dentro de unos momentos estaremos en casa», le dijo a su esposa.

«¡Horrible!... ¡Fue horrible!...», recordaba, años después, la reina Victoria Eugenia a Gómez-Santos. «El pobre lacayo —añadió la reina— que marchaba al lado fue muerto en la explosión y la sangre de su cabeza cayó sobre mi manto. El Rey creyó en el primer momento que yo estaba herida...» Don Alfonso se abrazó a su mujer, como para protegerla; estaba pálida y temblaba, atribulada.

Instantes antes se había visto caer un ramo de flores, arrojado por un individuo desde un balcón de la fachada del número 88 de la calle Mayor. Cuando el ramo tocó el pavimento, se escuchó la tremenda detonación. Un inmenso alarido hizo vibrar el aire. Se rompieron las filas de soldados y una masa de gente se precipitó por las bocacalles, avanzó, retrocedió, en busca de refugio.

En el suelo había tres cadáveres: el de un soldado, sin pies, con las piernas maceradas; el de un palafrenero, convertido en un amasijo de carne sangrienta, y el de un guardia, con la cabeza deshecha.

Los ocho caballos tordos que tiraban del carruaje donde iban los reyes se espantaron, emprendieron la carrera y al final se detuvieron. Uno de ellos se desplomó en el suelo, muerto; tenía una herida de la que manaba abundante sangre. La Guardia Civil se acercó al galope hacia la carroza, a cuyo pie se encontraba el presidente del Consejo de Ministros, Segismundo Moret, con el general Aznar y el duque de Almodóvar. El rey estaba tranquilo. Controlaba la situación: «¡Calma, general, calma: que la confusión puede producir más víctimas!», le gritó desde la ventanilla del coche. «Hoy hace un año que fue en París mi bautizo de sangre; hoy lo ha sido el de la reina», añadió don Alfonso.

En el momento de producirse la explosión se encontraban asomados al balcón de la calle Mayor el abogado Nemesio Valdés y varios huéspedes de su casa, entre ellos un estudiante de Derecho de veintisiete años, natural de Sahagún, en la provincia de León. El joven se convirtió en la primera víctima del atentado. Por los orificios nasales de Eusebio Flórez penetró un trozo de metralla que le causó la muerte instantánea.

Al día siguiente, el periódico *El Liberal* informaba así del atentado: «La bomba, que debió hacer explosión en el aire, a juzgar por sus rápidos y terribles efectos, fue sembrando la muerte, a medida que descendía por el espacio, entre las personas asomadas a los balcones del castigado inmueble. Salvo en los pisos entresuelo y tercero, donde no hizo daño ninguno afortunadamente, los demás se trocaron —a los pocos minutos de sentirse la estruendosa detonación— en lugares de tristeza y ruina».

En el piso principal del inmueble, donde vivía el duque de Ahumada, falleció la marquesa de Tolosa, hija política de la marquesa de Perales. Resultaron muertos también, como informaba *El Liberal*, Teresa Ulloa, de catorce años, hija de la condesa de Adanero; el secretario particular de Moret, Antonio Calvo, y Carmen Prieto, de sólo ocho años, sobrina del anterior.

Los cronistas de la época hablaban en total de veintitrés muertos y de veinte personas ciegas como consecuencia de la explosión. Sólo en la Casa de Socorro del distrito del Centro recibieron asistencia treinta y tres heridos y casi otros tantos en los de palacio y La Latina. La clínica del Buen Suceso y el hospital militar de Carabanchel acogieron también a otras víctimas. Los heridos de mayor o menor gravedad fueron en total ciento ocho.

El testimonio del conde de Romanones, ministro de la Gobernación, era desolador: «De todas partes salían ayes de dolor y de angustia. Llegué a la habitación ocupada por Morral hasta momentos antes. El olor acre de los ingredientes utilizados para el explosivo se agarraba a la garganta, mezclándose con el peculiar de medicinas empleadas para la curación de la específica enfermedad que, según después se supo, padecía el asesino».

Pero ¿quién era el autor de semejante matanza? Romanones ya había hecho referencia a él. Se llamaba Mateo Morral. Arribó el 21 de mayo a la estación del Mediodía, procedente de Barcelona. El tren expreso en el que viajaba llegó a las once y media de la mañana. Morral se alojó en el hotel Iberia, situado en el número 2 de la calle del Arenal. Alquiló una habitación interior, la número 27, por veinte pesetas diarias, y pagó por anticipado la cuota de tres días, entregando a la dueña del hotel un billete de quinientas pesetas. La propietaria le pidió la documentación para registrar sus datos en el libro de hospedería del centro, pero el cliente explicó que sólo tenía una tarjeta de identidad. A cambio le entregó un pedacito de papel en el que previamente había anotado: «Mateo Morral, de 26 años, soltero, natural de Barcelona y fabricante de profesión».

Se trataba de un hombre de estatura mediana, enjuto de carnes, con el rostro casi demacrado y moreno, ojos oscuros con pronunciadas ojeras violáceas, y bigote negro, poco poblado en el centro. Vestía con cierta elegancia y se expresaba con facilidad. Algunos días se le vio con un terno de paño en tono café y tocado con un sombrero hongo marrón, que a veces cambiaba por otro de paja fina, de los llamados «panamás».

Mateo Morral localizó en *El Imparcial* el anuncio de una casa de huéspedes situada en el número 88 de la calle Mayor, en el cuarto piso a la derecha. El día 22, por la tarde, se presentó allí y contrató por veinticinco pesetas diarias la mejor habitación de la casa, con balcón sobre la citada calle. Pagó catorce días por anticipado con otro billete de quinientas pesetas. Dos días después, por la tarde, se despidió del hotel Iberia y envió allí a un amigo suyo para recoger su bolsa de viaje, de confección inglesa, y un paraguas.

Morral parecía un hombre de costumbres pacíficas. Acostumbraba retirarse, como muy tarde, a las doce de la noche, y se levantaba entre las diez y las once. Salía luego a la calle y no regresaba a casa hasta la noche. Rara vez leía el periódico, ni poseía más libros que la *Guía Baedeker* y otra de los ferrocarriles españoles. Tampoco recibía visitas, ni cartas, ni nunca nadie lo vio escribir. Ni bebía, ni fumaba. Parecía una persona sana, sin ningún vicio a simple vista.

Al día siguiente de establecerse en la casa de huéspedes, confesó a la dueña, Ana Álvarez Brabander, su admiración por las flores y le encargó que comprase algunos ramos y los colocase en un jarrón. Uno de los ramos se marchitó con los días, y la propietaria adquirió otro y lo introdujo en un puchero.

La víspera de la boda real, Morral preguntó en el hospedaje si pensaban adornar los balcones. Le dijeron que pondrían las colgaduras. Pero él señaló: «Pongan, además, unas guirnaldas de flores y unas banderas españolas e inglesas, y de mi cuenta corren los gastos. Pero adornen los dos balcones, no sólo el mío, porque si no resultará muy mal el conjunto». Y así se hizo. Dentro del ramo estaba la bomba.

El 2 de junio, cuarenta y ocho horas después del atentado frustrado, Mateo Morral habló con el jefe de la estación de Torrejón. Éste le dijo que para Barcelona le convenía tomar el correo que pasaba por allí unas horas más tarde. El anarquista abandonó la sala de espera y comenzó a caminar por la vía férrea hasta llegar al kilómetro 25, donde un guarda le indicó que estaba prohibido pasar por allí. Morral se dirigió entonces al Ventorro de los Jaraíces, a dos kilómetros de Torrejón. Hacía mucho calor, pero al fin llegó a la venta, donde lo recibió Fermina Treissaz, una robusta y simpática mujer. La ventera estaba sola, pero enseguida apareció su marido, Jenaro Chamarro Méndez, que empezó a hablar del atentado con el propio Morral ante la lógica turbación de éste. Al cabo de unos minutos se dejó ver por la venta el guarda jurado del soto de Aldovea, Fructuoso Vega, hombre conocido en esos contornos por su valor personal.

Morral se pagó una jarra de vino y llegó a servirle tres copas al guarda jurado, que empezó a leer en voz alta las noticias de los periódicos de Madrid sobre el atentado de la calle Mayor.

—Es inútil que disimule, pues yo estoy seguro de que usted es el autor del atentado —declaró abiertamente Fructuoso Vega, convencido de su presentimiento tras observar las reacciones del sospechoso.

El guarda jurado indicó a Morral que estaba detenido. Y éste le acompañó fuera de la venta. Caminaron juntos unos cien pasos. Sin que Fructuoso pudiera advertirlo, Morral sacó una pistola Browning y le disparó en la cara, a bocajarro. El guarda cayó al suelo, desplomado, y murió en el acto, dejando cinco hijos y a su mujer embarazada. El asesino intentó huir. Corrió hacia el río. Se le vio indeciso unos instantes en la orilla, y de repente se disparó un tiro en el pecho. Retrocedió unos pasos y cayó sobre el césped.

Meses después, el fiscal del caso, Becerro del Toro, logró recomponer las piezas del atentado de Morral. Detallaba las penas que correspondían al procesado Francisco Ferrer y Guardia, en calidad de cómplice: dieciséis años de prisión, y cinco meses y diez días de reclusión temporal. Para cada uno de los otros seis procesados, el fiscal pedía nueve años de cárcel.

Alfonso XIII resultó ileso en el atentado de Mateo Morral, pero aún sufriría cuatro más. Escasa atención merece el tercero que, a juicio de quienes se han ocupado de él, fue anulado por la presencia fortuita de Canalejas en la Puerta del Sol. No deja de ser una mera hipótesis que el anarquista Manuel Pardiñas estuviera allí esperando al rey. Sea como fuere, la vida de Alfonso XIII no corrió peligro en aquella ocasión.

Mucho más interesante, sin duda, fue el cuarto atentado, perpetrado en 1913 por Rafael Sancho Alegre, también anarquista. Dejemos que lo cuente el propio Alfonso XIII:

> Vi a un hombre que venía hacia mí armado con un revólver. Disparó y dirigí mi caballo sobre él. Cuando estaba muy cerca trató de asirme la brida y disparó por segunda vez. La llamarada me chamuscó el guante y la bala rozó mi caballo. Hice girar a Atalum, que derribó al hombre con el pecho. En aquel momento un guardia se arrojó sobre él. El tercer disparo lo hizo desde el suelo y la bala silbó por encima de nuestras cabezas.

Poco antes de que Sancho Alegre intentase acabar con la vida del monarca al paso de la comitiva real por la ciudad, un grupo de ciudadanos había entregado a la policía varios panfletos recogidos en las calles de Madrid, en los que podía leerse: «El próximo 13 de este año 13 morirá el Rey 13».

Pero por fortuna, gracias a los reflejos y a la valentía de Alfonso XIII, no sucedió así.

El quinto regicidio frustrado contra el monarca se produjo en mayo de 1925. Esta vez, la eficaz intervención de la policía de Primo de Rivera deshizo el peligro de atentado con bomba contra el tren en que viajaban los reyes. Al cabo de unas semanas, fueron detenidos los extremistas catalanes que pretendían acabar con la vida de Alfonso XIII.

El rey sufriría aún una sexta tentativa, abortada por la policía francesa tras detener a los tres anarquistas que iban a llevarla a cabo antes de que el monarca, que se hallaba en Londres, llegase a Francia. Las detenciones se produjeron el 18 de julio de 1926. Los terroristas pretendían asesinar al rey mientras se dirigía en tren a París.

Alfonso XIII no fallecería en atentado. Lo haría dieciséis años después, en el exilio en Roma. Pero la maldición que arruinó su vida se debió al terrible veneno que circulaba por la sangre de sus hijos Alfonso (otro Alfonso) y Gonzalo. Posteriormente, un nieto suyo, otro Alfonso maldito, hermano menor de Juan Carlos I, murió en un lamentable accidente, que abordaremos en un capítulo posterior, cuando estaba a punto de cumplir quince años.

9

VENENO EN LA SANGRE

Alfonso XIII encarnó, quizá mejor que ningún otro rey, el fatalismo casi connatural a los Borbones. Su primogénito Alfonso de Borbón y Battenberg, príncipe de Asturias, era hemofílico. El llamado «mal de Hesse», por su presunta procedencia de la casa real de Hesse (aunque, en realidad, fue la reina Victoria de Inglaterra quien introdujo esta tara orgánica, a través de sus descendientes, en las casas de Hesse, Rusia y España), hizo acto de presencia en el primogénito a los pocos días de nacer éste, en mayo de 1907, al ser operado de fimosis. Los médicos comprobaron entonces que la hemorragia surgida tras la incisión no cesaba y dictaminaron que el príncipe, al igual que su primo, el hijo del zar de Rusia, era hemofílico.

La hemofilia, heredada de su madre la reina Victoria Eugenia, incapacitaba al príncipe de Asturias para asistir a cualquier acto público, impidiéndole incluso incorporarse de una silla. En una ocasión le visitó en palacio el general Emilio Mola, que dejó escrita esta patética impresión en sus memorias: «Me recibió de pie —recordaba el futuro cerebro de la sublevación militar del 18 de julio de 1936—, y quiso tener la deferencia de hacerme sentar. Luego intentó levantarse para despedirme y no le fue posible. Una ráfaga mezclada de angustia y resignación pasó entonces por su semblante».

La hemofilia, gravísima entonces, se caracterizaba por la propensión a fuertes hemorragias, producidas a veces de forma espontánea, las cuales eran muy difíciles de controlar debido a una tara en la coagulación de la sangre. Las mujeres portaban el mal y lo transmitían a los varones. El propio enfermo explicó en una ocasión al célebre periodista José María Carretero, que solía firmar sus entrevistas con el seudónimo «El caballero audaz», el mal que padecía:

> En general, se manifiesta por hemorragias internas, que pueden producirse por cualquier accidente. Una contusión, un golpe fuerte, una distensión muscular, una torcedura... provocan la extravasación interior... En la parte lesionada se inicia una especie de flemón dolorosísimo y, a veces, inacabable, que tiene un período largo de disolución. Al derrame interno sigue la inflamación con sus tormentos feroces.

La hemofilia que padecía su primogénito afectó tanto a Alfonso XIII, que decidió ocultarla a la opinión pública todo el tiempo que pudo. Quiso evitar que el pueblo sintiese animadversión hacia su familia por el hecho de ser transmisora de graves taras, sobre todo si trascendía también que su segundo hijo, el infante don Jaime, era sordomudo de nacimiento, en lugar de, como se dijo oficialmente, haber perdido la audición a resultas de una operación de la mastoides (hueso situado detrás del oído) cuando contaba sólo cuatro años.

Pero la pretensión de Alfonso XIII de encubrir los males que afectaban a sus hijos propició la propagación de rumores, en especial sobre su primogénito, a quien sus detractores llamaban despectivamente «el porquerizo de la Corte». En cierto modo no les faltaba razón, dado que el joven príncipe vivía recluido en el palacete de La Quinta, cerca de El Pardo, al cuidado de animales mientras confeccionaba planos de pabellones y gallineros y analizaba la cría industrial de puercos. Hubo incluso quienes difundieron el bulo interesado de que todos los días se sacrificaba a un ternero, e incluso a un niño, para alimentar con su sangre al príncipe de Asturias, como si fuera un vampiro.

Así estaban las cosas cuando el diario *American Examiner* publicó, otro 17 de mayo de 1910 y sólo cuatro días antes de que la reina Victoria Eugenia alumbrase a su hijo muerto, uno de los reportajes más sensacionalistas de la prensa extranjera de entonces. El diario, ante el más inaudito mutismo de la Casa Real española, vertía todo tipo de elucubraciones e infamias sobre la enfermedad del príncipe de Asturias, llegando a afirmar que obedecía a «siglos de locura» en los Borbones de España, de la que hacía responsable a Alfonso XIII por los que denominaba «pecados del padre». En el artículo se atacaba sin compasión alguna a don Alfonso XIII, describiéndole casi como a un monstruo: «Su cabeza es asimétrica, la mandíbula superior demasiado pequeña, la mandíbula inferior desplazada, su paladar es muy estrecho y tiene obstrucciones en varios puntos de la garganta». Pero no acababan ahí las ofensas. El periodista hundía el dedo en la llaga más dolorosa del soberano en aquel momento: la enfermedad que incapacitaba a su primogénito para ser rey y que había sido transmitida por su madre, la reina Victoria Eugenia: «Conociendo el fardo de los pecados ancestrales bajo los que había nacido, Alfonso y sus consejeros eligieron una esposa de desusada buena salud y vigor, en la esperanza de que fortaleciera a la Familia Real española». Pero el experimento, y en ello el diario tenía toda la razón, había sido un rotundo fracaso.

En julio de 2006, días antes de viajar a Miami, estuve investigando en el Archivo y en la Biblioteca de palacio la azarosa vida del príncipe de Asturias, presidida desde su nacimiento, el 10 de mayo de 1907, por otra horrible maldición: la de la hemofilia. Enseguida me asaltó una duda. ¿Sabía Alfonso XIII que su futura esposa era portadora de este mal hereditario? A juzgar por la actitud despreciativa con que siempre trató a Victoria Eugenia, culpándola de la enfermedad de sus hijos Alfonso y Gonzalo, y recurriendo al mismo tiempo a ella como su único paño de lágrimas, no podía pensarse que el rey fuera plenamente consciente del peligro que su boda suponía para la Familia Real española. Además, la inmensa mayoría de los historiadores, e incluso el hijo natural de Alfonso XIII, don Leandro de Borbón Ruiz Moragas, con quien tuve oportunidad de entrevistarme en varias ocasiones, sostenían que el rey fue poco más o menos engañado.

Pero la verdad es que no lo fue. La primera prueba de la irresponsabilidad del monarca la hallé en un libro firmado por el escritor británico David Duff: una biografía autorizada de la princesa Beatriz de Inglaterra, madre de Victoria Eugenia, titulada en inglés *The Shy Princess* y publicada en 1958, cuando la mujer de Alfonso XIII aún vivía. Al principio del libro me topé con un dato esencial: su autor agradecía a la reina Victoria Eugenia que le hubiese proporcionado información y que hubiese leído el manuscrito. ¿Qué decía David Duff en su libro? Ni más ni menos que esto: «Pronto se supo que Alfonsito sufría de hemofilia. En esto reside la verdadera tragedia de la princesa Beatriz. Tanto ella como los consejeros del monarca español conocían, en el momento del compromiso matrimonial de la pareja, el riesgo que ambos corrían. Pero estaban muy enamorados. El rey Alfonso nunca temió arriesgarse».

Aun así, haciendo un poco de abogado del diablo, pensé que tal vez la versión recogida por David Duff podía ser el relato interesado de la reina Victoria Eugenia; un modo de ajustar cuentas con su marido, ya fallecido, después de tantos sinsabores que le hizo pasar en vida. Pero de nuevo encontré otro testimonio que ratificaba que Alfonso XIII sabía muy bien que jugaba con fuego. Provenía del abogado y parlamentario suizo Henri Vallotton, de quien el propio conde de Romanones escribió en cierta ocasión que leer a este autor era como «oír al mismo rey». «Pues leamos ahora al biógrafo del rey», dije para mis adentros:

> Algunos adversarios de la reina comentaban, por lo bajo, que al rey no se le había dado a conocer este peligro hereditario [la hemofilia que padecía su hijo Alfonso]. ¡Era falso! Alfonso XIII sabía, incluso antes de su noviazgo, que habían existido casos de hemofilia en la familia de la princesa del lado materno... Alfonso XIII conocía, pues, los riesgos de su matrimonio; pero su amor por la princesa Ena le había hecho olvidarlos. Además, como siempre, tenía confianza en su buena estrella. Hecho singular, pero no inexplicable. Alfonso XIII echaba, en cierto modo, la culpa a su esposa de esta enfermedad, cuya gravedad no le había sido, como decimos, desconocida.

Y en otro momento, Vallotton insistía:

> Ciertamente la reina no tenía responsabilidad alguna en ello, y Alfonso lo sabía muy bien; pero no podía resignarse a que su heredero hubiese contraído una enfermedad que la familia de ella tenía, y la suya no.

Al parecer no había duda sobre la negligencia de Alfonso XIII al contraer matrimonio con Victoria Eugenia, aunque el destino quiso que así fuera... Por si no bastase con los dos testimonios anteriores, hallé otro más, proveniente del célebre historiador Claudio Sánchez Albornoz, quien, en su *Anecdotario político*, relataba la visita que realizó con su mujer a la infanta Paz, tía de Alfonso XIII, en 1927. Mientras los tres paseaban por los hermosos jardines del palacio muniqués de Nimphenburg, la infanta, casada con Luis Fernando de Baviera, le preguntó a don Claudio, preocupada:

> —Le ruego que me diga sin rodeos lo que piensa sobre la dictadura de Primo de Rivera.
>
> —Al establecerla y disolver las Cortes —advirtió el historiador— el rey se ha jugado la Corona.
>
> —Eso le hemos dicho todos —añadió la infanta—, pero no nos hace nunca caso. Cuando se proyectó su boda con la reina, le previnimos de que las Battenberg transmitían la hemofilia. No nos escuchó.

Tampoco querría escuchar Alfonso XIII a su primogénito al final de su vida, cuando, postrado ya en el lecho de muerte, Alfonso de Borbón y Battenberg reclamó para sus adentros la presencia de su padre, tratando de hallar en él el consuelo del último adiós. Alejado de su familia y olvidado por todos los que él creía que le querían, el malogrado príncipe de Asturias estaba a punto de consumir la gran tragedia de su vida aquel amanecer del 8 de septiembre de 1938, en una desangelada habitación del hospital Gerland de Miami.

A su derecha, el cuarto donante de aquella agitada noche extendía el brazo para que, gota a gota, la sangre pasase a las azuladas venas del moribundo. De pronto, una enfermera irrumpió silenciosamente y se acercó al médico, situado al pie de la cama.

—Doctor —susurró—, un policía quiere hablar con usted. Ha venido también un tal señor Fleming; dice que es el secretario del príncipe.

El doctor Cooper sacudió la cabeza, en señal de agotamiento.

—Ahora mismo voy —respondió.

Al cabo de unos segundos, el médico confirmaba que el hombre que acompañaba al joven policía en el corredor era realmente Jack Fleming, secretario de Alfonso de Borbón.

—¿Podría usted avisar a sus padres y a sus hermanos? —indicó el facultativo.

—¿Tan grave es? —inquirió Fleming, alarmado.

—Desde luego... ¿sabe usted dónde está su madre?

—Su Majestad la Reina está en el castillo de Carisbrook, en la isla de Wight, visitando a su madre, la princesa Beatriz de Inglaterra.

—Pues telegrafíe...

—De acuerdo. ¿Y qué le digo?

—Que se ha hecho todo lo humanamente posible para mantener al príncipe con vida, pero que ya no hay esperanzas de salvarle. Si la reina quiere volver a ver a su hijo mayor... Por cierto, y el padre, ¿dónde está?

—Su Majestad el Rey vive en Roma.

—Sus relaciones con el príncipe no eran muy cordiales que digamos…

—Pero, dadas las circunstancias… telegrafiaré a Roma —resolvió Fleming, insistiendo en si quedaba alguna esperanza.

—¿Qué puedo decir yo, más allá de los límites de la ciencia? Si la reina toma un avión, tal vez pueda verlo con vida. No puedo prometer nada más.

El médico se volvió entonces hacia el policía, que, a juzgar por su aspecto aniñado, no tendría más de veinticinco años.

—Ya lo ha oído —le dijo.

—Perfectamente, y no es necesario interrogar al príncipe. La mujer nos lo ha contado todo. Aunque no sé cómo el príncipe fue a dar con ésa…

—También los príncipes son hombres —replicó el doctor Cooper—. Y no creo que nosotros debamos juzgar a una persona que toda su vida ha estado al borde de la muerte y que sólo pretendía disfrutar un poco de los escasos momentos de felicidad.

El policía pareció comprenderle.

—Sólo he querido decir que al principio creímos que habría que llevarla a un manicomio. Estaba frenética. Después se calmó un poco y empezó a contarnos lo sucedido. Ella no tuvo la culpa. Fue un camión que se desvió demasiado a la derecha, la chica trató de esquivarlo y le falló la dirección. Examinamos el coche y dijo la verdad. Es un coche muy antiguo; la verdad es que un príncipe debería usar uno mejor. Ella ya se fue a su casa. No quiere salir de allí. Parece que algo la ha trastornado, aunque no sé muy bien qué…

Cinco horas después Alfonso de Borbón y Battenberg decía adiós a este mundo, sin haber podido decírselo también a sus padres, como hubiese deseado. Victoria Eugenia no llegó a tiempo de verle con vida, pese a que lo intentó; al contrario que Alfonso XIII, quien, enfurecido con su primogénito porque a última hora había hecho valer sus derechos sucesorios, anulando públicamente su renuncia al trono efectuada en 1933, optó por permanecer en Roma.

Sesenta y ocho años después de aquella dramática escena, volaba yo a bordo de un avión de Iberia rumbo a Miami, donde me proponía indagar en las misteriosas circunstancias que rodearon la trágica muerte del conde de Covadonga. Para ello contaba con una preciosa fuente de información que había podido localizar, tras muchos esfuerzos, gracias a la inestimable ayuda de un buen amigo, Jacinto Fernández, compañero de estudios que actualmente reside en Miami. El hombre al que con tanto ahínco había buscado se llamaba Brandon Killmon y era un antiguo miembro del cuerpo de policía de Miami, con el cual había quedado en verme a mi llegada a la ciudad.

Para el largo vuelo llevaba conmigo la magnífica semblanza del príncipe de Asturias que compuso el escritor y amigo ya fallecido Juan Balansó, y la no menos reveladora biografía de Alfonso XIII publicada por su amigo íntimo, Ramón de Franch, en 1947, además de otra media docena de libros de obligada consulta.

La verdad es que no me extrañaba que Alfonso XIII hubiera sufrido episodios depresivos a lo largo de su vida, especialmente tras el nacimiento de su primogénito, que era hemofílico, al que siguió el de su segundo hijo, que era sordomudo, y más tarde el del benjamín de la familia, que nació con el mismo veneno en la sangre que el mayor.

Por si fuera poco, el monarca vivió con el temor de que sus dos hijas, Beatriz y María Cristina, «las infantas estigmatizadas», pudiesen transmitir a su descendencia el gen maldito de la hemofilia, dado que las mujeres lo propagaban y los hombres lo padecían. El monarca aguantó también en pie, aunque tambaleándose, el tremendo zarpazo que supuso el nacimiento de su hijo muerto y la demoledora carta de Elisabeth Newton, que arrojaba aún más leña al fuego. Todo aquello fue, sin duda, demasiado para su carácter frágil y su constitución quebradiza.

Y para colmo del destino, el 13 de agosto de 1934 —otra vez el número de la mala suerte—, mientras el rey estaba de vacaciones en Austria con sus hijos Gonzalo y Beatriz, volvió a suceder algo terrible. Aquel aciago día, el infante don Gonzalo —«Kiki», como le motejaban en familia—, nacido en 1914, regresaba en el coche que conducía su hermana Beatriz por la carretera de Krumpendorf, en dirección a la villa en Portschach, alquilada por su padre en la ribera norte del lago Worther, en Carintia. De repente, Beatriz se vio obligada a dar un volantazo para esquivar a un ciclista, que resultó ser el barón Von Neinmann. El vehículo se estrelló contra la fachada del castillo de Krumpendorf. En apariencia, ninguno de los dos hermanos resultó herido, pero el choque provocó luego un pequeño hematoma en el cuerpo del infante hemofílico, quien, dos días después, fallecía en un hospital.

Beatriz se desmoronó al sentirse culpable de la muerte de su hermano pequeño. Mientras permanecía velándole de rodillas, durante horas, al pie de su cama, prometió incluso a la Virgen que ingresaría en un convento si le salvaba.

Pero la versión oficial del accidente ocultó un hecho trascendental que, años después, descubriría Ramón de Franch: el coche siniestrado lo conducía en realidad el infante don Gonzalo, a quien, en un claro acto de imprudencia, su hermana Beatriz había cedido el volante. Era fácil entender así el sentimiento de culpabilidad que amargaba a la infanta. Sobre todo si, como sostenía Ramón de Franch, ella había accedido a que su hermano condujese aun siendo menor de edad. Me detuve entonces en el pasaje donde Ramón de Franch relataba su incómoda versión del accidente:

> La verdad es como ahora vamos a decirla: doña Beatriz, débil mujer al fin, no pudo resistir a los deseos de su hermano, de aprovechar una larga recta para ejercitarse en la conducción, aunque no debiera hacerlo, según las ordenanzas, siendo menor de edad. De pronto, cerca ya de la villa donde vivían, vieron venir en zigzag a un ciclista. No cabía duda alguna: era un noble extranjero, de todos conocido, cuya costumbre de airearse en bicicleta entre dos series de libaciones le valió más de una costillada; pero esta vez, si no dio con sus huesos en el suelo, fue promotor de una gran tragedia. Atenta doña Beatriz al peligro, asió el volante y, con una brusca maniobra, evitó atropellar al importuno, a costa de un topetazo contra una pared y una herida, por fortuna leve, en un muslo. Don Gonzalo, al parecer, estaba ileso, y en medio de aquel trance que iba a tener tan atroz como imprevisible epílogo, los buenos hermanos prometiéronse guardar el secreto de su propia falta. Así se dijo, y se creyó, que llevaba el coche la infanta.

No pude evitar pensar también entonces en su desafortunado hermano Alfonso, que cuatro años después halló la muerte de la misma manera, a miles de kilómetros de su familia, en la ciudad adonde yo me dirigía. «¡Maldita hemofilia!», murmuré entre dientes. Recordaba mi entrevista, apenas una semana antes, con el joven doctor Román, eminente hematólogo de una conocida clínica madrileña: «La hemofilia —me dijo muy seguro el médico, tras sus gafas de carey— es una de las enfermedades de la sangre menos frecuentes. Su incidencia en Europa puede estimarse en un caso de cada diez mil». Aquellas palabras no hacían sino ratificar la mala suerte que siempre presidió la vida de Alfonso XIII. Era como si, sin apercibirse de ello, el rey hubiera estado jugando a una constante lotería de la muerte para la que el destino le había reservado todos los boletos, convirtiéndole en el gran perdedor por excelencia de una familia maltratada por el destino. Perdió la Corona y se vio obligado a exiliarse de España, como un delincuente, en abril de 1931; perdió al amor de su vida, Victoria Eugenia de Battenberg, de la que se había separado de hecho, aunque no de derecho, antes incluso de abandonar España; perdió a su hijo pequeño, Gonzalo, y al mayor, Alfonso, en sendos accidentes de tráfico; perdió a un valioso sustituto para la Corona, su hijo Jaime, porque nació sordomudo; perdió la oportunidad histórica de ser restaurado en el trono tras la Guerra Civil, sintiéndose engañado por Franco...

—Hábleme de la hemofilia, doctor —le rogué, deseoso de ponerme en la piel del infausto príncipe de Asturias.

—Bueno, los hemofílicos son bastante huraños y desde pequeños reclaman una protección desmedida de sus padres...

Reparé en el sufrimiento añadido de Alfonso de Borbón y Battenberg, postrado en el lecho de muerte, lejos de sus padres y hermanos.

—Dígame, ¿corren ya peligro al nacer?

—Tenga en cuenta que la sección del cordón umbilical de un recién nacido puede ocasionar ya una grave hemorragia. Puede estar usted seguro de que, antes que a hablar, un hemofílico aprende a tenerle miedo a cualquier objeto puntiagudo que le haga una herida. No debe jugar con otros niños en el parque por temor a caerse, ni hacer deporte con normalidad. Es más, incluso durmiendo, el hemofílico puede hacer un movimiento brusco y producirse un desgarro en los vasos sanguíneos de la piel, los músculos o las articulaciones, dando lugar a derrames internos y tumefacciones.

—Igual que una delicada muñeca de porcelana, puede hacerse añicos si se cae... —dije, buscando una posible comparación.

—Eso es; una especie de muñeca de porcelana con la que debe tenerse sumo cuidado cuando alcanza la pubertad, pues los cambios hormonales aumentan el riesgo en el hemofílico. Después de los treinta, disminuye el peligro y crecen las expectativas de vida. Pero nunca se sabe si un hemofílico va a sangrar mucho o poco por una herida. Son muy peligrosas las hemorragias internas cerebrales, de la médula espinal y de los grandes vasos. Los enfermos que padecen hemorragias musculares o articulares sufren intensos dolores durante la crisis, y los hematomas tardan semanas en reabsorberse, si antes no sobreviene la muerte... Incluso la simple extracción de una muela puede provocar una hemorragia mortal.

—Ahora entiendo por qué Alfonso y Gonzalo de Borbón y Battenberg murieron en sendos accidentes de tráfico a los que hubiera sobrevivido cualquier persona normal...

—Claro; hay un fenómeno que los médicos denominamos

«derrame retardado». Se produce cuando el hemofílico se hace una herida y la hemorragia se detiene como en una persona de sangre normal y coagulable. Pero luego la herida vuelve a sangrar, esta vez sin cesar, como a traición. Es fácil de explicar: a diferencia de una persona normal, en el hemofílico no se forma un coágulo que bloquee la hemorragia, y cuando la tensión muscular de los vasos disminuye, vuelve a sangrar.

—La solución, entonces, ¿son las transfusiones de sangre?

—No hay duda de que en el primer cuarto del siglo XX salvaron muchas vidas. Pero hasta entonces no hubo más remedio que probar con casi todo: aparte de paliar las hemorragias externas mediante la aplicación de vendas y compresas, se emplearon como remedio desde jugo de carne, extractos orgánicos o irradiación del bazo con rayos X, hasta veneno de serpiente, grasa de leche materna, vitaminas y hormonas. Pero de poco o más bien nada sirvieron todos esos tratamientos.

—La medicina siempre ha sido un gran cajón de sastre...

—Bueno, la verdad es que se hacen muchas pruebas antes de encontrar el método eficaz. El gran descubrimiento para el tratamiento de la hemofilia fue el mecanismo de la coagulación de la sangre. Pero, en fin, eso ya es más laborioso de explicar. Le diré sólo que hasta el final de la Segunda Guerra Mundial no se consiguió, con la ayuda de la electricidad, separar los cuerpos albuminoideos del plasma sanguíneo. Fue entonces cuando pudo observarse que los hemofílicos carecían de dos componentes esenciales del llamado grupo de la globulina.

Dejamos la interesante conversación en este último apunte científico. Días después, a bordo del Jumbo que me conducía hacia Miami, volvía a escuchar algunos interesantes pasajes de aquella entrevista a través de los auriculares de mi grabadora.

Había montado una especie de cuartel general de campaña sobre la repisa del asiento delantero, junto a la ventana: libros, cintas de grabación, algunas de ellas vírgenes —a la espera de mi próxima entrevista, en cuanto tomase tierra en el aeropuerto internacional de Miami—, un ordenador portátil, un par de libretas de anillas, varios CD de música clásica, casi todos ellos de Mozart, un juego de bolígrafos Pilot de punta extrafina que nunca podía faltar allá donde fuese, y varios recambios de pilas. Todo eso y algún objeto más que a duras penas cabía en el maletín de cuero que llevaba conmigo a todas partes.

Volví a colocarme los auriculares, esta vez para escuchar el concierto de clarinete *KV 622* de Mozart, una de las piezas del genial compositor que más me hacían disfrutar. Abrí a continuación el libro de Juan Balansó y empecé a leer…

A los veinte años, el príncipe de Asturias era un hombre muy atractivo. De no haber sido por su grave enfermedad, hubiera encontrado docenas de princesas deseosas de compartir su vida y su futuro trono. Rubio, de ojos azules, y espigado, era la viva imagen de su madre, Victoria Eugenia de Battenberg.

El periodista José María Carretero, tras coincidir con él en París, le había descrito como a un hombre de gran belleza, alto, enjuto, pero ancho de hombros, como si el sufrimiento físico lo hubiera estilizado. Su rostro parecía tallado en palo de rosa, y sus ojos azules, diáfanos, reflejaban una mirada limpia y leal. Podía distinguirse un levísimo viso dorado, sobre el labio superior de una boca casi femenina en su perfección, que contrastaba con su voz y sus gestos varoniles.

Pero su existencia se limitaba a su reclusión en el palacio de La Quinta, lejos del mundanal ruido y de las alegres fiestas de sociedad. Hasta que un día apareció Ileana… En la primavera de 1929, la reina María de Rumanía, viuda del rey Fernando I, visitó Madrid acompañada de su hija, la princesa Ileana, una hermosa dama de veinte años, de cabello castaño y brillantes ojos azules. El príncipe de Asturias se quedó embobado nada más verla y le propuso casarse con ella. Alfonso XIII y Victoria Eugenia estaban encantados ante la idea de una posible boda. Además, Ileana, una chica con vocación de enfermera, se sintió conmovida por el interés del príncipe y su innegable encanto. Pero, inexplicablemente, el compromiso matrimonial jamás fue anunciado. Años después, tras indagarse en los Archivos Reales de Rumanía, en Bucarest (Sección III, legajo 170), se halló la explicación. La propia reina María, en una estremecedora carta, confesaba la verdad:

> La mayor objeción contra esta boda es Alfonso XIII mucho más que el marido inválido. El rey español se interesa por todas las mujeres nuevas que conoce, y luego se las arregla para declarar que son ellas quienes se arrojan a sus pies. Una nuera bonita, esposa de un hijo incapacitado, no estaría segura a su lado.

Aun siendo pavorosa aquella carta, en el fondo la reina María tenía razón. Las infidelidades del monarca español habían traspasado las fronteras. Y no era para menos, puesto que a raíz del nacimiento de su primogénito hemofílico, del que culpaba a su esposa, Alfonso XIII se entregó a una desenfrenada carrera de adulterios.

Un día, tras recopilar información de libros, testimonios y archivos, pude rehacer más o menos el «rompecabezas extramatrimonial» del rey; porque sin duda éste se llevó más de un secreto sentimental a la tumba. El mismo año de su casamiento con Victoria Eugenia, Alfonso XIII fue ya padre por primera vez. Su hijo ilegítimo se llamaba Roger de Vilmorin y guardaba un asombroso parecido físico con él. La madre, Mélanie de Vilmorin (de soltera Mélanie de Dortan), estaba considerada una de las mujeres más hermosas de Europa. Se había casado a principios de siglo con el multimillonario Philippe Vilmorin y vivía con él en el castillo francés de Verrières, lugar de cita obligado de la más alta alcurnia de su tiempo.

Alfonso XIII se quedó enseguida prendado de aquella bella mujer y, al contrario de lo que sucedió con otros tres hijos bastardos suyos, jamás se refirió a Roger de Vilmorin ni trató de asegurarle un futuro económico; tal vez era consciente de la fortuna que manejaba el marido de Mélanie. Pese a ello, las relaciones entre el monarca y su amante fueron buenas hasta la muerte de ésta, en 1937.

El soberano encontró entonces a otra bella mujer: se llamaba Beatrice Noon y, aunque había nacido en Escocia, tenía ascendencia irlandesa. La nueva amante del rey era institutriz de los infantes, a quienes impartía también clases de piano. Como anteriormente había sucedido con Mélanie, la Noon acabó quedándose embarazada, y fue expulsada de la corte para evitar el escándalo. En 1916, en París, dio a luz a una niña que era también la viva estampa de su padre. Dado que el rey conservaba el ducado de Milán entre sus títulos históricos, se le dio a la niña el apellido de Milán, evitándose así que con el apellido materno se deshonrase al monarca y a la institutriz.

El rey sintió siempre predilección por su segunda hija natural, Juana Alfonsa Milán, como recordaba su buen amigo Ramón de Franch: «Ya en el exilio, en 1940, el rey se paseaba por Ginebra del bracete de una joven, y la gente dio en pensar que era una nueva amante, cuando lo cierto es que era su estampa. Joven rubia, algo coqueta y muy elegante, lleva con garbo de princesa la ilegitimidad de su origen». De Juana Alfonsa Milán se ocupó durante muchos años el que fue embajador español en París durante la monarquía, José Quiñones de León, hasta que la joven se casó y se trasladó a vivir a Madrid, donde murió en 2005.

Pero sin duda el gran amor de Alfonso XIII —excepción hecha de doña Victoria Eugenia, de la cual se enamoró perdidamente al principio, hasta el punto de casarse con ella y asumir el grave riesgo de la hemofilia— fue la popular actriz Carmen Ruiz Moragas, a la que conoció en los años veinte. Carmen estaba separada del célebre torero Rodolfo Gaona, y con ella el rey tuvo otros dos hijos naturales: María Teresa, nacida en 1926 y fallecida ya, y Leandro Alfonso, que vino al mundo en 1929.

Leandro Alfonso, con quien yo había estado en Madrid días antes de viajar a Miami, vive hoy allí y ha sido reconocido, tras no pocos esfuerzos, como hijo ilegítimo de su padre; por fin puede apellidarse Borbón con todas las de la ley.

Alfonso XIII instaló a la bella actriz en un lujoso chalet madrileño, donde la visitó asiduamente hasta que no tuvo más remedio que abandonar España al proclamarse la República.

Para la reina Victoria Eugenia fue durísimo enterarse de los escarceos amorosos de su marido con la actriz; especialmente cuando llegaron a sus oídos los rumores de que los dos hijos sanos que el rey había tenido con aquella mujer podían constituir un argumento válido para la nulidad matrimonial, pues se demostraba así que la hemofilia era una tara transmitida por ella. La reina sospechó enseguida que detrás de la posibilidad de una nulidad eclesiástica, e incluso del romance de su marido, se hallaba la nociva influencia del marqués de Viana, su principal enemigo en la corte. Sin dudarlo, en el ocaso ya de la dictadura de Primo de Rivera, le mandó llamar para decirle muy severamente: «No está en mi mano castigarle como usted merece. Sólo Dios puede hacerlo. Su escarmiento tendrá que esperar hasta que usted esté en el otro mundo». Fue tal la impresión que le produjo al marqués de Viana aquella especie de maldición de la reina, que sufrió un desmayo al salir de palacio, y aquella misma noche murió.

Mientras el avión sobrevolaba el Atlántico, volví a pensar en el príncipe de Asturias. Me parecía estar viéndole en su habitación de palacio, postrado en la cama porque el 12 de abril de 1931, dos días antes de proclamarse la República, había salido al campo a cazar avutardas. Un guarda le había dejado su escopeta y el joven Alfonso se había lastimado el hombro tras recibir un culatazo como consecuencia del disparo. Enseguida le asaltó el temor de que aquel leve golpe pudiese desatar un ataque de hemofilia. Sus trágicos presagios se confirmaron poco después: «Cuando llegué a palacio —recordaba él mismo al periodista José María Carretero— llevaba ya el hombro monstruosamente hinchado; tumefacto por la hemorragia interna. Yo sabía que los dolores no tardarían en aparecer... Fue el ataque más grave de todos los que me ha hecho sufrir mi dolorosa enfermedad».

El príncipe de Asturias no exageraba un ápice. Cuando tuvo que abandonar palacio con su madre y sus hermanos, camino del exilio, al día siguiente de que lo hiciera su padre el rey, fue incapaz de moverse por sí solo. «Más que un ser humano era yo, en aquellas horas, un fardo inútil», se lamentaba luego. Entre el marqués de Orellana y otros amigos, como su mecánico Paco, don Alfonso de Borbón fue transportado en brazos hasta el coche. Aún no había cumplido veinticuatro años y ya era un completo inválido.

Tras una breve estancia en París, la Familia Real se trasladó a Fontainebleau. Pero el estado de salud del príncipe de Asturias le obligó a retirarse a una clínica del barrio de Neuilly, acompañado por su fiel doctor y amigo Carlos Elósegui y un enfermero. Una o dos veces por semana sus padres iban a visitarlo. En una de aquellas ocasiones la reina Victoria Eugenia, desesperada por el lamentable estado de su hijo, incapaz de valerse por sí mismo, llegó a exclamar algo terrible ante sus íntimos: «Si no pueden convertir a Alfonso en una persona normal, preferiría verlo muerto». Meses después, Alfonso fue ingresado en un sanatorio de Leysin, cerca de Lausana, en Suiza. Fue allí donde conoció a una señorita cubana, un año mayor que él, que le sorbió el seso enseguida. Se llamaba Edelmira Sampedro; era morena, de exquisitas proporciones, tenía los labios gruesos y una mirada azabache, profunda y luminosa. Procedía de una familia enriquecida gracias al negocio de la caña de azúcar pero venida a menos. A fin de corregir ciertas anomalías que le impedían respirar con normalidad, se había instalado con su madre y una hermana en un chalet próximo al sanatorio. Aunque, según varios testigos, Edelmira estaba más sana que un roble, pues se la había visto desenvolverse de noche con gran soltura en las pistas de baile de las discotecas y disfrutar de las hermosas playas de la costa del lago Leman. Pronto, la dulce y melosa cubana se convirtió en una especie de solícita enfermera para Alfonso, a quien el príncipe declaró abiertamente su amor y le pidió que se casase con él. La noticia fue motivo de gran alborozo para los Sampedro; su gran sueño de emparentarse nada menos que con la Familia Real española podía hacerse realidad. Sin embargo, como era lógico, los planes de boda del príncipe chocaron con el rechazo de Alfonso XIII, quien, por más que lo intentó, fue incapaz de disuadir a su primogénito para que no cometiera aquella torpeza; las normas tradicionales de la Casa Real española exigían de él que celebrase un matrimonio dentro del círculo de la realeza. En consecuencia, Alfonso XIII reclamó a su hijo la preceptiva renuncia a sus derechos dinásticos, por sí y por todos sus descendientes. El príncipe de Asturias obedeció sin rechistar, y el 11 de junio de 1933 suscribió una carta en Lausana, conservada en el archivo del conde de Barcelona, en la que se apartaba de la sucesión al trono:

> Señor:
>
> Vuestra Majestad conoce que mi elección de esposa se ha fijado en persona dotada de todas las condiciones para hacerme dichoso, pero no perteneciente a aquella condición que las antiguas leyes españolas y las conveniencias de la causa monárquica, que tanto importan para el bien de España, requerirían en quien estaría llamada a compartir la sucesión en el trono, si se restableciese por la voluntad nacional.
>
> Decidido a seguir los impulsos de mi corazón, más fuertes incluso que el deseo que siempre he tenido de conformarme con el parecer de Vuestra Majestad, considero mi deber renunciar previamente a los derechos de sucesión a la Corona que, eventualmente, por la Constitución de 1876, o por cualquier otro título, nos pudieran asistir a mí y a los descendientes que Dios me otorgara.

Al poner esta renuncia, formal y explícita, en las augustas manos de Vuestra Majestad, y, por ellas, en las del país, le reitero los sentimientos de fidelidad y de amor con que soy, Señor, su respetuoso hijo,

ALFONSO DE BORBÓN

La carta desposeyó automáticamente del título de príncipe de Asturias a Alfonso, que contaba veintiséis años y desde entonces adoptó el de conde de Covadonga. Su boda con Edelmira se celebró el 21 de junio en la parroquia de Ouchy, en Lausana, con la ausencia significativa de Alfonso XIII, que rehusó respaldar así un enlace al que se había opuesto sin concesiones. La reina Victoria Eugenia, en cambio, sí acudió, acompañada por sus hijas Beatriz y María Cristina.

Los recién casados se instalaron en la habitación 426 del hotel París, en la capital francesa, donde fueron entrevistados por José María Carretero. A juzgar por sus declaraciones, parecían entonces una pareja de tórtolos. Carretero describía así un momento entrañable de aquel encuentro:

Y el príncipe [en realidad ya no lo era, tras su renuncia], con el gesto alegre de un niño que exhibe una habilidad, empieza a recorrer la habitación, dando zancadas firmes...

—Bueno, Alfonso, siéntate. ¡Ya está bien! —le reconviene cariñosamente su esposa.

Vuelve a tomar asiento, y mirando con deleite a la bella dama, dice:

—Mi mujer no sólo me ha traído la felicidad, sino también la salud. Desde que la conocí mejoré extraordinariamente. Ha sido para mí como un hada buena.

> Y la sigue mirando de hito en hito, mientras ella, levemente ruborizada, murmura:
>
> —Tú sí que eres bueno, Alfonso...
>
> Yo me siento envuelto en esta atmósfera de dicha y amor, como en un baño perfumado y sedante. Irradian contento... Estas dos vidas, que unió el amor, se complementan y se funden en un halo de ternura.

Pero menos de cinco meses después de aquella entrevista, el idílico romance descrito por Carretero se resquebrajó sin remedio. Los problemas económicos terminaron por desunir a la pareja, que cayó en manos de sinvergüenzas de la jet set de la época, de auténticos aduladores que se jactaban de alternar con un príncipe real al que empujaban a gastar sin medida. Por si fuera poco, enojado por la boda, Alfonso XIII había reducido drásticamente la pensión que pasaba a su primogénito de quince mil a sólo cinco mil francos.

El resultado fue que un día Edelmira, a la que en la Familia Real apodaban «La Puchunga», partió sola hacia su Cuba natal, tras declarar con pasmosa frescura: «Alfonso y yo estamos de acuerdo para esta separación que será como un ensayo. Después veremos lo que pasa. Nos alejamos el uno del otro sin violencia ni rencores». Pero la verdad era muy distinta: la meliflua y servicial enfermera no resultó ser en realidad tal. Edelmira había abandonado a su marido, presa de un nuevo ataque de hemofilia, en el hotel. El desdichado Alfonso confesó luego a un amigo, entre sollozos, lo que había sucedido en realidad:

> Edelmira se ha marchado, se ha ido. Anteayer tuve que meterme en cama después de recibir un golpe en la rodilla,

> estando en un taxi. Hemos discutido porque ella quería acudir a una recepción a la que había comprometido nuestra asistencia. Ha insistido para que me levantase y fuese, cosa que me resultaba materialmente imposible. Entonces me ha dicho que iría sola, y al hacerle notar yo que su puesto estaba junto a mí, que tan mal me encontraba, ha llamado a un conserje del hotel para que me cuidase, entregándole una propina elevada. Me he ofuscado y le he reprochado sus gastos excesivos. Me ha contestado que no se había casado conmigo para actuar como una enfermera perpetua y que se marchaba con los suyos.

Don Alfonso fue siempre un incomprendido, hasta por su propia familia, que en todo momento apoyó a Edelmira Sampedro. Su hermana, la infanta María Cristina, llegó a escribir en sus memorias: «Edelmira era muy buena persona y siempre se portó bien». Pero la razón de que la mayor parte de la Familia Real mostrara su hostilidad hacia don Alfonso, empezando por su propio padre, se hallaba en que el frustrado príncipe de Asturias había tomado partido por su madre frente a todos los demás. La relación entre Alfonso XIII y Victoria Eugenia se hizo insostenible por aquel entonces, hasta que una tarde, mientras la pareja se encontraba en el hotel Savoy de Fontainebleau, se consumó su ruptura matrimonial. Alfonso XIII entró en la habitación que ocupaba la reina para exigirle, encarecidamente, que pusiese fin a su relación con sus dos grandes amigos, los duques de Lécera. En honor a la verdad, el rey no tenía fundamento alguno para pedir a su esposa que rompiera con Jaime y Rosario Lécera, por más que diera pábulo a los infundios según los cuales la duquesa estaba enamorada de la reina y ésta mantenía un romance con el duque. Victoria Eugenia no podía dar crédito a la inexplicable escena de celos que su marido había decidido montarle. Aguardó con encomiable paciencia a que terminase de hablar, y cuando el rey la puso entre la espada y la pared para que eligiera entre los Lécera y él, ella no titubeó: «Les elijo a ellos y no quiero volver a ver tu fea cara». Alfonso XIII enmudeció de perplejidad. Así pues, es fácil entender que la posición de Alfonso, alineado sin condiciones con su madre, le enfrentó aún más, si cabe, con su padre y el resto de la familia, congregada en torno al monarca. La prueba de esa grave división familiar la aportó el propio Alfonso en una terrible carta que escribió pocos días después de que Edelmira Sampedro le abandonara. En ella, el primogénito se retrataba tal como era. La misiva iba dirigida a su hermana Beatriz, que iba a casarse en Roma con un aristócrata italiano, el príncipe Torlonia. Meses antes, la negligencia de la infanta había provocado la muerte de su hermano Gonzalo en accidente de tráfico, como vimos anteriormente. Una copia de esa carta, repleta de graves faltas de ortografía y sintaxis, hecho insólito en un joven educado como príncipe heredero, me la mostró Juan Balansó una tarde en su casa de la calle Profesor Waksman, en Madrid. La carta había sido reproducida antes por él en su estupendo libro *Trío de Príncipes*. Quedé impactado al leerla. Decía así:

París, 6-1-35

Querida Beatriz:

No creas que es falta de cariño hacia ti el no asistir a tu boda, pero comprenderás que yo no puedo ir en estos momentos en que está ausente mi mujer. Primero, porque, si hubiese estado, ¿la habría convidado Papá? Me figuro que no. Pues como para mí está presente, esa es una razón. Segunda, que tu novio te querrá mucho, será muy bueno, todo lo que quieras, pero yo no veo el porqué ése a [sic] de tener más suerte que mi mujer, porque sus antepasados tuvieron dinero para dárselo al Papa y la mía no lo tuvo para sacar un título.

Pues no quiero pensar mal y creer que, para consolarte de haber sido por desgracia causa de la muerte de un hermano, hagan todo esto, pues de ser así no quiero el calificarlo, por existir en la lengua de Cervantes una sola palabra.

Como todo es posible dada la canalla que te rodea, no me choca que ese fuese el motivo. Pero quiera Dios que tu marido y tus hijos no te hagan lo mismo que vosotros le hacéis a Mamá, pues yo cada día estoy más convencido de que el que la hace la paga y Dios no espera a pasarle la cuenta al final del viaje de la vida, sino que lo hace en este mundo.

Y la tercera y última, es que creo va a ser la apoteosis del monarquismo, y si voy podría hacer mucho daño al decir pura y exclusivamente la verdad por el [sic] cual no asiste la reina (ya ves no digo la madre, que es una razón). Y como para callarme tendrían que matarme, es preferible no vaya. Y como el daño a Papá iba a ser muy grande y creirían [sic] era venganza, pues la gente es muy cochina, materialmente me imposibilitan el asistir.

Y, por último, por los periódicos he visto que habéis nombrado a Jaime y al tío Nino [el infante don Carlos de Borbón-Dos Sicilias] como testigos por tu parte. Y aunque os pese a todos y me quiten todo, hay dos [cosas] que no me podéis quitar: la primera, el ser vuestro hermano mayor, y la segunda el derecho a vivir. Todo lo demás ya sé hace tiempo lo perdí, así como parecer casi extraño a la familia; pues bien sé que protocolariamente soy el último, pero el primero en poner el nombre bien puesto en todas partes, cosa que otros no hacen. En lo demás siempre me he... (jodido) y quedado como un caballero, sin dos pesetas, ya lo sé, pero es lo que nos suele pasar a los pocos que hoy día existen en el mundo, en donde lo que reina es esa cosa que se llama dinero.

Que tengas mucha suerte (aunque lo dudo, pues el que mal empieza mal acaba) y no tengas que llorar lo que has hecho, pues ten en cuenta es un paso para toda la vida y que a alguno lo has destrozado. Espero veas en esta carta cariño y no venganza, pues no es ese mi deseo.

Te abraza tu hermano

ALFONSO

P.S. Ya sé que piensas ir ahora a ver a Mamá. A buena hora, mangas verdes. No me choca, pero ya no tiene mérito hoy en día que eres libre. Eso antes, hija mía, pues el concepto que me merecéis todos es muy bajo. Acuérdate de lo que os dije a raíz de la muerte de Kiki [su hermano Gonzalo].

Meses después de rubricar esa carta, Alfonso, acuciado por la delicada situación en la que le había dejado su padre tras rebajarle sustancialmente la pensión, empezó a pensar en su porvenir económico. Aún seguía recordando a su bella antillana, e incluso amándola, como demostraba él mismo en los párrafos que le dedicaba en su carta a Beatriz. Por entonces, algunos amigos norteamericanos le aseguraron que en Estados Unidos podía iniciar una próspera vida pronunciando conferencias, e incluso charlas radiofónicas, que le reportarían un dinero considerable. Alfonso, sin nada ni nadie que le retuvieran ya en Europa, cruzó el Atlántico y se reunió con Edelmira en Nueva York. Durante un tiempo, la pareja vivió del cuento, atrayendo la atención de algunos medios de comunicación. Pero llegó un momento en que Alfonso decidió declarar la guerra sucesoria a su padre, cuestionando la validez de la renuncia que éste le había logrado arrancar antes de su matrimonio morganático con Edelmira. Un despacho de agencia daba cuenta de la nueva y muy relevante posición de Alfonso sobre esta delicada cuestión:

> *Nueva York*. Aunque el heredero al trono español se ha negado aquí y en Cuba a los requerimientos periodísticos para que diera su opinión sobre el régimen existente en su Patria y las posibilidades de una restauración monárquica, se ha logrado conocerla por lo manifestado sobre el particular en el seno de la familia, y que ha trascendido a los periódicos donde fue recogido como información de positivo interés.
>
> «Yo nací príncipe de Asturias —dijo Alfonso de Borbón en la intimidad— y príncipe de Asturias seguiré siendo hasta que haga renuncia formal a mis derechos o se me prive de ellos en forma legal. Mi padre sostiene que al contraer matrimonio renuncié automáticamente a todos mis derechos. Yo no lo creo así.»

La rebelión, o la venganza, del hijo contra el padre había comenzado. Seguramente, además, algunos abogados norteamericanos, dispuestos a sacarle unos cuartos, debieron de convencer a don Alfonso de que su renuncia no era válida por las mismas razones jurídicas que esgrimiría su hermano don Jaime, que había renunciado a sus derechos sucesorios tan sólo diez días después que él.

En La Habana, mediado julio de 1936, cuando en España estaba a punto de estallar la Guerra Civil, Alfonso sufrió un ataque de hemofilia más grave incluso que los anteriores. Los médicos cubanos recurrieron a transfusiones de sangre procedente de personas a las que se les había extirpado el bazo, creyendo que ésta coagulaba más rápidamente. El paciente tardó en recuperarse, y llegó un momento en que Edelmira decidió arrojar para siempre la toalla. La pareja se divorció el 8 de mayo de 1937. Esta vez Alfonso no tardó en olvidar a la que él había considerado «la mujer de su vida». Apenas dos meses después del divorcio, el 3 de julio de 1937, contraía segundas nupcias con otra cubana, Marta Rocafort, hija de un dentista, a la que había conocido en Nueva York mientras ella trabajaba como modelo para una conocida firma de alta costura. De nuevo en un tiempo récord, la pareja se divorció el 8 de enero de 1938, apenas seis meses después de la boda.

Mal aconsejado, y tal vez resentido por la total indiferencia que su padre había mostrado hacia él desde su primer matrimonio, hacía ya más de cuatro años, don Alfonso decidió retractarse oficialmente de su renuncia dinástica. Así, en la primavera de 1938, el secretario del conde de Covadonga, Jack Fleming, hizo llegar desde Nueva York a los medios monárquicos españoles la declaración del conde de Covadonga, que causó verdadera conmoción. Decía así:

> Como hijo primogénito de Su Majestad el rey don Alfonso XIII, declaro no renunciar a ninguno de los derechos al trono de España que tengo desde mi nacimiento. Los documentos privados que me hubieran podido obligar a firmar, carecían de valor legal.

Pero en realidad la conmoción, en una España sumida en la barbarie de la Guerra Civil, afectó sólo al propio Alfonso XIII y a su círculo más íntimo. El rey, furioso, intentó desautorizar a su hijo, que bastante desprestigiado estaba ya por su alocado ritmo de vida, que le llevó a compartir sus últimos días con Mildred Gaydon, una cigarrera de un club nocturno de Miami a la que apodaban «la Alegre». Tan bajo había caído, abandonado por los suyos, el primogénito del rey de España.

La última gran tragedia de su vida sucedió poco después de conocer a Mildred Gaydon, cuando el coche en que viajaba la pareja se empotró contra un poste telefónico. La hemofilia desató una imparable hemorragia interna en don Alfonso, que unas horas después murió desangrado.

Mildred, muy afectada, lloró desconsoladamente en el funeral, pero fue incapaz de asistir al entierro en el Graceland Memorial Park de Miami, al que sólo acudieron tres personas. En el nicho, el secretario del infortunado, Jack Fleming, mandó grabar la siguiente inscripción en inglés:

HIS ROYAL HIGHNESS

PRINCE ALFONSO DE BORBÓN

Y BATTENBERG

May 10 Sept. 8
1907 1938

R.I.P.

De vez en cuando alguien depositaba flores secas sobre la lápida. Al cabo de un tiempo se supo que las mandaba, desde el otro lado del Atlántico, la reina Victoria Eugenia, que no había podido llegar a tiempo de ver con vida a su hijo, cuyas últimas palabras habían sido para llamar desesperadamente a su madre.

El avión tomó tierra en el aeropuerto internacional de Miami tras casi nueve horas de vuelo, durante el cual apenas había podido echar una cabezadita de una hora. Cogí mi bolsa de viaje y mi maletín, y me dirigí al hotel para telefonear a Brandon Killmon desde la habitación. A fin de aprovechar el tiempo al máximo, había decidido alojarme en el estratégico Wyndham Miami Airport, situado en la ribera del río Miami, a menos de quinientos metros de la terminal del aeropuerto y a sólo seis kilómetros del centro de la ciudad.

El ex policía con el que me proponía entrevistarme no vivía demasiado lejos de allí y quedamos para almorzar en el restaurante La Ficelle, un lugar económico, localizado en el área del aeropuerto, donde servían una espléndida cocina americana. Brandon conocía al chef, Laurent Trefois, y no hubo problemas para encontrar mesa a pesar de la hora.

Era la primera vez que veía en persona a Brandon Killmon; tan sólo había hablado con él por teléfono en tres ocasiones, la última de ellas hacía apenas media hora, desde la habitación del hotel. A juzgar por su voz cavernosa y por el hecho de que hubiese presenciado la terrible agonía del príncipe de Asturias y participado en la instrucción del expediente policial sobre su muerte, calculé que debía de tener alrededor de noventa años. Pero al verle poco después sentado a la mesa, en un extremo del local, me pareció que era por lo menos veinte años más joven. Tenía abundante cabello, blanco, eso sí, y debía rebasar el metro noventa de estatura. Era fornido y parecía estar en forma. Vestía elegantemente: chaqueta de fieltro azul, pantalón blanco, camisa del mismo tono y una pajarita azulada. La piel de su rostro era arcillosa, como si hubiera estado siempre expuesta al sol y la brisa de los cayos, y su mirada conservaba todavía un resplandor celeste.

—Buenas tardes, soy Brandon Killmon —dijo, al tiempo que me saludaba con una ligera inclinación de cabeza, al ver que me acercaba a la mesa. Hablaba muy bien español, aunque con cierto acento antillano. Enseguida añadió—: ¿Qué tal el viaje? Habrá tenido usted un vuelo muy tranquilo con el magnífico sol que luce hoy aquí.

—Oh, sí, desde luego —asentí.

Hacía un calor sofocante, pero Brandon seguía con la chaqueta puesta, como si fuese un veterano oficial prusiano vestido de uniforme.

—Recuerdo que aquella noche fue también espléndida…

—¿Qué noche dice usted?

—La noche del 7 de septiembre de 1938. La brisa del Atlántico que cruzaba la ciudad de Miami, camino del golfo de México, era maravillosa. La recuerdo muy bien. Si no fuera por lo que pasó… —evocó con mirada nostálgica.

—Usted fue uno de los encargados de hacer el atestado, ¿no es cierto?

—Así es. Yo y mi compañero Steve… El pobre ya ha fallecido. Pusimos todo lo que nos contó aquella mujer.

—¿Mildred Gaydon?

—Sí, la muchacha que vendía cigarrillos en un local nocturno del bulevar. Tendría unos veinticinco años; era alta y morena. Aquella madrugada estaba fuera de sí, como si hubiese visto al mismísimo diablo. Tuvimos que administrarle unos tranquilizantes y tener mucha paciencia con ella durante el tiempo que duró la instrucción.

—¿Qué les contó?

—Don Alfonso de Borbón se sinceró con ella, como si presintiese su trágico final. Fue una confesión en toda regla; un exhaustivo repaso por los momentos más importantes de su breve vida. Porque si recuerdo bien, y mi memoria sigue siendo aún hoy casi de elefante, el príncipe tenía entonces treinta y un años. Era un desgraciado que había decidido desahogar sus penas con una atractiva muchacha. Había bebido. Tal vez por eso estaba tan raro aquella noche. Solía beber bastante cada vez que iba al club nocturno, despertando el morbo de la gente, a la que le encantaba pasar la velada en el mismo local que un príncipe. Aquella noche fue la primera y última que la señorita Gaydon fue al hotel donde se hospedaba don Alfonso.

—¿Pasaron la noche juntos?

—Estuvieron alrededor de tres horas en la habitación del príncipe, hasta que decidieron ir a tomar unas copas. Durante ese tiempo, don Alfonso pidió a la muchacha que se quedase con él. «No me dejes solo; presiento que va a pasar algo», le dijo. Y añadió, angustiado: «Casi cada vez que me ha ocurrido algo, he tenido esa corazonada...». La mujer, como es lógico, se asustó. Le daba miedo que él pudiera desangrarse mientras estaba con ella. Bill Shulman, un camarero que conocía muy bien al príncipe, le había explicado muy por encima en qué consistía la hemofilia que padecía. Don Alfonso insistió a la chica: «Anda, sé buena conmigo y quédate. Soy muy desgraciado. Desde que nací he estado siempre caminando por una cuerda floja, y en cualquier instante puede suceder algo que me haga precipitarme al abismo».

—¡Qué pena de hombre...! —exclamé—. Enfrentado con su familia, enfermo, y recién separado de su segunda esposa...

—Estaba destrozado —ratificó el ex policía—, y buscó refugio en aquella mujer de vida fácil, a quien empezó a explicarle los graves riesgos de su enfermedad. «Sería suficiente con que me arañaras para que amaneciera muerto, e incluso podría desangrarme si me cortara al afeitarme...», dijo en tono de amenaza. La chica le instó a que no siguiera por ese camino. Estaba cada vez más asustada, mientras don Alfonso bebió otro trago de whisky. «Y luego —prosiguió él— tu familia se asombra de que quieras huir de palacios y hospitales para disfrutar un poco de la vida, lejos del aburrimiento y la soledad de la corte. Entonces, te desheredan. Eres un estorbo para tu propio padre, que te obliga a renunciar a los derechos sucesorios que te pertenecen desde la cuna por el mero hecho de casarte con una plebeya...».

—¿Todo eso dijo aquella noche el príncipe de Asturias? —pregunté, extrañado.

—Más o menos ésas fueron sus palabras, según nos contó a Steve y a mí la señorita Gaydon. Mire, todo está aquí —me indicó Brandon, mientras cogía una abultada carpeta de cartón que había posado antes sobre una silla vacía que tenía a su izquierda—. Fíjese, aquí puede ver la declaración de Mildred Gaydon, prestada en la madrugada del 8 de septiembre, horas antes de que don Alfonso de Borbón falleciera desangrado en el hospital. Puede echarle un vistazo si quiere —dijo, ofreciéndomela.

—Por supuesto que sí; muy amable de su parte —respondí, gustoso.

La declaración era muy larga; ocupaba casi veinte folios mecanografiados a doble espacio, en cada uno de los cuales podía distinguirse, en la parte superior, el membrete de la Jefatura de

Policía de Miami. Resultaba evidente que no iba a ponerme a leer todo aquel texto sentado a la mesa con Killmon; llevábamos ya un buen rato de charla y ni siquiera habíamos empezado a comer.

—¿Podría hacer luego una copia? —sugerí—. Ya sabe, me gustaría leerla con tranquilidad.

Brandon Killmon torció primero el gesto, pero luego asintió:

—No veo razón alguna por la que no pueda hacerla. A fin de cuentas, el original se conserva aún en los archivos policiales y además han transcurrido casi setenta años desde que se instruyó el caso. Hágala sin problemas.

Agradecí el detalle y procuré retomar enseguida el hilo de la conversación, mientras el camarero nos servía un primer plato frugal: una *Caesar salad*.

—Me contaba usted que Mildred Gaydon estaba muy asustada aquella noche, en la habitación del hotel...

—Ya lo creo —asintió él, llevándose varias hojas de lechuga a la boca—. La mujer apenas había oído hablar de la hemofilia, y todas aquellas explicaciones tan gráficas terminaron amedrentándola, hasta el punto de que llegó a suplicar al príncipe que la llevara a tomar unas copas fuera de allí, en Miami Beach.

—¿Y qué contestó él?

—Le respondió con otra súplica. Por nada del mundo quería viajar en coche aquella noche. Tenía verdadero pánico a que le ocurriera lo mismo que a su hermano Gonzalo cuatro años antes. Sabrá usted que el chaval murió desangrado tras un accidente de automóvil...

—Sí, lo recuerdo perfectamente... Fue en Austria, pero... ¿cómo le convenció ella para que salieran de allí?

—La muchacha se dirigió hacia la puerta muy decidida,

mientras le decía: «Yo conduciré. Iré muy despacio. Aquí no me quedo ni un minuto más. Si tengo que hacerte compañía, que sea donde haya gente a nuestro alrededor». Instantes después la pareja subió al sedán del príncipe. Era un coche que debía de tener por lo menos quince años. Recuerdo que cuando lo inspeccionamos, nos sorprendimos de que aquel vehículo, con el motor tan descuidado que tenía, hubiera podido arrancar. Había algún manguito suelto y estaba negro como el alquitrán. La carrocería tenía abolladuras por todas partes, y en los neumáticos apenas se distinguía el dibujo. Desde luego, aquél no era el coche digno de un príncipe.

—¿Adónde se dirigieron?

—Fueron a Cayo Largo, al *drive-inn* de Mac, donde conocían a Mildred Gaydon. Allí tomaron una copa sin necesidad de bajar del coche, que permaneció aparcado junto a varios vehículos con otras parejas en su interior. Bajo un cielo estrellado, con música de radio y risas de fondo, Alfonso de Borbón volvió a sincerarse con su único paño de lágrimas, mientras algunas muchachas ligeras de ropa servían bebidas a los automovilistas. «Tendría que odiarla... Tendría que odiarla», repitió entre trago y trago de whisky.

—¿Tendría que odiar a quién? —pregunté, intrigado.

—Se refería a su madre. «Ella nos trajo de Inglaterra la enfermedad», maldijo. Pero enseguida se arrepintió: «¿Quién puede odiar a su propia madre? Hace dos años, en Nueva York, sentada junto a mi cama, lloraba. Hay que compadecerla; ella no sabía lo que tenía. Cuando se casó, no sabía nada», aseguró.

—Pero ella sí lo sabía, y Alfonso XIII, también —aclaré—. Lo único que ocurrió es que el amor pesó más que cualquier otra consideración a la hora de casarse, aunque estuviese en riesgo la salud de la Familia Real española.

—Bueno, tal vez fuera así, no lo sé... El príncipe le contó a la chica aquella noche cómo su padre había cruzado el Canal, en dirección a Inglaterra, sin saber que traería la hemofilia a España. El rey Eduardo había elegido a tres princesas como posibles candidatas para casarse con su padre. El monarca inglés esperaba que alguna de ellas le gustara, pero en cuestión de gustos Alfonso XIII resultó ser muy diferente. La noche en que se celebraba en el palacio de Buckingham la gran cena familiar para la presentación de las princesas, la mirada de su padre se posó en una muchacha rubia que no tendría más de dieciocho años. En Londres a nadie se le habría ocurrido pensar entonces en ella como candidata. Estaba sentada en un extremo de la mesa. Era Victoria Eugenia de Battenberg, la única hija de la princesa Beatriz, quien a su vez era la menor de las hijas de la reina Victoria. Su padre regresó a España perdidamente enamorado de aquella joven, y dijo a su madre que había encontrado al fin el gran amor de su vida.

—Pero cuando la reina María Cristina escuchó el nombre de Victoria Eugenia de Battenberg creo que se echó a temblar...

—Eso mismo vino a decirle el príncipe a la cigarrera. «Alfonso, ¿has pensado en lo que vas a hacer?», le preguntó la reina. Alfonso XIII se extrañó ante esa pregunta, y quiso saber si su madre tenía algo que objetar. «Tengo miedo por ti y por el futuro», replicó ella. Y añadió: «¿Nunca oíste hablar del secreto de los Battenberg ni de la enfermedad de los Battenberg?». Entonces le explicó que los Battenberg traían al mundo hijos enfermos, que no pasaban de la primera infancia, y puso como ejemplo a dos hermanos de la mujer con la que pretendía casarse. Ante la insistencia de su hijo, la reina se echó a llorar y le dijo, desconsolada: «Si tus hijos nacen con la enfermedad de los Battenberg, España verá en ello un juicio de Dios contra ti y habrá nuevos disturbios».

—Aquellas palabras sonaban a maldición —advertí—. Nada nuevo, por otra parte, en la historia de la Familia Real española. Aunque, en honor a la verdad, la reina María Cristina se equivocaba en el origen de la enfermedad, porque no fueron los Battenberg alemanes quienes la introdujeron en la Familia Real inglesa, sino la propia reina Victoria. El padre de Victoria Eugenia, Enrique de Battenberg, era oficial de la Marina y murió en la batalla naval de Ashanti, y no precisamente de hemofilia. Se había casado con Beatriz de Inglaterra, por lo que fue padre de los príncipes hemofílicos Leopoldo y Mauricio de Battenberg y de la princesa Victoria Eugenia, portadora de la enfermedad. El único hijo sano fue el mayor, Alejandro. Nadie conocía la verdad mejor que la propia reina Victoria, que había visto morir desangrado a su hijo, el príncipe Leopoldo de Inglaterra. La reina sabía perfectamente también que la segunda de sus hijas, la princesa Alicia, había alumbrado a un hijo hemofílico que sólo vivió hasta los tres años: el príncipe Federico.

—O sea, que la culpa de que la hemofilia se transmitiese a los Battenberg la tuvo la reina Victoria de Inglaterra —quiso corroborar Brandon.

—Claro que sí; luego los Battenberg contaminaron a los Borbones de España.

En aquel preciso instante se acercó a la mesa un hombrecillo que lucía una pajarita parecida a la de Brandon, sólo que de color negro; llevaba un esmoquin ceñido, como si fuera el pellejo de un pingüino famélico. Era el chef del restaurante,

Laurent Trefois. Saludó efusivamente a Brandon, y luego se interesó por mí. Nos preguntó por la comida y los dos asentimos favorablemente. Brandon había pedido a continuación arroz con maíz; no había día en que se acostara sin haber comido arroz, era para él como la pasta para los italianos. Yo me conformé con una hamburguesa pequeña, acompañada de un puñado de patatas. El desfase horario y la volcánica conversación en la que estaba inmerso me habían encogido el estómago como una nuez. Minutos después, seguimos charlando sobre nuestro desdichado protagonista:

—Una tarde —recordó Brandon—, cuando don Alfonso de Borbón apenas tenía tres años, tropezó en el comedor de palacio sin que el aya pudiera sujetarle, y cayó golpeándose en la cabeza con el filo de la puerta. El propio príncipe se lo contó aquella noche a Mildred Gaydon, cada vez con más dificultad para hablar a causa del alcohol. El príncipe Luis Fernando de Baviera y su hija Pilar pasaban en aquel momento una temporada en palacio, invitados por los reyes. Todos corrieron aterrorizados hacia donde estaba el pequeño Alfonso, y pudieron distinguir que en su frente empezaba a formarse una gran mancha morada y roja. La reina María Cristina se puso lívida. Al poco tiempo cundió la alarma en palacio, en Madrid y en toda España: «Dios ha castigado a los Borbones. Ha mandado a la inglesa como ángel justiciero. El príncipe de Asturias es hemofílico». Mientras relataba a la muchacha este episodio de su vida, don Alfonso se quedó petrificado en su asiento al oír el chasquido de un vaso, que acababa de caérsele, contra el suelo del coche...

—No me diga que se cortó con los cristales —repuse con cierta inquietud.

—El vaso que Alfonso intentó depositar sobre el tablero con su mano temblorosa acabó hecho añicos entre sus pies. El whisky salpicó sus zapatos blancos, y los fragmentos de vidrio quedaron esparcidos por el suelo, los zapatos y los calcetines del príncipe, que permaneció inmóvil, recostado en el respaldo. La muchacha le oyó lamentarse: «Lo sabía… Lo sabía…». Empezó a ponerse muy nerviosa: «¿Sabías qué?», le apremió. Don Alfonso le pidió varias veces que encendiera la luz, hasta que ella accionó la lamparita situada bajo el tablero y el suelo del coche se iluminó. Había algunos cristales prendidos en los calcetines del príncipe. La mujer se asustó mucho y recordó la insistencia de su acompañante en que no le dejara solo, su miedo a la muerte, su terrible confesión… El príncipe seguía inmóvil y ella se inclinó dispuesta a ver sangre. Pero ningún fragmento de vidrio le había rozado ni siquiera la piel. Estaba a salvo; milagrosamente a salvo. Cualquier corte habría significado su trágico final. La aparición de una hemorragia incontrolable. La muchacha recogió uno a uno los pedazos de cristal y los echó fuera del vehículo. «¿Estás ya más tranquilo?», le dijo. Pero el príncipe siguió con su abatido discurso: «Es una señal —advirtió—. Eso trae mala suerte. Tengo que regresar al hotel inmediatamente… Lo sabía. No debí salir». Y acto seguido le pidió que le dejara conducir el vehículo. Ella se resistió, repitiéndole que estaba temblando y que así no podía sostener el volante. Trató de disuadirle para que le dejara a ella conducir. Pensó incluso en bajarse del coche y esperar a que cualquiera de los otros vehículos aparcados frente al bar la llevara de regreso a Miami, pero nos dijo luego a Steve y a mí que en el fondo se sentía responsable del príncipe. Por fin, tras asegurarle que si conducía en su estado podía sucederle lo mismo que a su hermano Gonzalo, logró que don Alfonso desistiese.

—Pero tampoco ella estaba en condiciones de conducir —repuse yo.

—Desde luego; ella también temblaba. Gotas de sudor frío le resbalaban por la frente, nublándole la vista. Muy despacio, tomó la carretera de Miami. Conducía con miedo, sin atreverse a levantar una mano del volante para frotarse los ojos. Pero cuando el coche enfiló minutos después el bulevar Byscaine, la muchacha se desvió ligeramente a la derecha y el coche acabó empotrándose contra un poste telefónico. Un transeúnte que presenció el accidente nos avisó enseguida.

—Poco después llegó usted. Dígame, ¿qué vio?

—Don Alfonso estaba inconsciente. A su lado, Mildred Gaydon lloraba como jamás he visto hacerlo a nadie. Bueno, no exactamente... ¿Recuerda usted a la actriz Linda Blair, que interpretaba a la niña poseída en *El exorcista*?

—Sí, la recuerdo; Regan se llamaba ella en la película.

—Eso es, Regan. Pues Mildred Gaydon se parecía a Regan. No fui capaz de distinguir en aquel momento si lo que en realidad expelía aquella atronadora garganta eran carcajadas o lamentos. La mujer parecía fuera de sí. Don Alfonso y ella estaban junto a un hombre que portaba un maletín de primeros auxilios: «Soy médico y estoy aquí por casualidad», nos advirtió a Steve y a mí. Era el doctor Cooper, con quien al día siguiente hablaría en el pasillo del hospital mientras el príncipe agonizaba. «El herido es hijo del depuesto rey Alfonso XIII de España, y paciente mío. Es hemofílico y puede desangrarse aquí mismo si no le llevamos inmediatamente al hospital. Necesita transfusiones», nos apremió. Mientras sacábamos al príncipe del coche, el doctor Cooper no dejaba de presionarle las arterias con la mano. Cuando uno de los camilleros de la ambulancia le cogió las piernas, don Alfonso dejó escapar un grito de dolor. El doctor se apresuró a reconocer su pierna derecha. En cuanto la vio, cerró instintivamente los ojos, apretándolos en un gesto de gran consternación: el príncipe tenía una fractura con una hemorragia interna que iba extendiéndose con la misma rapidez que si hubiesen derramado agua sobre un mantel… El destino acababa de sentenciarle a muerte, como a otros miembros de su familia.

10

LOS BORBONES EN LA GUERRA CIVIL

—Fue terrible... terrible.

»Aquella madrugada, y muchas otras el resto de su vida, mi padre fue incapaz de conciliar el sueño. Cincelados con sangre desfilaban por su mente, como en un siniestro *travelling*, los rostros ensimismados de aquellos infelices, la pasmosa serenidad de algunos de ellos, impasibles en apariencia ante la presencia del pelotón de fusilamiento a escasos diez metros de distancia, esperando de un momento a otro la ráfaga de disparos que desvaneciera para siempre sus ilusiones terrenales... Algunos movían suavemente los labios, encomendándose a Dios entre susurros.

»Minutos antes, la camioneta en la que desde la cárcel de Ventas viajaban los hermanos Enrique y Alfonso de Borbón y de León, primos de Alfonso XIII, se había detenido en diagonal ante la puerta del cementerio de Aravaca para alumbrar con sus faros la parte central del camposanto, donde fueron colocados los presos maniatados con bramante. Había treinta y uno en total [13 al revés]; otro más, Francisco Gallego Sáez de Burgos, había sido fusilado en el mismo patio de la cárcel al negarse a subir a la camioneta.

—La orden partió del director general de Seguridad, Manuel Muñoz, tan sólo unas horas antes —señalé yo, tratando de reconstruir la matanza desde el principio.

En los gestos de mi interlocutor, Manuel G. Yáñez, hijo del ayudante del enterrador de Aravaca en aquella época, médico de profesión, advertía aún la emoción. Habían transcurrido setenta años de aquel horrible crimen perpetrado la madrugada del 1 de noviembre de 1936, en plena Guerra Civil, al que siguieron dos expediciones más de reclusos procedentes de la misma prisión de Ventas los días 1 y 3 de diciembre.

Cada vez que evocaba lo sucedido aquella sangrienta jornada, Manuel fruncía el entrecejo en un gesto inconfundible de dolor; sus ojos entonces se achinaban, llegando incluso a humedecerse, y su frente semejaba un campo árido y desierto, como trajinado por un arado que hubiese trazado profundos surcos en él.

Manuel pertenecía a la generación de la posguerra que pudo labrarse un porvenir estudiando en la universidad; al contrario que su padre, a quien las circunstancias le obligaron, desde pequeño, a ganarse el pan diario con las manos.

Antes de morir, el sepulturero describió con rudeza a su hijo aquella maldita escena de carne de patíbulo; escena que Manuel, a sus sesenta y dos años, revive como su peor pesadilla.

—Mi padre jamás olvidó el gesto firme de aquellos desgraciados enfrentados a la muerte. Pudo distinguir, al fondo, apoyados en el muro de ladrillo orientado al poniente, a los hermanos Borbón; Alfonso, de cuarenta y dos años, guardaba un gran parecido con Alfonso XIII, con su bigote recortado y su nariz prominente; a su lado, Enrique, de cuarenta y cinco, parecía asumir con la misma dignidad el doble trance que se le avecinaba, puesto que junto a él tenía también a su hijo, Jaime de Borbón y Esteban.

El dolor de Enrique de Borbón y de León tuvo que ser indescriptible, dado que su hijo Jaime tenía sólo quince años. Por fortuna, su otra hija, Isabel de Borbón y Esteban, IV marquesa de Balboa y condesa de Esteban, pudo salvar la vida; al igual que su madre, Isabel de Esteban e Iranzo, III condesa de Esteban, dama enfermera de la Cruz Roja española y de Sanidad Militar, que fallecería el 14 de noviembre de 1964.

—Entre aquella maraña humana —evocaba Manuel—, mi padre pudo ver igualmente erguidos, desafiantes incluso, a Ramiro Ledesma Ramos, fundador de las JONS, y a su tocayo Maeztu, el insigne escritor y periodista vitoriano, que se despidió sin rodeos de los hombres que formaban el pelotón de fusilamiento: «Vosotros no sabéis por qué me matáis, pero yo sí sé por lo que muero».

»En un instante sonaron las descargas de fusil; primero una, luego otra, a continuación otra más, y otra... En total, la docena de tiradores, formados en dos filas, efectuó más de un centenar de disparos sobre aquellos hombres que segundos después regaban la tierra con su sangre. Algunos serpenteaban aún en el suelo, agonizantes, en espera de que sus verdugos les descerrajasen el tiro de gracia en la nuca o en la sien...

—Eran unos valientes —corroboré yo, sobrecogido por tan estremecedor relato.

Investigando en el Archivo Histórico Nacional pude comprobar que, en efecto, Alfonso de Borbón había ingresado en la cárcel de Ventas el 28 de julio, dos días después que su hermano Enrique. Los esbirros del director general de Seguridad, Manuel Muñoz Martínez, seguían de cerca sus pasos, hasta que la noche del 25 de julio decidieron irrumpir en el domicilio de Enrique, en el número 22 del paseo de Pintor Rosales, y se lo llevaron detenido. Su hermano Alfonso no tardó en caer también en sus garras.

Muñoz, diputado a Cortes por Izquierda Republicana y grado 33 de la Masonería, conocía de sobra el talante antirrepublicano de los Borbón y de León, así como su inequívoco afecto por los sublevados, en quienes habían depositado todas sus esperanzas de ver restaurado algún día el trono de los Borbones en España.

A los dos hermanos tampoco les inquietó demasiado que pudieran prenderlos; además de su espíritu corajudo, la proximidad del Alzamiento, acaecido apenas una semana antes, les impidió huir de Madrid o buscar refugio en una embajada.

Días después de su detención, cuando ya había comenzado en la capital la oleada indiscriminada de asesinatos, se celebró en el palacio del Círculo de Bellas Artes una decisiva reunión convocada precisamente por Manuel Muñoz, a la que asistieron representantes de todos los partidos y sindicatos encuadrados en el Frente Popular, que acordaron la constitución del Comité Provincial de Investigación Pública, encargado de dirigir la represión en la calle y en las cárceles en permanente contacto con la Dirección General de Seguridad.

Erigido en checa, el citado Comité actuó primero desde su sede en los sótanos del Círculo de Bellas Artes y a finales de agosto se trasladó a un palacete en el número 9 de la calle Fomento; de ahí que fuera conocido y temido en Madrid bajo el nombre de checa de Fomento, hasta su disolución en noviembre.

Pese a que Muñoz ya había sentenciado a muerte a los hermanos Borbón, la vida de éstos pudo prolongarse tres meses escasos gracias a que fueron encarcelados en Ventas una semana antes de que comenzase a operar la checa de Fomento. De lo contrario, el «tribunal» de la checa probablemente habría hecho consignar en la ficha correspondiente a cada hermano la letra «L», seguida de un punto, signo ortográfico que servía de contraseña a las brigadillas para asesinar a sus víctimas. Así pues, de haber sido detenidos poco después, los Borbón de León habrían caído en manos del anarquista Antonio Ariño Ramis, apodado «el Catalán», un vulgar malhechor fugado de la penitenciaría de la Guayana Francesa, autor material de centenares de asesinatos en Madrid como responsable de la más feroz de las brigadillas de la checa de Fomento.

Se dio la circunstancia, además, de que el 31 de octubre, en que Manuel Muñoz firmó de su puño y letra la orden de asesinato de los hermanos Borbón, medio centenar de detenidos fueron sacados también por decisión suya de los calabozos de la checa de Fomento para ser conducidos en autobuses al pueblo de Boadilla del Monte, en cuyo término municipal fueron asesinados y enterrados en una gran zanja.

Pero nuestros desafortunados protagonistas no hicieron sino prolongar unos meses más su intensa agonía. Durante los primeros días que pasaron en la prisión de Ventas estuvieron incomunicados, hasta que el 1 de agosto pudieron salir por fin al patio. El preso Manuel Gómez Galanne los vio allí, y pudo hablar a solas varias veces con Alfonso, que el 28 de octubre se mostró convencido de que iba a ser asesinado, como su hermano Enrique, otro osado que no tenía el menor recato en proclamar en público su deseo de morir antes que servir a la República.

Los Borbón organizaron allí el Socorro Blanco, junto con el marqués de Buenavista, el duque de la Victoria, el teniente

Bustillo y José Fernández de la Guerra. El Socorro Blanco estableció contacto con la quinta columna, e incluso logró comunicarse con el conjunto de la España nacional. Entre sus enlaces se contaban algunos oficiales de prisiones, y llegó a proyectarse que la Falange hiciese pasar armas a la cárcel, idea que finalmente se descartó.

Mientras, los milicianos se ensañaban con Alfonso porque les recordaba al rey exiliado cinco años atrás. «Eres un cabrón con la misma cara que tu tío [en realidad era primo de Alfonso XIII]», le increpaban. Y Alfonso, volviéndose hacia ellos desde su celda, les respondía, altivo: «No siento por vosotros más que desprecio».

El 2 de agosto ingresó Ramiro de Maeztu en la cárcel. Pasó primero por la enfermería y luego fue destinado a la «sala de madres», donde coincidió con los Borbón, Vázquez Dodero, Pérez Sala, el padre Romaña, el ingeniero Ricardo Fernández Hontoria, el catedrático Santiago Magariños y el doctor Lemus. Maeztu rezaba el rosario todos los días. Su alta y enjuta silueta parecía agigantarse cada vez que defendía la reedificación de la Hispanidad. Meses después de proclamada la República, fundó con otros políticos e intelectuales el movimiento Acción Española. Y desde luego nadie cuestionaba su fidelidad a la dinastía borbónica: «Para los españoles no hay otro camino que el de la antigua Monarquía Católica, instituida para el servicio de Dios y del prójimo», repetía incesantemente. Su audacia al defender sus ideas le granjeó no pocos enemigos entre los cobardes que poblaban la cárcel. El ordenanza Joaquín Cerrato era uno de ellos. Un día arrebató la pluma a Maeztu y le recriminó: «Con ésta pocos artículos vas a poder escribir ya para *ABC*».

Al igual que Maeztu, los hermanos Borbón se veían obligados a convivir diariamente con numerosos indeseables, como Mariano Cerrajero, oficial de prisiones que pertenecía a la checa del Ministerio de Trabajo y cuya máxima ilusión era abusar sexualmente de las mujeres de las familias de los detenidos, a quienes chantajeaba junto con el también oficial de prisiones Raúl Ramos.

Las habladurías de otro miserable, Joaquín Peñalver, designado jefe de todos los ordenanzas del lado izquierdo de la cárcel pese a ser declarado culpable por un tribunal de haber degollado a su novia, ayudaron también a sembrar la discordia entre los Borbón y los reclusos de izquierdas.

Los dos hermanos eran militares: Enrique, capitán de complemento de Caballería, y Alfonso, capitán de Infantería y servicio de Aviación. Su padre, Francisco María de Borbón y Castellví, nacido en Toulouse el 29 de marzo de 1853, fue distinguido por su heroica intervención en la batalla de Alcora con las tropas carlistas. Estaba en posesión de numerosas condecoraciones por su entrega y valor: desde la Medalla Conmemorativa de la Campaña de Cuba, en la que tomó parte, hasta la Gran Cruz de la orden del Mérito Militar con distintivo rojo y blanco, o la correspondiente a la orden de San Hermenegildo. Restaurada luego la dinastía borbónica en la persona de Alfonso XII, don Francisco María fue nombrado general de brigada en la isla de Cuba, donde se casó con María Luisa de la Torre, con la que tuvo cinco hijos, entre ellos una mujer, Elena de Borbón y de la Torre, asesinada de cuatro disparos por unos milicianos, al final de la madrileña calle Serrano el 24 de septiembre de 1936. La Guerra Civil tiñó de sangre a la familia descendiente de la rama morganática de la Casa Real de los duques de Sevilla, a la que pertenecían por derecho propio Alfonso y Enrique.

Elena de Borbón y de la Torre tenía cincuenta y ocho años cuando fue asesinada, y estaba casada con José de Oltra y Fullana, gentilhombre de cámara del rey Alfonso XIII, con el que tenía tres hijos: Elena, Consuelo y Alfonso de Oltra y de Borbón. Don Francisco María se cuidó siempre de que sus hijos tuviesen títulos nobiliarios, y entre ellos, cómo no, veló por su desventurada hija Elena, como lo prueba esta carta que escribió al rey Alfonso XIII el 2 de diciembre de 1929 y que se conserva en el Archivo General de Palacio:

> Querido sobrino Alfonso:
>
> No he visto a Primo de Ribera [sic], pero sé que has hablado con él respecto a la conversación que tuve el gusto de tener contigo.
>
> Todos mis hijos tienen un título y dos con Grandeza, excepto Elena y Blanca.
>
> Yo quiero a todos mis hijos, pero al pedirte un título para Elena, que ya me dijo le habías prometido que le darías uno, era en mí pedirte a ti el dinero, pues ella no tiene para tanto.
>
> [...] Cierto que tanto Elena como Isabel son acreedoras a un título y cree que si yo pudiera, lo pagaría todo; pero también mis otros nietos pedirían... Y por lo tanto mi deber es circunscribirme a Elena, cuando yo la pueda evitar y evitarte a ti tanto gasto [...] Haz, pues, un esfuerzo, pues mis razones te han de convencer para que tú no desoigas mis súplicas. Siempre tuyo afmo., tío,
>
> PACO

Tres años después de la muerte de su esposa a resultas del quinto parto, Francisco María contrajo segundas nupcias con otra cubana, Felisa de León y Navarro de Balboa, nacida en junio de 1861, hija de un miembro del Tribunal de Cuentas, Carlos de León y Navarrete, y de la segunda marquesa de Balboa. De ese segundo matrimonio nacieron precisamente Enrique, Alfonso y otra dama, Blanca de Borbón y de León, que sería novia de don Jaime de Borbón y Battenberg, el hijo sordomudo de Alfonso XIII, antes de desposarse definitivamente con Luis de Figueroa y convertirse así en flamante condesa de Romanones. Blanca de Borbón, la única hermana directa de Alfonso y Enrique (recordemos que Elena, asesinada también como ellos durante la Guerra Civil, era su hermanastra), era una mujer inteligente y cosmopolita que supo hacerse merecedora de la selecta aureola de los Romanones. Su antiguo noviazgo con don Jaime, zanjado por Alfonso XIII con el poderoso argumento para la época de que ella era diez años mayor que su hijo, dejó en la futura condesa una huella indeleble que se hizo palpable muchos años después, cuando acogió y respaldó a los hermanos Alfonso y Gonzalo de Borbón Dampierre, hijos de don Jaime y de Emanuela Dampierre, a su llegada a España. Con el tiempo, su nieta María Suelves se casaría con Francis Franco, nieto del general Franco.

Pero volvamos al cabeza de familia, Francisco María. Fue sin duda un hombre ambicioso, que tras la muerte de su hermano Enrique, en 1894, reclamó para sí los derechos legítimos de la corona de Francia, titulándose como «Francisco III» y «duque de Anjou». Sus disputas dinásticas con la rama de los Orleans no tuvieron éxito, en vista de lo cual hizo de las armas casi una religión. En 1927, Alfonso XIII le concedió el collar del Toisón de Oro, la más alta condecoración de los Borbones, en reconocimiento por sus valiosos servicios.

Sus hijos Alfonso y Enrique decidieron seguir desde jóvenes los pasos militares de su padre. Como a él, les incomodaba que los considerasen Borbones «de segunda división» a raíz del matrimonio morganático contraído por su abuelo paterno. Aun así, Enrique heredó de su abuela, Felisa Navarro de Balboa y Sánchez-Yebra, el marquesado de Balboa en 1917. Alfonso, por su parte, se convirtió en el II marqués de Squilache tras heredar el título de su tía materna, María del Pilar de León y de Gregorio, primera titular de esa distinción nobiliaria que posee hoy el hijo de aquél, Alfonso de Borbón y de Caralt, casado con la condesa de Casa Rojas, María Teresa de Rojas y Roca de Togores. El III marqués de Squilache era también gentilhombre de cámara del rey Alfonso XIII y estaba casado con María Luisa de Caralt y Mas.

El destino quiso que un hermanastro de Alfonso y Enrique, Francisco de Paula de Borbón y de la Torre, duque de Sevilla, sobreviviese a éstos al término de la guerra. El teniente general Francisco de Paula era primo del rey Alfonso XIII, con el cual guardaba un asombroso parecido físico, y había combatido con éxito en la campaña de Marruecos en 1909, conquistando la ciudad de Agui-el-Ach al mando de sus tropas. Más tarde, en abril de 1931, asistió al último Consejo de Ministros de Alfonso XIII, siendo luego deportado a Villa Cisneros, en el Sahara español, para regresar cinco años después a España y alistarse con su hijo Francisco en las tropas dirigidas por Franco.

Los mandos nacionales le enviaron a las órdenes directas del general Queipo de Llano, en el sector sur. En 1937 fue nombrado gobernador militar de Gibraltar. Pero sus mayores momentos de gloria llegaron durante la conquista de Málaga. La columna que mandaba, y que debía avanzar por las montañas del litoral, se lanzó por iniciativa de Francisco de Paula al estrecho pasillo de la costa, rompiendo el dispositivo republicano de defensa y permitiendo que las tropas italianas pudiesen progresar libremente por su sector central. Las fuerzas del duque de Sevilla fueron las primeras que entraron en Málaga, con varias horas de antelación a las italianas. Luego, relevaron a sus aliados en el sector oriental del frente costero y fijaron allí sus posiciones, que se mantuvieron hasta el cese de las hostilidades. Más tarde, el duque de Sevilla fue encarcelado en Madrid, librándose por azar de morir en una de las horribles sacas de presos que segaron la vida de sus dos hermanastros y de su sobrino aquella desapacible madrugada de noviembre, minutos después de abandonar para siempre la prisión.

La cárcel de Ventas, también llamada Prisión Provincial de Hombres número 3, era un moderno y espacioso centro de mujeres construido por iniciativa de la diputada socialista Victoria Kent y habilitado para hombres el 24 de julio de 1936. Se hallaba entre las calles del Marqués de Mondéjar y de Rufino Blanco. Su director era Antonio Garay Lucas, pero pronto se convirtió en poder fáctico un siniestro personaje, Alberto Pajuelo Caravaca, antiguo camisa vieja de Falange Española, que era el jefe de las milicias detenidas en Ventas. Su inseparable Hipólito Ruiz, *Polo*, se ocupaba de hacer llegar las listas de presos confeccionadas por Pajuelo a varios comités que luego presionaban para que los reclusos sospechosos de fascistas fuesen sacados de la cárcel y asesinados.

En los primeros días de la contienda no hubo que lamentar expediciones colectivas de presos, aunque sí se efectuaron numerosas «sacas individuales», entre ellas las de unos treinta vecinos derechistas de Colmenar Viejo, que fueron asesinados.

El aumento progresivo de los crímenes con la participación, en algunos casos, de las autoridades encargadas de garantizar el orden público y, en otros, con su insólita pasividad, alertó a la opinión pública internacional y provocó la protesta airada de algunas representaciones diplomáticas acreditadas en Madrid. Sin ir más lejos, el gobierno británico protestó a través de un comunicado que fue respondido casi en el acto por el ministro de Estado, Julio Álvarez del Vayo, quien afirmó que la preocupación de las autoridades británicas carecía por completo de fundamento, dado que «los presos se encontraban totalmente seguros y en espera de ser juzgados por los tribunales competentes». La nota del ministro se publicó en la prensa los días 25 y 26 de octubre. Pero, curiosamente, al día siguiente, a consecuencia de los bombardeos aéreos del ejército nacional, empezó a funcionar un nuevo tribunal del Comité Provincial de Investigación Pública. La situación de los presos era desesperada. Las autoridades temían que los militares confinados en las cárceles pudiesen sumarse a las fuerzas sublevadas si, como se temía, la capital caía en manos del ejército de Franco. Pronto cundió entre los milicianos el odio a los militares y a los detenidos de derechas.

Desde primeros de octubre, aviones franquistas habían sobrevolado Madrid lanzando octavillas que instaban la evacuación de la población civil y establecían el día 12 como fecha para la rendición de la capital. El día 27, los militares encarcelados en Ventas fueron interrogados por el Comité Provincial de Investigación Pública y se negaron a servir bajo cualquier concepto a la República. Entre los miembros del tribunal estaban Arturo García de la Rosa y Manuel Rascón Ramírez, quienes, días después, formarían parte del Consejo de Investigación de la Consejería de Orden Público de la Junta de Defensa de Madrid, a cuyo frente estaría Santiago Carrillo Solares durante la época más sangrienta de las sacas.

Eran alrededor de las cinco de la mañana cuando Rascón irrumpió en las celdas dormitorio; le acompañaban jóvenes armados con pistolas, quienes hicieron formar a los presos en el centro de la galería para pasar lista. Tras verificar que no faltaba ningún recluso, Rascón se dirigió a ellos con el saludo habitual («¡Salud a todos!») y acto seguido les arengó asegurándoles que la República se veía seriamente amenazada por el fascismo, que intentaba arrebatar la libertad a los ciudadanos. El comisario de la checa de Fomento dijo hablar en nombre del gobierno legítimo de la República y exhortó a los reclusos a defenderlo con su propia sangre si fuera preciso. «El que esté dispuesto, ¡que dé un paso al frente!», gritó. Se produjo un silencio claustral, seguido de un electrizante cruce de miradas. Nadie se movió. Los milicianos se trasladaron entonces a las oficinas de la cárcel, donde establecieron un tribunal ilegal para sentenciar a todos a muerte. Junto a Rascón y García de la Rosa se hallaba una mecanógrafa de la Dirección General de Seguridad que iba registrando el interrogatorio: «¿Cuántos años tienes?», «¿Estás diciendo la verdad?», «¿Qué quieres, jurar o prometer?», «¿Eres cristiano?», «¿Qué harías si te dejáramos en libertad y vieras a la República amenazada por los fascistas?», «¿Acaso no la defenderías?»...

Fue así como el 31 de octubre [13 también al revés], tras el burdo juicio escenificado por el tribunal, el director general de Seguridad, Manuel Muñoz, firmó la sentencia de muerte de los hermanos Borbón de León y de otros treinta reclusos de la cárcel de Ventas. Les hicieron creer que iban a ser trasladados a la prisión de Chinchilla, pero nada más lejos de la verdad: tras presentarse el policía Álvaro Marasa en la prisión con el oficio firmado por Manuel Muñoz, los reos fueron encomendados a Manuel Rascón, miembro del Comité Provincial de Investigación Pública.

Sobre las cinco de la madrugada del día siguiente se oyó un ruido de llaves en la galería y, a continuación, varias voces, una de las cuales llamó: «¡Ordenanza!». La misma voz añadió enseguida: «Abre las celdas de aquellos a quienes yo llame». Rascón alumbraba una papeleta amarilla con una linterna eléctrica. Parecía tener mucha prisa por llevarse a los que iba llamando: «Doroteo Águeda González, Luis Arjona Betedón, Pedro Benito Chica, Ramón de Diego Hidalgo, Francisco Gallego Sáez de Burgos, Enrique de Borbón y de León, Alfonso de Borbón y de León, Ramiro de Maeztu Witni, Ramiro Ledesma Ramos...».

Los desgraciados salieron de sus celdas, vigilados por un suboficial de la Policía Militar que hacía las funciones de jefe de dormitorio. En la sala de reunión de la cárcel aguardaba una docena de hombres armados con mosquetones con bayoneta; vestían abrigos de cuero, gorros rusos y otros complementos de piel. Eran los guardianes de la muerte, encargados de vigilar a los detenidos y despojarles del jabón, el dentífrico y el peine, asegurándose de retirarles también sus documentos personales para evitar que alguien pudiera luego identificarlos.

—En realidad —me explicó Manuel G. Yáñez, tras oírselo decir a su padre— los auténticos verdugos que acompañaron a los presos hasta el cementerio de Aravaca y vaciaron luego allí sobre ellos sus cargadores fueron milicianos del Ateneo Libertario de La Elipa, un barrio obrero próximo al de Ventas. Individuos sedientos de sangre que hallaban placer en cometer nuevos asesinatos, y que se lucraban luego con la ropa o con cualquier otro objeto que pudieran encontrar sobre las víctimas.

Días después pude verificar los nombres de los asesinos en un documento de la denominada *Causa General*, según el cual aquella madrugada, un grupo de facinerosos, integrado por Mariano del Cabo, Lorenzo del Valle, Desiderio Recio, Ciriaco Gilo, Luis Poves, Antonio Moreno, Adrián Domínguez, José Pino, Juan J. Lerma, Julián y Rafael Abad, Juan Romanillos e Isidro Bach, dispararon a los desgraciados hermanos Borbón, al intelectual Ramiro de Maeztu y al audaz ideólogo Ledesma Ramos, entre otros.

El cortejo de la muerte había recorrido los diez kilómetros que separaban la prisión de Ventas del cementerio de Aravaca, que formaba un cuadrilátero enmarcado por una tapia de ladrillo de unos dos metros de altura. Allí se abrieron dieciocho fosas, once en la parte derecha, y otras siete en la izquierda, que sirvieron de sepulcro a los cerca de cuatrocientos infelices que fueron fusilados en pocas semanas.

Antes de que el padre de Manuel G. Yáñez removiese la zanja y volcase las últimas paletadas de tierra sobre los cuerpos ensangrentados de los hermanos Borbón y de sus compañeros de cadalso, los milicianos desnudaron a sus víctimas y quemaron sus ropas para impedir su identificación.

—Mi padre —recordaba Manuel— maldijo siempre el modo tan humillante como fueron sepultados esos pobres inocentes, y rezó allí mismo una oración por ellos... Aquélla fue la última vez que pisó el cementerio de Aravaca para enterrar a los muertos. Al cabo de unos días se enroló en la quinta columna y ayudó a numerosos madrileños a pasar a la otra zona. En su memoria quedó registrada la serena expresión de los hermanos Borbón abrazándose a su trágico final; sus miradas esperanzadas en un reencuentro en el más allá; su admirable arrojo ante la muerte...

Manuel se incorporó de una mecedora de mimbre y se acercó al anaquel para coger una carpeta de cartón, de la cual extrajo un documento.

—Lea... lea usted lo que se dice aquí. Encontré estos papeles en un pequeño *bureau* que mi padre tenía cerrado con llave. Léalo, por favor... —dijo, tendiéndome una hoja de periódico doblada.

Era un recorte del diario *Política*, órgano de Izquierda Republicana. Estaba fechado el 14 de noviembre de 1936, casi dos semanas después del asesinato de los Borbón de León y de sus compañeros de cautiverio. Leí enseguida el encabezamiento, en la cuarta página: «Saliendo al paso de una infamia. Todos los presos son juzgados dentro de la Ley, y ni son víctimas de malos tratos ni deben temer por sus vidas».

El texto del artículo decía así:

> A la Junta de Defensa de Madrid han llegado noticias de que las emisoras facciosas han lanzado informaciones recogidas de periódicos extranjeros sobre malos tratos a los detenidos fascistas. En vista del conato de campaña que con ello se ha comenzado a realizar, se han visto obligados los consejeros a declarar ante España y ante las naciones extranjeras que cuanto se diga de este asunto es completamente falso. Ni los presos son víctimas de malos tratos ni menos aún deben temer por su vida. Todos serán juzgados dentro de la legalidad de cada caso...

Miré a Manuel y compartí su gesto de repugnancia, como si yo también acabase de olfatear una apestosa cloaca.

La mala estrella de los Borbones lució con demasiada intensidad durante la Guerra Civil. El primero en caer en acto de servicio, un mes antes que los Borbón de León, fue el príncipe don Carlos de Borbón y Orleans, hermano mayor de María de las Mercedes de Borbón y Orleans, esposa de don Juan de Borbón, padre a su vez del rey Juan Carlos I. La tragedia tuvo lugar en las montañas próximas a la ciudad norteña de Eibar, pocos días antes de que don Carlos se enrolara en el ejército nacional con el cargo de teniente. Durante un ataque de los republicanos, el 27 de septiembre de 1936, el joven príncipe se apercibió de que uno de sus hombres había perdido el casco y le cedió generosamente el suyo. Minutos después, una bala le atravesó la frente y cayó fulminado.

Al enterarse de su muerte en el exilio de Roma, Alfonso XIII sufrió como si hubiese perdido a su propio hijo. La víctima era hijo del infante don Carlos de Borbón y Borbón, cuñado de Alfonso XIII y abuelo materno del rey Juan Carlos I. Su hermana, María de las Mercedes de Borbón, se había casado en Roma, el año anterior, con el príncipe de Asturias, don Juan de Borbón.

El padre del fallecido supo labrarse una íntima amistad con Alfonso XIII durante su reinado. Fue en los primeros años delegado del rey en numerosas embajadas en el extranjero, y acabó casándose con su prima Mercedes, princesa de Asturias y hermana mayor del rey Alfonso XIII.

Pero una nueva desgracia asoló a esta otra trágica rama de

los Borbones de España. El 17 de octubre de 1904, al día siguiente del nacimiento de su tercera hija, la infanta Isabel Alfonsa, de la que iba a ser padrino Alfonso XIII, murió la princesa Mercedes a consecuencia de las complicaciones del parto.

Por si fuera poco, diez meses después, en agosto de 1905, fallecía también en Madrid el segundo hijo del infante don Carlos de Borbón, Fernando, con sólo dos años.

La terrible secuencia de muertes fue muy dura para don Carlos, que dos años después contrajo segundas nupcias con la princesa Luisa de Orleans, hija de los condes de París y prima segunda del rey Alfonso XIII. De este segundo matrimonio nacieron el desgraciado infante don Carlos, el 5 de septiembre de 1908, y, dos años después, María, madre del rey Juan Carlos I.

Desde pequeño, el primogénito Carlos hablaba con su padre en español, mientras que con su madre se entendía en francés. Era un gran aficionado a la música, y disfrutaba jugando con sus primos, los hijos de Alfonso XIII y Victoria Eugenia, durante las excursiones a El Pardo, La Zarzuela y la Casa de Campo, en las que les acompañaban también sus otros primos Baviera y Orleans.

Mientras, su padre estrechaba lazos con el rey viajando en su nombre a Baviera para asistir a los funerales del príncipe regente Luitpold o asistiendo a la boda del ex rey Manuel II de Portugal, en la ciudad alemana de Sigmaringen.

Don Carlos era teniente coronel del ejército y había luchado en Marruecos en 1909; doce años después el rey le nombraría capitán general de Andalucía, y en 1930 le otorgaría el mando de la región militar de Cataluña y lo elevaría a la categoría de inspector general del ejército.

La llegada de la República unió aún más, si cabe, a don

Carlos y al rey. El infante desembarcó con su familia en Marsella y desde allí se dirigió a París, donde se instaló en un piso de la madre Lóriga, hermana del conde del Grove, en la rue de Lannes. Durante esos años de exilio visitó en numerosas ocasiones al rey destronado en su residencia de Roma, y vibró de emoción al ver a su hija María de las Mercedes casada con el heredero de la dinastía, don Juan de Borbón.

Pero otro nuevo infortunio cogió desprevenidos a los Borbones desterrados de España: el estallido de la Guerra Civil levantó pasiones en el seno de la Familia Real. El infante don Carlos de Borbón, cuñado de don Juan de Borbón, vio colmado su propósito de alistarse en el ejército nacional, lo mismo que sus hermanas menores Dolores y Esperanza, enroladas como enfermeras en San Sebastián; sin embargo el conde de Barcelona no consiguió luchar del lado de los sublevados por más que lo intentó.

En abril de 2006 viajé fugazmente a Roma para conocer y entrevistar a un noble caballero que reside en aquella monumental ciudad desde hace más de seis décadas. Cogí un avión a primera hora de la mañana y aquel mismo día, por la noche, estaba ya de regreso en Madrid, radiante de satisfacción.

Eugenio Santa Olalla vive su solitaria vejez en una villa alquilada cerca del Coliseo. Le acompaña una especie de mayordomo que fue su chófer durante muchos años, hasta que el hombre, tras una delicada intervención de estómago, se mostró incapaz de conducir.

Santa Olalla es un consumado experto en la dinastía borbónica, especialmente en la rama de Alfonso XIII, a quien tuvo oportunidad de tratar a intervalos en el exilio. Al principio temí que no quisiera recibirme, dado que me habían advertido sobre su gran discreción, casi enfermiza. De hecho, se cuentan con los dedos de una mano las personas que conocen hoy su sorprendente erudición en cuestiones monárquicas, y eso que ha transcurrido casi un siglo desde que nació. Su edad, sin embargo, no es óbice para que este venerable anciano siga recitando hoy de memoria, con una lucidez asombrosa, los árboles genealógicos de los Borbones franceses y españoles, y sea incluso capaz de situar entre sus ancestros a cada uno de los grandes aristócratas españoles, desde los duques de Medina Sidonia o los de Alburquerque, hasta los de Medinaceli y los de Osuna. Un verdadero portento de sabiduría que ha rechazado por principio cualquier proposición editorial para publicar sus vastos conocimientos de heráldica. Asegura que no quiere ser famoso, razón por la cual posee uno de los caudales de conocimiento más brillantes que existen sobre el particular.

Mi admirado anfitrión me atendió amablemente durante casi tres horas en su hermoso despacho biblioteca, repleto de lustrosos lomos con tejuelos perfectamente alineados sobre los anaqueles que cubrían por completo las paredes. Eugenio Santa Olalla había dejado sobre la mesa de nogal con tapete verde el primer volumen, encuadernado en pasta española de la época, de los tres que integran *La estafeta de Palacio*, de Ildefonso Bermejo.

—Es una obra deliciosa —me dijo atusándose su mostacho de hurón, al ver que posaba la mirada sobre aquel ejemplar del siglo XIX. No hay duda de que Bermejo conocía los entresijos de la corte mejor que el pasillo de su casa.

Aunque circunspecto, aquel hombre era realmente ingenioso y, según transcurrió la conversación, pude comprobar que de circunspecto tenía más bien poco. Era la fuente de información con la que cualquier periodista, historiador o escritor ha soñado alguna vez.

Sin más preámbulos, conduje la entrevista hacia el tema que me había llevado hasta allí: el papel de Alfonso XIII y de su familia en la Guerra Civil española. Así que rompí de una vez el hielo:

—¿No le parece que Alfonso XIII vio en la Guerra Civil la gran oportunidad de volver a reinar en España? Era evidente —añadí— que el monarca aún no había olvidado la cruel sentencia de las Cortes republicanas declarándole «culpable de alta traición» y condenándole a ser «degradado de todas sus dignidades, derechos y títulos, que no podrá ostentar legalmente ni dentro ni fuera de España». ¿He leído bien?

El anciano, ligeramente corcovado, asintió pesaroso con su cráneo de alimoche; tras permanecer unos segundos en silencio, como si reflexionase, dijo:

—El rey siempre —enfatizó este adverbio— se mostró solidario con los sublevados. Le diré una cosa: la infanta doña Eulalia, su tía materna, reveló en cierta ocasión que el monarca había entregado un millón de libras esterlinas para la causa de Franco. ¿Verdad que el gesto es suficientemente revelador?

Asentí yo entonces con la cabeza.

—Pero le diré más —prosiguió—: en agosto de 1936, Alfonso XIII realizó una gestión decisiva en favor de los sublevados. El general Emilio Mola le había advertido al conspicuo monárquico Juan Ignacio Luca de Tena, en Burgos, que si en el plazo de ocho días no recibía más aviones de caza y bombardeo, la guerra estaba prácticamente perdida. El marqués de Luca de Tena viajó enseguida a Roma y encontró allí al consejero del rey, Pedro Sainz Rodríguez, quien le puso en contacto con el conde Ciano, ministro italiano de Relaciones Exteriores. Luca de Tena entregó a Ciano una carta de Mola para Mussolini. Al día siguiente, el ministro dijo que el Duce accedía a enviar a España los aviones que se le pedían y que, en el curso de las siguientes semanas, los aparatos saldrían por barco. Sin embargo, había un grave inconveniente: Mola no podía esperar tanto. Los aviones debían viajar por aire, pero Ciano argumentó que él no podía discutir con Mussolini, añadiendo que el único con autoridad para hacerlo era el rey Alfonso XIII, que en aquel momento se encontraba ¡de montería en Checoslovaquia!

—Claro —corroboré yo—. Pasaba algunas temporadas en el castillo de Metternich. No en vano la princesa viuda de Metternich, Isabel de Silva, era española…

—Sí, señor. En Praga se presentó al día siguiente Luca de Tena acompañado de Víctor Urrutia, dueño de la avioneta en la que viajaron hasta allí. Tras no pocas vicisitudes, lograron hablar al fin con el rey, que a la mañana siguiente telefoneó a Mussolini y en unas horas los aviones que Mola reclamaba desesperadamente salieron volando hacia Burgos. La situación se había salvado gracias a la fulminante mediación del rey, que, no contento con eso, visitó luego aquí, en Roma, al papa Pío XI para que apoyase a los sublevados.

—Tengo entendido que incluso la reina Victoria Eugenia hizo todo lo que pudo para apoyar la causa franquista…

—En efecto. Ella tenía gran influencia entre los británicos por su parentesco con la familia real inglesa. Así que escribió al diplomático español José Antonio Sangróniz, avisándole de que iba a celebrarse un banquete oficial en el palacio de Buckingham, al que había sido invitada. Como se esperaba también la asistencia del secretario del Foreign Office, míster Eden, la reina le indicó a Sangróniz que preguntara a Franco si convenía que ella le dijera algo a Eden para favorecer a la causa nacional. La intención, por sí sola, lo dice todo. Pero... aguarde un momento. ¡Darío!

Casi al instante se asomó a la estancia un hombre que, a juzgar por su cabello, increíblemente oscuro, parecía no haber cumplido los cincuenta; sin embargo, su rostro, deslucido y ojeroso, y el andar ligeramente inclinado, como si comprimiera el estómago, delataban que era bastante mayor.

—Darío, acérqueme por favor el portafolio que hay sobre la primera estantería —indicó Santa Olalla al tiempo que señalaba con su desfigurado índice a la izquierda de su mesa.

»Verá, voy a leerle una carta de mi archivo —me anunció segundos después, mientras se ceñía unos elegantes quevedos sobre su fina nariz aguileña—. Pero antes déjeme explicarle que Alfonso XIII seguía atentamente, en un mapa clavado en la pared, el avance del ejército de los nacionales en el frente norte. El 20 de octubre de 1937, ante el derrumbamiento de la resistencia organizada del ejército republicano, el general Aranda había ordenado el avance de unidades nacionales para cubrir todas las vías naturales de comunicación y apresar a los restos de los efectivos republicanos en su retirada. Al día siguiente, se derrumbaba la resistencia del ejército del norte y las unidades navarras entraban victoriosas en Gijón y Avilés, las principales ciudades de la Asturias republicana. Pues bien, la carta que ahora voy a leerle constituye la prueba fehaciente de la trascendencia que para Alfonso XIII siempre tuvo la causa nacional. La escribió el rey aquí mismo, en Roma, el 4 de noviembre de 1937, e iba dirigida a su tía, la infanta Paz. Decía así: «Perdona vaya escrita a máquina esta carta pero aparte de que la leerás mejor, es que tengo bastante dificultad en hacerlo por unos granos de ácido úrico que me obligan a forrar los dedos y limitan los movimientos...». Bueno, en realidad no era esto lo que yo quería leerle... Humm... Sí, aquí está. Preste atención: «Como verás, nuestra Cruzada continúa metódica y victoriosa, aunque lenta. No es de extrañar, dadas las enormes dificultades al encontrar todos los puentes volados y tenerse que hacer todo el abastecimiento por camiones automóviles y ser la región entre Santander y Asturias tremendamente montañosa». ¿Ha escuchado bien?

—Perfectamente —asentí—. Los soldados a las órdenes de Franco eran para Alfonso XIII unos auténticos «cruzados» que luchaban por la causa más noble por la que podía lucharse entonces: el restablecimiento de los valores cristianos frente al marxismo... y de la monarquía. Aunque sobre esto último Alfonso XIII se llevase la mayor desilusión de su vida al terminar la guerra.

—Desde luego que sí. Franco incurrió entonces en una gran paradoja histórica: pese a ser monárquico, optó por prescindir del rey para perpetuarse él en el poder; cosa que logró hasta su muerte, aunque convirtiese a España en reino con su Ley de Sucesión en 1947.

»Pero déjeme que le cuente ahora una anécdota muy ilustrativa ocurrida en Milán en los primeros días de noviembre de 1936, la escuché de labios de uno de sus protagonistas, César González Ruano, antiguo corresponsal en Roma del *ABC de Sevilla* y buen amigo mío. Estaba él una tarde en el suntuoso hall del hotel Excelsior Galia de aquella ciudad, con Alfonso XIII, don Juan de Borbón y el escritor Francisco Bonmatí de Codecido, biógrafo del rey. Llevaban toda la tarde hablando de las vicisitudes en España, cuando de pronto González Ruano le dijo al rey: «Como que yo soy el carnet número cinco de Falange». A lo que el rey, como una centella, le respondió: «Y yo, el menos quinientos. ¡Mira tú éste! ¿A ver si los primeros falangistas de España no fuimos el general Primo de Rivera y yo? Lo que pasa es que no siempre puede uno hacer lo quiera ni aun siendo rey».

—Me sorprende —dije sin dudar de la veracidad de la anécdota— que Alfonso XIII fuera capaz de proclamarse como uno de los primeros falangistas de España, antes incluso de la fundación de ese partido. Además, si no recuerdo mal, el jefe nacional de Falange, José Antonio Primo de Rivera, había ratificado el definitivo hundimiento de la monarquía un año antes del estallido de la Guerra Civil, durante un mitin muy celebrado por sus huestes.

—Pues la verdad es que tiene usted razón. Sea como fuere, lo cierto es que Alfonso XIII se puso desde el principio del lado de Franco, a quien enviaba telegramas de felicitación cada vez que el ejército nacional se adjudicaba una importante victoria.

Eugenio Santa Olalla removió a continuación los papeles de su archivador para extraer unas cuartillas que enseguida empezó a comentarme:

—En esta otra carta que conservo en mi archivo, Alfonso XIII cae rendido a los pies de Franco, a quien reitera el 9 de abril de 1939 «las más efusivas felicitaciones por la victoria final de las gloriosas tropas de su mando». Pero fíjese bien lo que le dice al Caudillo a continuación: «A sus órdenes, como siempre, para cooperar en lo que de mí dependa a esta difícil tarea, seguro de que triunfará y de que llevará a España hasta el final por el camino de la gloria y de la grandeza que todos anhelamos». ¡Pobre ingenuo! Es indudable que al rey sólo en muy contadas ocasiones le acompañó la buena suerte...

Santa Olalla era como un inagotable libro abierto. Y con su valiosa ayuda me dispuse a abordar otro aspecto no menos interesante de los Borbones durante la Guerra Civil: los frustrados intentos de don Juan de Borbón para luchar en la guerra de España del lado de Franco. Cuando el conde de Barcelona pidió permiso a su padre para alistarse en el ejército sublevado, el rey no pudo más que exclamar: «Me alegro de todo corazón. ¡Ve, hijo mío, y que Dios te ayude!». Su madre, más comedida, aceptó el destino de su hijo con un proverbio inglés: «Así tiene que ser. Las mujeres a rezar, los hombres a luchar».

Don Juan no esperó ni un minuto para intentar cruzar la frontera. El mismo 18 de julio de 1936 telefoneó desde Cannes al aviador monárquico Juan Antonio Ansaldo para preguntarle por qué paso fronterizo podía entrar en España. Pero como aún no se habían definido los distintos frentes de guerra, el voluntario de veintitrés años tuvo que posponer su viaje.

Don Juan no se dio ni mucho menos por vencido. Al día siguiente intentó acompañar a su ayudante, Luis Roca de Togores, en su viaje a España para unirse a las tropas franquistas, pero éste le disuadió, advirtiéndole de que era más seguro esperar a que algunos fieles pudiesen escoltarle.

Santa Olalla me recordó la primera tentativa seria de don Juan para combatir en España, acaecida el 1 de agosto de 1936, cuando aún no había muerto en acto de servicio el hermano de su joven esposa y no habían asesinado todavía a los hermanos Borbón de León en el tétrico cementerio de Aravaca:

—Don Juan —comentó mientras se encendía una cachimba de brezo— cruzó la frontera ese día por Dancharinea, el único puesto fronterizo abierto en la España rebelde. Le acompañaban el conde de Ruiseñada y el infante José Eugenio de Baviera, junto con otros fieles. Al llegar a Pamplona, el príncipe de Asturias se vistió con un mono de mecánico y se caló la boina roja carlista, luciendo también el símbolo de Falange en el pecho. Pero una orden tajante del general Mola impidió que «Juan López», nombre con el que don Juan pretendía pasar de incógnito, alcanzase el frente de Somosierra y se sumase a la columna del general García Escámez.

—Creo —señalé yo— que tuvo que contentarse con seguir entonces la marcha de la contienda sintonizando las emisoras de radio españolas.

—En efecto; frecuentaba el hotel Eden, en la via Ludovici, en uno de cuyos salones seguía las noticias que fluían de su radio maleta, colocada sobre una mesita baja. El tema de conversación con doña María y las personas que le visitaban era incansablemente el mismo: la guerra de España. Su biógrafo, Bonmatí de Codecido, militante de Renovación Española y sobrino político del líder monárquico José Calvo Sotelo, contaba que en una de esas ocasiones don Juan le asió del brazo para conducirle hasta su dormitorio, donde desahogó con él su tremenda impotencia al no poder combatir junto a los sublevados. «Mira, Paco, yo no puedo seguir ni un minuto más como estoy. Sufro horrores, como sabes, con esta imposibilidad forzosa de luchar por mi patria. Esto es algo superior a mis fuerzas», le confesó, desesperado, el conde de Barcelona. Y a continuación le tendió el documento en el que reclamaba a Franco un puesto a bordo del crucero *Baleares*.

—¿Se refiere a la carta en la que don Juan hacía valer ante el Caudillo su experiencia en la marina de guerra británica para combatir en la escuadra nacional, acatando su autoridad como jefe de Estado?

—La misma. Mire, guardo aquí una copia —dijo, y me la tendió.

El histórico documento estaba fechado el 7 de diciembre de 1936, cuando España llevaba ya cinco meses enzarzada en la guerra fratricida. El texto estaba escrito en papel con membrete del hotel Eden, y decía así:

> Excmo. Sr. General Don Francisco Franco.
>
> Mi respetado General:
>
> En forma tal vez impremeditada, cuando la guerra de España tenía sólo el carácter de una lucha interna, he intentado tomar parte en ella. Aunque me impulsaban sentimientos bien ajenos a la política, comprendo y respeto las razones que entonces movieron a las autoridades militares a impedir mi incorporación a las tropas.
>
> Actualmente, la lucha parece tomar, cada vez más, aspecto de una guerra contra enemigos exteriores, guerra en la que todos los buenos españoles de mi edad habrán podido hallar un puesto de combate. El deseo de hallarlo yo también, y en forma que aleje toda suspicacia, me mueve a someter a la benévola atención de V.E. mi aspiración.
>
> Según noticias de prensa, se hallará pronto listo para hacerse a la mar el crucero *Baleares*, en el que podría prestar algún servicio útil, ya que he realizado mis estudios en la Escuela Naval Británica, he navegado dos años y medio en el crucero *Enterprise* de la cuarta Escuadra, he seguido luego un curso especial de artillería en el acorazado *Iron Duke*, y por último, antes de aban-

donar la Marina inglesa con la graduación de teniente de navío, estuve tres meses en el destructor *Winchester*.

Yo me incorporaría directamente al buque, me abstendría en absoluto de desembarcar en puerto alguno español, y desde luego le empeño mi palabra de que no recibiría ni aun a mis amigos personales.

Yo no sé, mi General, si al escribirle así infrinjo las normas protocolarias con que es normal dirigirse a un jefe de Estado. Le ruego, en todo caso, disculpe el que confíe a su corazón de soldado este anhelo mío de servir a España al lado de mis compañeros.

Con mis votos más fervientes por que Dios le ayude en la noble empresa de salvar a España, le ruego acepte el testimonio del respeto con que se reitera a sus órdenes y muy afectuosamente e.s.m.,

JUAN DE BORBÓN

—Aquí tengo también la respuesta de Franco —me indicó Santa Olalla en cuanto acabé de leer la carta de don Juan—. La verdad es que el Caudillo se hizo un poco el remolón y tardó más de un mes en responder a don Juan desde su Cuartel General de Salamanca, donde residía con su Estado Mayor, aunque la capital política de la España nacional estuviera en Burgos. Lea, léala… —me animó nuevamente.

La misiva era algo más breve que la de don Juan, y en ella Franco no se andaba por las ramas: se oponía tajantemente a que el conde de Barcelona tomase parte en la contienda. Su decisión, providencial y muy diplomática, dado que Franco argumentaba su negativa en «el lugar que ocupáis en el orden dinástico», como si pensara en don Juan como posible sucesor, tendría consecuencias históricas de primer orden. A mitad más o menos del documento, se decía:

> Hubiera sido para mí muy grato el haber podido acceder a vuestro deseo, tan español como legítimo, de combatir en nuestra Marina por la causa de España; pero la seguridad de vuestra persona no permitiría que pudierais vivir bajo el sencillo título de oficial, pues el entusiasmo de unos y las oficiosidades de otros habrían de dificultar tan nobles propósitos; sin contar con que el lugar que ocupáis en el orden dinástico y las obligaciones que de él se derivan imponen a todos, y exigen de vuestra parte, sacrificar anhelos tan patrióticos como nobles y sentidos, al propio interés de la Patria.
>
> Por todo ello, no obstante ser tan halagador vuestro deseo y tan valioso para la Marina española el aprovechamiento de vuestra pericia de oficial y vuestros sentimientos, en momentos que tantos compañeros han sido sacrificados por la barbarie roja, no me es posible seguir los dictados de mi corazón de soldado aceptando vuestros ofrecimientos.
>
> Muy agradecido en nombre de España y de todos los compañeros de este Ejército y Marina por vuestros fervientes votos y entusiasmo, sabéis contáis con toda la simpatía y respetuoso afecto de este leal soldado que afectuosamente os saluda,
>
> FRANCISCO FRANCO

—Esta vez —advertí al comprobar la firma—, el destino salvó a un Borbón de morir en la Guerra Civil.

—Y no a un Borbón cualquiera —puntualizó Santa Olalla—: nada menos que al heredero de la Corona en el exilio. Como usted sabrá, la noche del 5 al 6 de marzo de 1938, muy cerca de la isla de Formentera, fue hundido el *Baleares*, el crucero más moderno de la escuadra nacional. A bordo del buque perdieron la vida algunos compañeros de promoción de don Juan en la Escuela Naval de San Fernando. Pero don Juan, milagrosamente, se salvó... gracias a la tozudez de Franco.

El encuentro con Eugenio Santa Olalla se me pasó volando. Cuando consulté el reloj, eran ya casi las tres de la tarde y aún no habíamos almorzado. Me despedí de él afectuosamente y tomé un taxi hacia el aeropuerto, donde al llegar pedí un tentempié en la barra de la cafetería.

Mientras, puse en marcha la grabadora para comprobar que toda la conversación había quedado registrada. Pulsar el PLAY después de cada entrevista era para mí, desde que tenía veinte años, una especie de ritual que cumplía indefectiblemente. Por nada del mundo estaba dispuesto a experimentar de nuevo la frustración que sentí cuando, a la hora de transcribir en la redacción una de las primeras entrevistas que realicé para un periódico de provincias durante los dos meses de prácticas en verano, mientras estudiaba la carrera de Periodismo, reparé en que no se había grabado ni una sola palabra de la charla que había mantenido con el Nobel de Literatura Camilo José Cela. Todavía recuerdo el gesto de estupefacción y rabia de mi director cuando le dije lo que acababa de sucederme. Huelga decir que la entrevista, en líneas generales, apareció publicada al día siguiente, con llamada en portada y todo.

Santa Olalla era un prodigio de datos y anécdotas que a su avanzada edad aún recordaba con increíble exactitud. A bordo ya del avión, al recapitular en mi memoria algunos pasajes de mi conversación con él, me detuve en la vía de investigación que me había recomendado minutos antes de la despedida: «¿Por qué no indaga usted en los Borbones fallecidos durante la Guerra Civil? Es un campo casi inexplorado», dijo mientras Darío me alcanzaba el paraguas que había dejado en un bastonero del hall de entrada.

Sin saberlo, Eugenio Santa Olalla había acotado con extraordinaria perspicacia el capítulo que pretendía abordar cuando mi joven editor, David Trías, me propuso escribir para Plaza & Janés un nuevo libro que se titulase *La maldición de los Borbones*. Enseguida reparé: «¿Por qué no investigar a los familiares de la Casa Real que murieron en acto de servicio o fueron vilmente asesinados durante la contienda? ¿Acaso aquel infierno no formaba parte de esa especie de maldición que había asolado a los descendientes directos o indirectos de Felipe V, el primer Borbón que reinó en España?».

El propio Santa Olalla me facilitó los datos de una persona que podía servirme de gran ayuda en mi investigación. El hombre en cuestión había sido compañero de Alfonso de Borbón Dampierre, primogénito de don Jaime de Borbón y Battenberg, en la milicia aérea universitaria que ambos realizaron en el aeródromo burgalés de Villafría, a finales de los años cincuenta. Allí compartieron alegrías, juergas y cansancios hasta que, concluido el servicio militar, dejaron prácticamente de verse.

Andrés Gutiérrez, como se llama, se licenció en Derecho, como el duque de Cádiz, y a sus setenta años recién cumplidos aún sigue colaborando en dictámenes para un prestigioso despacho de abogados.

Gutiérrez residió algunos años en Roma, con su esposa y sus tres hijos pequeños, a finales de los años sesenta. Fue allí donde conoció a Eugenio Santa Olalla, y enseguida surgió entre ellos la química necesaria para charlar sin desfallecer, incluso hasta de madrugada, sobre los amoríos de Isabel II, la tuberculosis de Alfonso XII, la vocación militar de Alfonso XIII o, más recientemente, sobre el papel del rey Juan Carlos en el golpe de Estado del 23-F.

Hoy vive con su familia en un hermoso chalet de un lujoso barrio residencial madrileño. La sofocante tarde de julio que le visité, sentí un indescriptible alivio cuando me invitó a sentarme con él bajo un gigantesco sauce llorón. Tan grande era la parcela, que parecía no tener límites; un angosto riachuelo surcaba el césped. Nos instalamos en unos sillones de teca cómodamente almohadillados. Eran alrededor de las cinco y media cuando empezamos a charlar acompañados de un humeante café y unas deliciosas pastas de la repostería Mallorca. Mi anfitrión me ofreció una robusta vitola de edición limitada, pero la rehusé, no sin antes agradecerle su generoso detalle.

—No sabe usted lo que se pierde. Yo fumo desde los diez años y ni un solo día de mi vida me he arrepentido de hacerlo; tampoco creo que lo haga ya a mi edad, la verdad. Pero en fin, dígame usted qué le interesa.

—Bueno, como le anticipé por teléfono, estoy preparando un trabajo sobre los Borbones que murieron en la Guerra Civil... —dije con mirada codiciosa, como si buscase el tesoro de un legendario galeón.

—Sugestivo tema, sin duda, y bastante desconocido, por cierto.

—Sí, eso mismo me dijo Eugenio Santa Olalla.

—¡Ah, Eugenio...! Ese hombre sabe sobre los Borbones lo que no está escrito en los manuales.

—Él me comentó eso mismo sobre usted.

Andrés Gutiérrez encogió su fornido cuello de caimán, fingiendo un gesto de humildad, y añadió:

—Le voy a contar algo: recordará usted seguramente la horrible muerte de Alfonso de Borbón Dampierre, hace ahora dieciséis años.

—Claro —corroboré yo—; murió degollado por un cable de acero mientras descendía por una pista de esquí en la estación invernal de Beaver Creek, en el estado norteamericano de Colorado. En su día fue un hecho muy comentado.

—Pues bien, aquel trágico accidente, o asesinato, no se sabe aún hoy con certeza absoluta, me afectó entonces mucho más de lo que podía imaginarme…

—¿Asesinato? La verdad es que es posible que…

—¿Posible, dice usted? Probable, diría más bien yo. Aún nadie ha explicado qué diablos hacía el señor Daniel Conway levantando el grueso cordel de una pancarta de meta mientras Alfonso descendía por una pista que se había cerrado al público. Nadie ha explicado tampoco por qué aquel hombre desapareció sin dejar rastro. Haría usted muy bien en investigar aquella trágica muerte, tal vez en otro libro…

—En fin, quizá algún día me decida a escribir algo sobre ese turbio asunto —comenté sin mucho convencimiento.

—Como le decía —añadió él, retomando el curso de la conversación—, yo conocí al duque de Cádiz mientras hacíamos el servicio militar en Burgos y, aunque luego apenas volvimos a vernos, guardaba un entrañable recuerdo de él. En cuanto me enteré de su muerte, me eché a llorar como un niño. Sí… no sé cómo explicárselo, pero tuve la sensación de haber perdido para siempre a un hermano gemelo. Pensé entonces en él, en su desdichada vida, marcada por el destino más cruel. Recordé su dolorosa separación de Carmen Martínez Bordiú, que le abandonó despiadadamente; reviví el brutal accidente de coche en el que murió su hijo Fran, de sólo once años, cuando regresaba de esquiar con él en Candanchú; pensé en su padre, el infante don Jaime, que era sordomudo y murió también de forma trágica en Suiza, tras enamorarse perdidamente de una mujer alcohólica que arruinó su vida. Carlota Tiedemann creo que se llamaba. Entonces empecé a interesarme por los Borbones que habían fallecido de forma trágica, como Alfonso, y recordé que mi padre me había hablado en cierta ocasión de los hermanos Gerardo y Javier Osorio de Moscoso y Reynoso, y del hermanastro de éstos, Ramón Osorio de Moscoso y Taramona, que murieron fusilados en Paracuellos del Jarama el 28 de noviembre de 1936.

Andrés Gutiérrez acababa de proporcionarme tres valiosos acordes para la trágica sinfonía que me proponía reinterpretar casi setenta años después. Los Osorio de Moscoso estaban emparentados con los Borbones. Entre sus antepasados figuraban los marqueses de Astorga-Altamira, personajes de la corte muy apreciados por la reina gobernadora, María Cristina de Borbón, cuarta esposa de Fernando VII y madre de Isabel II. Tanto fue así, que el heredero del marquesado, José María, se desposó con la infanta doña Luisa Teresa, cuñada y prima hermana de la reina Isabel II, emparentándose con la Casa Real española. Los marqueses consolaron luego a Isabel II en el exilio parisino, tras la Revolución de 1868, junto a otros fieles monárquicos como el general Manuel Gasset, distinguido con el marquesado de Benzú por su heroica participación en la guerra de Marruecos. Gerardo y Javier Osorio de Moscoso y Reynoso, condes de Altamira y de Trastámara, respectivamente, pertenecían así a la copiosa familia de los Borbones.

—¿Qué le contó su padre sobre ellos? —me apresuré a preguntarle a Andrés Gutiérrez, que aún mantenía esa mirada afligida, evocadora.

Antes de proseguir su relato, mi anfitrión succionó como una ventosa su robusto habano y soltó luego el denso humo muy despacio.

—Verá usted, la historia que voy a contarle es dura, muy dura... A mi padre —añadió con voz áspera— lo detuvieron a finales de octubre de 1936, en su casa de Sainz de Baranda. Entonces, Sainz de Baranda, como Ibiza o Doctor Esquerdo, eran calles situadas en el extrarradio de Madrid, donde con frecuencia aparecían cadáveres agujereados por los vándalos de las checas. Cadáveres que los asesinos, o incluso a veces los propios vecinos, se encargaban de saquear, despojándolos de la ropa o de cualquier otra cosa que llevasen encima, aunque careciese de valor. Escoltado por dos milicianos, mi padre fue conducido hasta la checa de Fomento, donde permaneció cuarenta y ocho horas, al cabo de las cuales el «tribunal» que le juzgó decretó su ingreso en la prisión de San Antón.

—¿San Antón? ¿No era un antiguo colegio de los Escolapios? —pregunté, casi convencido.

—En efecto. Convirtieron el gran caserón del colegio en una prisión a la que se accedía por la calle Farmacia, aunque el edificio daba también a la calle Hortaleza. Su director fue al principio Leonardo Feito. Pero, al cerrar la cárcel Modelo, el director de ésta, Jacinto Ramos, sustituyó a Feito al frente de San Antón.

»Fue precisamente en San Antón donde mi padre conoció

a los hermanos Osorio de Moscoso. Más de una vez despotricó él de los milicianos de la CNT, la FAI y el Partido Sindicalista, porque no cesaban de insultar a los presos y de amenazarlos con incluir su nombre en las listas de la muerte. «¡Os vamos a pinchar!», «¡Fascistas de mierda!», «¡Vais a morir como perros!», vociferaban.

»Recuerdo perfectamente que mi padre me hablaba de dos sargentos de milicias que se ensañaban con los hermanos Osorio de Moscoso. A uno le apodaban "el Tartaja"; el otro era un tal "Petrof". Los dos individuos tenían una fijación especial con las familias burguesas, y no digamos ya con las que estaban emparentadas con la Casa Real, como era el caso de los Osorio de Moscoso. Aquellos días fueron para ellos, y la verdad es que para todos, peores que un infierno. Mi padre los recordaba con auténtico pavor.

—¿Qué más recordaba de aquellos días en San Antón?

—La vida allí era rutinaria y miserable. Algunos detenidos dormían sobre el somier de las camas de los antiguos colegiales; otros lo hacían sobre unos petates de borra que se fabricaban ellos mismos. Descansar sobre un colchón era un auténtico lujo del que se privó siempre a los hermanos Osorio de Moscoso, a quienes el miliciano de turno les dijo una noche, con malvada ironía: «Perdonad, altezas, que hoy no os hayan hecho la cama».

»Cada mañana, después del recuento de presos, mi padre y sus compañeros de galería bajaban por la escalera y atravesaban un patio que los conducía hasta la entrada de los comedores que antes habían utilizado los colegiales. Una vez allí, cada uno recibía un vaso y una cuchara de metal, junto con un pedazo de pan. Mi padre se sentaba a veces en el mismo banco que los

Osorio de Moscoso, junto a las mesas de mármol donde almorzaban antes los alumnos de la escuela. Entonces, los empleados de cocina, que eran también presos, servían "el café". Era en realidad una pócima asquerosa, de un color pardusco, que había sido azucarada. Los comensales, hambrientos, mojaban ahí el pan, se lo comían y se bebían luego lo que sobraba.

»Tras el desayuno, regresaban a sus celdas y se efectuaba un nuevo recuento. Poco después, iban a los patios, donde se congregaba la población penal: más de dos mil presos, entre aristócratas, generales, frailes del monasterio de El Escorial, y hasta hermanos de San Juan de Dios que atendían el psiquiátrico de Ciempozuelos.

—Supongo que su padre coincidiría allí también con los hermanos Osorio...

—Sí, me habló de ellos. Tenían una fe absoluta en el triunfo de las tropas de Franco, como la mayoría de los reclusos que seguían paso a paso los movimientos de las columnas nacionales a través de una sencilla radio de galena y de unos auriculares que habían podido introducir en la prisión. Pero, en general, existía una incertidumbre, o más bien una seria preocupación, sobre lo que podía ocurrir si, como se esperaba, las tropas de Franco conquistaban la capital y el gobierno de la República se veía obligado a huir en desbandada de la ciudad. Existía el riesgo de que en las horas inmediatamente posteriores, o peor aún si transcurrían días, las masas desconcertadas, amparadas en la ausencia de autoridad, optasen por morir matando. Ese peligro, como era lógico, inquietaba a los Osorio de Moscoso, que más de una vez expresaron su temor con evidente recelo, dadas sus sospechas de que el gobierno había introducido a un número indeterminado de espías entre la población penal para desbaratar sus planes y llevarlos ante el paredón. Especialmente desde la matanza registrada la madrugada del 7 de noviembre, que sembró el pánico entre numerosos detenidos.

—¿Se refiere usted a la saca de militares que días antes se habían negado a combatir en favor de la República, firmando así su sentencia de muerte? Si así fuera, se trató de la única saca mala de las tres que se efectuaron aquel día; dos de ellas acabaron en la prisión de Alcalá de Henares, mientras que la tercera fue desviada a Paracuellos del Jarama...

—A esta última me refiero. Mi padre me contó los detalles. A las cuatro de la mañana del día 7, los milicianos irrumpieron en las celdas y encendieron las luces. «¡Que se levanten todos los militares!», gritaron. Hubo un grupo situado al fondo de la galería que se negó a salir. Su líder era el coronel de Caballería José Góngora, secundado por un antiguo capitán de la Guardia Real del que no recuerdo el nombre. «De aquí no salimos si no es con los pies por delante», retaron ambos a los milicianos. Pero cualquier resistencia era inútil. Un centenar de hombres armados custodiaban el edificio, además de los que en aquel momento trataban de intimidar con sus pistolas a los militares, en el interior de la prisión. Aun así, el general Araújo intentó abrirse paso para hablar con el director de la prisión, pero un capitán de milicias se lo impidió. Al final, los que estaban en la galería influyeron en los militares rebeldes para que cesasen en una actitud que era inútil y peligrosa para todos. Instantes después, los militares desfilaban, resignados, detrás del teniente general López Pozas, último jefe del Cuarto Militar del rey Alfonso XIII. Entonces, el miliciano que leía los nombres de los infortunados se detuvo en el de Manuel Romero de Tejada, que había dirigido la yeguada real de Aranjuez. Cuando le llamó por segunda vez, uno de los allí presentes dijo que estaba enfermo. «¡Pues que se levante!», ordenó el miliciano. Poco después, Romero de Tejada salió al pasillo, abatido por la fiebre, con un evidente gesto de dolor, y al cruzarse con el marqués de Valdeiglesias, se despidió para siempre de él: «Espero que tengas más suerte que yo».

—Y así fue —corroboré yo—. Valdeiglesias salvó la vida, mientras que aquel infeliz y los cincuenta y cuatro que le acompañaban hallaron la muerte en Paracuellos del Jarama; en el mismo lugar donde, veintiún días después, fueron también fusilados los hermanos Osorio de Moscoso. La falsa orden de libertad iba firmada en aquella ocasión por Segundo Serrano Poncela, lugarteniente de Santiago Carrillo en la Junta de Defensa de Madrid, y llevaba también, más abajo, la firma del director de la cárcel, Jacinto Ramos.

—Fue una repugnante farsa —comentó, visiblemente enojado, Andrés Gutiérrez—. Aquellos hombres fueron conducidos al patíbulo de la forma más infame. Horas antes, habían tenido su «juicio» particular ante una pareja de milicianos y una mecanógrafa que iba tomando nota de todo. «¿Qué ideas políticas profesa usted?», «¿Qué ideas religiosas?», «¿Ha tomado parte en el levantamiento militar?», «¿Le ayudó con su dinero?», «¿A quién ha votado usted en las últimas elecciones?», «¿Con qué dinero cuenta para vivir?»... A los hermanos Osorio les despacharon rápido: bastaba con ser monárquico para ser declarado enemigo de la República y del pueblo.

»Por cierto —dijo Andrés Gutiérrez, ya más calmado—, que apenas unos días antes había muerto muy cerca de Madrid el príncipe Alfonso de Orleáns y Sajonia-Coburgo, hijo de don Alfonso de Orleáns y Borbón.

—¿Alfonso de Orleáns y Borbón? ¿Se refiere al hijo de la infanta Eulalia de Borbón y del infante don Antonio, que era primo del rey Alfonso XIII?

—El mismo. Su primogénito Alfonso, que justo antes del estallido de la Guerra Civil trabajaba en una fábrica en Coventry, Inglaterra, intentó un aterrizaje forzoso el 18 de noviembre de 1936, con tan mala fortuna que el avión que pilotaba se estrelló. Era coronel al mando de una brigada aérea, y se había alistado junto con su hermano Álvaro en la aviación nacional, mientras que el tercero de los hermanos, Ataúlfo, combatía en la Legión Cóndor alemana.

—Ahora que lo dice, la trágica muerte del príncipe Alfonso de Orleáns me recuerda la no menos trágica del aviador Luis Alfonso de Borbón y de Caralt, fallecido en otro accidente aéreo en la localidad madrileña de Hoyo de Manzanares. También él servía a las órdenes de Franco.

—Igual que Alfonso de Borbón y Pintó —precisó Andrés—, a quien se le concedió la medalla militar individual por su demostrado valor. Era comandante jefe del Tercio de Requetés Castellano de Mola, y resultó muerto en el frente Vértice-Granadella, el día de Navidad de 1938. Fíjese lo que es la vida, que su esposa, María de las Angustias Pérez del Pulgar y Alba, marquesa de Santa Fe de Guardiola, murió de pena el 8 de junio de 1939, concluida ya la guerra.

—Tremendo... ¿Recuerda a algún otro Borbón que muriera durante la Guerra Civil?

—Sí, claro. Alberto Enrique de Borbón y Castellví, duque de Santa Elena y abuelo de Alfonso de Borbón y Pintó. Un militar de los pies a la cabeza, capitán general de Valladolid y de Canarias, a quien le fue otorgada la Gran Cruz del Mérito

Militar con distintivo blanco y rojo, así como la de la orden de San Hermenegildo. Murió en acto de servicio, en Madrid, el 22 de enero de 1939, apenas tres meses antes de que acabara la contienda.

—¿Le dice algo el nombre de José Luis de Borbón Rich?

—Por supuesto —dijo muy seguro Andrés Gutiérrez—. Era el primogénito de José María de Borbón y de la Torre, hermanastro de los infortunados Borbón de León, asesinados en el cementerio de Aravaca. Pero déjeme que antes le cuente algo muy delicado sobre el padre, que era militar. Al parecer, en un ataque de celos, José María de Borbón y de la Torre le quitó la vida a su propia esposa, María Luisa Rich, de un disparo, mientras ésta estaba en el cuarto de baño. Los hechos, acaecidos en febrero de 1926, fueron silenciados con la complicidad del rey Alfonso XIII.

—¡Qué me dice!

—Lo que acaba de escuchar...

—¿Y qué le ocurrió a su hijo?

—José Luis de Borbón Rich murió también de forma trágica: fue fusilado por el ejército republicano en Gerona, en agosto de 1936. Y ahora le daré un dato más sobre la mala estrella que siempre ha acompañado a los Borbones: su hermano, Carlos de Borbón Rich, era abuelo del capitán Juan Ignacio López de Borbón, uno de los sesenta y dos militares muertos en el accidente del avión ucraniano Yakolev-42 en mayo de 2003.

—¡Asombroso! No deja usted ni un cabo suelto.

—Bueno, como le dije al principio, la muerte de Alfonso de Borbón Dampierre me marcó tanto, que me propuse averiguar todos los entresijos de esta desgraciada familia.

—Ya veo que no ha perdido usted el tiempo —dije para estimular de paso su deseo de impresionarme.

—Pues le demostraré una vez más que tiene usted razón: ¿sabe quién era Alberto de Borbón Rich?

—Pues... hermano de José Luis y Carlos, de quienes acaba usted de hablarme.

—Sí, pero... ¿sabía usted que fue un hombre muy polémico durante la Transición democrática por haberse declarado públicamente republicano pese a su apellido? ¿Conoce la durísima carta que Alberto de Borbón o, mejor dicho, «Albert» de Borbón, como se le llamó tras haberse nacionalizado francés en 1970, dirigió al entonces príncipe don Juan Carlos al año siguiente, renegando de su familia?

Andrés Gutiérrez recogió un portafolio que había dejado sobre una silla de hierro forjado, lo abrió y extrajo de su interior unas cuartillas.

—Lea usted si quiere —dijo, tendiéndomelas.

Era una copia de la carta que «Albert» de Borbón había dirigido a Ramón de Alderete, secretario personal de don Jaime de Borbón y Battenberg, adjuntándole a su vez una copia de su misiva al actual rey de España, Juan Carlos I, que Alderete le había reclamado con sumo interés.

No pude evitar mi curiosidad y empecé a devorarla enseguida. Decía así:

París, 27 de noviembre de 1971

Mi querido amigo:

Me pides una copia de mi carta a Juan Carlos y, aunque está lejos de ser una carta histórica, te la envío, y te autorizo para que la utilices como mejor te parezca.

Mi carta no es una censura, sino una queja contra la fatalidad del destino, contra ese complejo de soberbia y desunión que existe en toda mentalidad «borbónica», ese odio de los unos hacia los otros, ese desprecio instintivo de competencia, ese creerse cada uno mejor que los otros, con más tradición, con mayores derechos, con más pureza de sangre... ¡Como si ser más Borbón supusiese ser más que Dios! ¡Cuando, en realidad, ser más Borbón es estar más tarado, ser menos inteligente, ser más inútil! ¡Una familia que reemplaza por el orgullo el talento, la capacidad y el trabajo!

¿Conoces tú algún Borbón que haya sido algo en el desarrollo de una sociedad? ¿Algún médico? ¿Algún ingeniero? ¿Algún sabio? ¿Algún escritor? Nada más que militares de carrera sin méritos; técnicos de balística o estrategas. Pero mi carta tenía una finalidad.

Porque tú sabes que para la mentalidad de un pueblo, la familia o los parientes de un rey tienen responsabilidades a nivel de los «privilegios imaginados».

Pero los Borbones-Reyes no han dado honores ni privilegios a sus parientes. Ellos, poderosos, huyen, y sus parientes, sin poder alguno, pagaron con su vida la «cuenta» de llamarse Borbón. ¡Once fueron fusilados en Madrid! [durante la Guerra Civil]. Los once pertenecían a este grupo de parientes pobres, cuyo único delito era el «pecado original» de pertenecer a esta nefasta familia.

Y olvidando el pasado, nos encontramos frente al porvenir. ¿Va a repetirse la historia? ¿Esta prueba monárquica no servirá de señal de alarma a los parientes de Juan Carlos? Porque, con Juan Carlos, Rey... llamarse Borbón es ¡como llamarse Sánchez! Pero, con Juan Carlos en fuga, para un pueblo que pide «cabezas»... un Borbón es un semi Rey, un privilegiado, un responsable de sus desgracias...

Entonces, ¿qué nos reserva el destino en esta aventura política?

Ante la experiencia, querido Ramón, voto por la República.

Es preferible ser poco y pagar por poco, que ser poco y pagar como si se fuera mucho. ¿No lo crees tú?

Un abrazo de tu amigo

ALBERTO JOSÉ DE BORBÓN

Al terminar de leerla, reparé en que junto a esa carta estaba la otra que con tanto ahínco Alderete había reclamado a su amigo. Fechada el 30 de octubre, «Albert» de Borbón se dirigía a don Juan Carlos I apelando a la memoria de su abuelo, el rey Alfonso XIII:

Don Alfonso fue un rey amado por unos y odiado por otros. Nunca fueron «sus parientes» quienes más le amaron, y siempre fueron «sus parientes» quienes más le odiaron.

Don Alfonso enviaba a África a «sus parientes» para que los moros simplificasen el árbol genealógico de su familia. «Los parientes» aumentaban la oposición en el carlismo y en la República.

Han pasado muchos años... República, guerra, represión, falangismo... Y once muertos entre «sus parientes» que pagaron la cuenta que un Rey había olvidado pagar al partir: don Alfonso.

Han pasado muchos años, pero, como si fuera ayer, todo está como antes: las actitudes no cambian en las dinastías. En París, he visto de lejos a don Juan Carlos, como en Madrid veía, también de lejos, a don Alfonso.

> Moraleja: el peor de los enemigos de un Rey son «sus parientes» despechados y humillados, porque saben que tendrían que pagar con once nuevos muertos los privilegios que nunca han tenido.

Mientras regresaba en coche a casa, me martilleaban en la memoria algunas frases deslavazadas de aquella increíble carta: «¡Once fueron fusilados en Madrid!». Pero las cuentas no me cuadraban. Pronto reparé en que «Albert» de Borbón Rich se había equivocado al sumar. No fueron once los Borbones fusilados durante la Guerra Civil, sino ocho: su hermano José Luis de Borbón Rich, Elena de Borbón y de la Torre, Enrique y Alfonso de Borbón y de León, Jaime de Borbón y Esteban, Gerardo y Javier Osorio de Moscoso y Reynoso, y Ramón Osorio de Moscoso y Taramona. Otros dos, Luis Alfonso de Borbón y de Caralt y Alfonso de Orleáns y Sajonia-Coburgo, murieron en sendos accidentes aéreos durante la contienda. Y tres más, en el frente: Alfonso de Borbón y Pinto, Alberto Enrique de Borbón y Castellví, y Carlos de Borbón y Orleáns. En total... ¡13!, ¡el número fatídico que acompañó durante toda su vida al rey Alfonso XIII!

Por último, otra frase lapidaria de aquella implacable carta dirigida a Ramón de Alderete se me repetía como un eco incesante: «Ser más Borbón es estar más tarado, ser menos inteligente, ser más inútil...». Pensé entonces en Felipe V, el primer Borbón que reinó en España. Y recordé el terrible diagnóstico que de él dejó escrito el psiquiatra Vallejo Nájera: «Ciclofrénico, hipomelancólico o deprimido constitucional».

11

EL ARMA DIABÓLICA

A finales de 1996 me propuse investigar un hecho sobre el que, a mi juicio, y al de otros expertos en la dinastía de los Borbones, como Rafael Borràs y Juan Balansó, persistían demasiadas sombras más de cuarenta años después de que sucediera.

Antes de nada quise hacer la prueba y recabé la opinión de algunos compañeros de trabajo: «¿Sabías que el rey Juan Carlos tenía un hermano?». La pregunta dejó boquiabierto a más de uno. «¿Te refieres al rey actual?», me contestó, extrañado, uno de ellos. Enseguida reparé en que sobre aquel desgraciado suceso se había desplegado un interesado manto de silencio sumamente eficaz; primero, desde la propia Secretaría de los condes de Barcelona, que tergiversó los hechos, nada más producirse, en un comunicado oficial; y luego, durante el resto del franquismo, la Transición, e incluso el régimen democrático. Cualquier agencia o lobby de comunicación actual habría pagado su peso en oro por neutralizar con semejante acierto una noticia tan incómoda para su cliente.

Completar las piezas de aquel delicadísimo rompecabezas no fue sencillo; corría el riesgo de hacer castillos en el aire si no manejaba las fuentes apropiadas. No en vano, sobre aquel suceso habían circulado versiones contradictorias, la mayoría de ellas interesadas, bien porque procedían de medios monárquicos o porque, al contrario, habían sido manipuladas por conspicuos republicanos.

Tampoco pretendía que pudieran tildarme erróneamente de republicano por el mero hecho de abordar un tema que durante tantos años se había considerado «políticamente incorrecto» o sobre el que, simplemente, estaba mal visto preguntar. Por eso decidí devorar todo lo que se había escrito acerca del asunto. Recorrí librerías de viejo de toda España e incluso del extranjero, además de archivos y bibliotecas particulares, para contrastar luego ese abundante material con personas que habían tratado a don Juan de Borbón y a sus hijos Juan Carlos y Alfonso en aquellos años.

Fue así como entré en contacto con Torcuato Luca de Tena, Laureano López Rodó, Íñigo Cavero, Jaime Miralles y Gonzalo Fernández de la Mora, quienes, desgraciadamente, han fallecido en estos últimos años. Sus comentarios, como los de Antonio Fontán y Fernando Álvarez de Miranda, me fueron de enorme utilidad para aproximarme lo más posible a la verdad.

Villa Giralda, en Estoril, a orillas del Atlántico, era la residencia de los condes de Barcelona el 29 de marzo, Jueves Santo, de 1956, cuando sucedió la gran tragedia.

En aquel chalet *petit-bourgeois*, sin pretensiones palaciegas, vivían su exilio don Juan de Borbón y Battenberg y su esposa, María de las Mercedes de Borbón y Orleáns, con sus hijos Pilar, Juanito, Margarita y Alfonsito.

Nada hacía presagiar lo que ocurriría aquella aciaga jornada, pero sucedió... Días después el semanario italiano *Settimo Giorno* publicaba una sobrecogedora versión de aquella pesadilla real.

La crónica de su corresponsal en Lisboa, Ezio Saini, vio la luz el 17 de abril de 1956. Años más tarde, la periodista francesa Françoise Laot reproducía el preludio de la tragedia en su libro *Juan Carlos y Sofía*:

> La pistola era un regalo del general Franco; estaba siempre guardada con llave en un secreter; Juanito y Alfonsito no dejaban de pedir que se la dejaran: les encantaba disparar. Pocos días antes, Alfonsito había comprado balas a un armero de Lisboa para tirar al blanco con Víctor Manuel de Italia, su vecino y compañero de juegos. Pero los proyectiles eran demasiado largos, demasiado duros para el arma, y una bala quedó atascada en el cargador. Juanito y Alfonsito quisieron sacarla en el sótano de La Giralda, cuando intervino el conde de Barcelona. Les prohibió tocarla. La pistola volvió al secreter que el propio conde de Barcelona cerró y cuya llave guardó en el bolsillo. Por la tarde estaban enfurruñados...

Enseguida advertí una contradicción en el relato del corresponsal italiano que reproducía la periodista francesa. Leyendo a la historiadora Helena Matheopoulos, británica de adopción, que aseguraba haberse entrevistado con la condesa de Barcelona, el accidente tuvo lugar por la mañana, después de la misa, y no por la tarde. El escritor Javier González de Vega, en su biografía de doña María de las Mercedes, coincidía en que don Alfonsito falleció después de la misa de la mañana y antes de los oficios de la tarde. Además, el entonces Defensor del Pueblo, Fernando Álvarez de Miranda, que asistió al sepelio del infante, me reveló un detalle importante: «Yo creo que el accidente —me dijo reconcentrado en su despacho— fue al final de la mañana, después de la misa, en un momento en que se quedaron ellos solos jugando…».

> Los niños —proseguía Françoise Laot— suplicaron a su madre y le prometieron que no cometerían ninguna imprudencia. Ella acabó por ceder, fue a buscar la llave a la chaqueta de su marido…

Y poco después sonó un disparo, seguido de un desconcertante silencio. Los condes de Barcelona miraron súbitamente a la segunda planta, donde jugaban sus hijos Juan Carlos y Alfonso. La periodista Laot relataba el desenlace fatal:

> Juan Carlos manipuló el arma y se disparó. Juanito sufrió el aprendizaje de la mayor de las desgracias, la de saberse culpable. Culpable en primer lugar de haber desobedecido a su padre. Se enfrentaba directamente con la realidad de la muerte, tan íntimamente ligada a un sentimiento atávico español. Durante siglos, en el Panteón Real de El Escorial ha estado siempre dispuesto a utilizarse el servicio fúnebre del monarca reinante. Bajo el reinado de Alfonso XIII, un catafalco esperaba en la capilla.

La condesa de Barcelona se quedó sin respiración al oír los gritos de Juanito, que bajaba como una exhalación por la escalinata. «¡No, tengo que decírselo yo!», espetaba el infante a la señorita de compañía. («A mí se me paró la vida», confesaría la condesa a Javier González de Vega al cabo de los años.)

Don Juan salió como un relámpago del despacho y corrió escaleras arriba, hacia el tétrico escenario. Allí descubrió a su hijo Alfonso, de casi quince años, desplomado en el suelo, con un disparo en la frente. Su primogénito Juan Carlos, de dieciocho años, estaba unos segundos antes con él. Desolado, el conde de Barcelona intentó como pudo detener la hemorragia. Taponó con sus gruesos dedos los orificios de entrada y salida por donde manaba la sangre a borbotones. Pero su hijo murió irremediablemente en sus brazos. El médico de la Familia Real, José Loureiro, certificó la muerte instantánea.

Entonces, aquel corpachón de casi dos metros de estatura se desmoronó por dentro. El recio hombre de mar perdió en unos segundos el rumbo de la historia. La maldición se había cebado con su hijo pequeño mientras jugaba con su hermano mayor, que disfrutaba de un permiso en la Academia Militar de Zaragoza, donde había ingresado meses atrás.

Como su padre, el rey Alfonso XIII, don Juan de Borbón ya sabía muy bien lo que era sufrir. En 1934, con sólo veinte años y siendo alférez de la Marina británica, perdió él también a su hermano Gonzalo, hemofílico, que murió desangrado en sus brazos tras recibir un leve golpe en el estómago. Cuatro años después, la maldición volvió a golpearle en el corazón al fallecer su hermano mayor, Alfonso, en otro accidente de automóvil.

Y ahora, en Villa Giralda, sin pronunciar una sola palabra, el conde de Barcelona subió a bordo de su lujoso Bentley negro y se alejó a gran velocidad por las angostas carreteras de Estoril. En el salpicadero había una fotografía de sus cuatro hijos que había colocado su esposa, advirtiéndole: «Para que nunca olvides que no tienes derecho a arriesgar tu vida...».

Don Juan llegó hasta el mar y arrojó allí el arma.

«Yo hubiese hecho una cosa parecida», me dijo en su día Torcuato Luca de Tena, antiguo consejero de don Juan, intentando ponerse en un aprieto semejante. «Un arrebato de ira, de cólera. Con este maldito juguete que le ha regalado un imbécil de tal... Le comprendo, porque entra dentro de mi propio temperamento.»

Si bien la versión de la historiadora Helena Matheopoulos coincidía en líneas generales con la publicada por el semanario italiano *Settimo Giorno* y que recogía Françoise Laot, he creído necesario matizar los detalles expuestos por Matheopoulos mediante anotaciones incluidas entre corchetes.

En una obra en la que aseguraba haber contado con testimonios de los propios reyes de España, de la condesa de Barcelona, que la recibió en Villa Giralda, y de las infantas Pilar y Margarita, Helena Matheopoulos narraba así cómo, a su entender, sucedieron los hechos:

> Ocurrió el Jueves Santo, al día siguiente de la llegada a Estoril de los dos hermanos. Antes de salir de España, les habían regalado una pistola de gran velocidad y precisión y ambos no veían el momento de probarla. Don Juan le echó una mirada y dijo que era tan peligrosa que sólo podrían usarla en presencia de él. Para subrayar esto, la guardó bajo llave y metió la llave en su bolsillo.
>
> A la mañana siguiente, después de misa, los muchachos compraron balas poco adecuadas en una tienda local; a continuación advirtieron que su padre, ausente porque estaba jugando al golf, no había sacado la llave del bolsillo de sus pantalones, colgados en su armario. [El Jueves Santo, Juan Carlos y Alfonsito, efectivamente, asistieron a misa por la mañana. Toda la familia comulgó. Es posible que ese día don Juan jugase al golf, pero en el momento de producirse el accidente se encontraba en su despacho de Villa Giralda y subió alarmado al escuchar la detonación.]

Después de muchas súplicas y caricias, convencieron a su madre para que les permitiese usar el arma. Triunfantes, fueron a la planta baja para practicar. [Los infantes jugaban en la segunda planta, donde se encontraban sus habitaciones, mientras que en la primera se hallaban don Juan y su esposa.] Antes de empezar, el príncipe Juan Carlos dijo que tenía hambre, y don Alfonsito se ofreció a ir a la cocina en busca de unos bocadillos, mientras su hermano cargaba la pistola.

Al cabo de unos minutos volvió con un bocadillo en cada mano y, sin ver a su hermano, que empuñaba el arma, en pie, justo detrás de la puerta, empujó con el codo para abrir. La puerta se abrió de par en par, golpeó a don Juan Carlos y el arma se disparó en el mismo instante en que don Alfonsito entraba.

La bala se alojó en su cabeza, junto al ojo. Horrorizado, el príncipe gritó pidiendo auxilio. Bajaron todos y se llamó una ambulancia.

En tanto, don Juan, que estaba de regreso, puso un dedo sobre la herida, intentando detener la hemorragia; la infanta Pilar, que era enfermera diplomada, sostenía la cabeza de don Alfonsito. Pero era demasiado tarde: según las palabras de don Juan, que uno de los ayudantes del príncipe que asistió al funeral recuerda, «el pobre Alfonsito había resuelto sus problemas».

A partir de aquel trágico suceso, hubo autores que quisieron desentenderse de la verdad; algunos, cierto, de forma más comedida y elegante, evitando pronunciarse sobre cuál de los dos hermanos manejaba el arma aquella mañana en Villa Giralda. Entre estos últimos, Fernando Gracia incorpora en su interpretación algunos datos proporcionados por Laot, pero sin decir explícitamente que fuera a Juanito a quien se le disparara la pistola Long Automatic Star, del calibre 22, que, según él, Franco regaló a don Juan:

> Don Alfonso —cuenta Gracia en *La madre del Rey*— había adquirido unos proyectiles en Lisboa, porque deseaba tener ocasión de probar una arma muy especial: una pistola que el general Franco había regalado a don Juan y que éste guardaba bajo llave en su despacho privado. De cualquier modo, los infantes tenían orden de no tocar el cajón del secreter donde guardaba el arma, aunque estuviese sin llave. Naturalmente, los jóvenes tenían experiencia con armas, pero aquella pistola resultaba tentadora, tal vez por estar prohibida. Mientras manipulaban el arma, se disparó un tiro que atravesó la frente de don Alfonso.

Tampoco Javier González de Vega, en *Yo, María de Borbón*, dice quién empuñaba el arma, confundiendo asimismo su calibre, y sin llegar a advertir que algunos autores sí habían especulado ya sobre su procedencia:

> El día de Jueves Santo toda la familia fue a comulgar por la mañana, porque en aquellos tiempos el ayuno sacramental se guardaba desde la media noche de la víspera. Después se ocupó el tiempo que faltaba hasta la hora de los oficios de la tarde.
>
> De Madrid habían traído los hermanos una pequeña pistola de seis milímetros, que nunca se ha contado quién les regaló. Uno de los días anteriores habían estado haciendo el gamberro, disparando a las bombillas de las farolas, y se les había prohibido volver a tirar. Pero en aquella larga espera, en un momento, volvieron a coger la pistola para tirar al blanco arriba. Una de aquellas balas, casi de juguete, se disparó accidentalmente y mató en el acto al infante.

Luis María Anson se mostró también cauto en su biografía de don Juan, limitándose a lamentar el «desgraciado suceso al dispararse por accidente una pistola».

Frente a estos autores, se situaron otros que, bien de forma deliberada, lo cual era más que probable dado el tiempo transcurrido desde el accidente y las versiones publicadas que desmentían el comunicado oficial, bien por ignorancia, o sencillamente por una actitud servil, se hicieron eco de un relato alejado de la verdad. Entre ellos figuraba Javier Tusell, quien, en su libro *Juan Carlos I. La restauración monárquica*, afirma:

> Cuando el infante don Alfonso se hallaba en compañía de su hermano don Juan Carlos, manipuló una pequeña pistola que se disparó produciéndole la muerte instantánea.

¿No hubiera sido mejor callar?

Como él, Juan Antonio Cabezas, en *La cara íntima de los Borbones*, se inclina también por la historia ficción:

> El día de Jueves Santo, cuando los tres hermanos se encontraban reunidos en una habitación de Villa Giralda, mientras el príncipe Juan Carlos leía los periódicos del día a su hermana Margarita, que es invidente, el príncipe Alfonso, que contaba entonces catorce años, jugaba con una pistola de balines que le habían regalado recientemente. Tuvo la mala suerte de que se disparase el arma y el infante murió instantáneamente.

El propio Luca de Tena, en su crónica de la época, publicada en *ABC* el domingo 1 de abril de 1956, e influido sin duda por el comunicado oficial, aseguraba que don Juan Carlos ni siquiera estaba con su hermano cuando se produjo el disparo; que llegó tarde, cuando nada podía hacerse, porque Alfonsito había recibido ya el mortal impacto de la bala:

> Su madre, doña María, estaba desprendiéndose de la peineta y la mantilla tan españolas, cuando oyó el grito de don Juan Carlos llamando a su padre. Días antes le habían regalado una pistola que casi era un juguete. Imprudentemente el infante empezó a manipular con ella. Su hermano, más sensato, acudió a advertirle del riesgo que entrañaba cuanto estaba haciendo. Cuando llegó, ya era tarde: el arma se disparó y la bala, pequeña, casi como un perdigón, se incrustó entre las dos cejas y salió por el occipital. El conde de Barcelona acudió a los gritos y taponó con los dedos las heridas por donde manaba abundantemente la sangre. Se llamó a un médico y a un sacerdote. Pero era inútil. El infante había muerto instantáneamente. Su pulso latió aún unos segundos como una cuerda de reloj que se acaba.

Pero con el paso de los años su versión sufrió una evidente transformación y, siendo honesto con la historia, me confesó en cierta ocasión que la pistola la empuñaba Juan Carlos, añadiendo: «Un hecho lamentable y triste que pertenece a la intimidad familiar, sin conexión alguna con la política. Un motivo de duelo, pero jamás de escándalo».

Al igual que Tusell y Cabezas, otros escritores monárquicos, como Fernando González-Doria, autor de una magnífica biografía de don Juan, y José Gutiérrez Ravé, sostenían que fue a don Alfonsito a quien se le disparó el arma.

Sin embargo, el hispanista Charles T. Powell, en su biografía de don Juan Carlos, asegura que la versión del semanario italiano *Settimo Giorno* se aproxima «mucho más a la verdad» que la facilitada en el comunicado oficial, «lo cual irritó profundamente al gobierno de Madrid». En efecto, el gobierno cortó de raíz cualquier comentario en la prensa que pudiera profundizar en lo sucedido, y la Administración portuguesa impidió que se abriese una investigación. El silencio fue sepulcral. Sólo un escueto comunicado oficial, redactado por la Secretaría de los condes de Barcelona, arrojó un claroscuro de luz sobre los hechos, tergiversándolos:

> Mientras Su Alteza el infante Alfonso limpiaba un revólver aquella noche con su hermano, se disparó un tiro que le alcanzó en la frente y le mató en pocos minutos. El accidente se produjo a las 20.30, después de que el infante volviera del servicio religioso del Jueves Santo, en el transcurso del cual había recibido la santa comunión.

De ser cierto lo que mantenían Helena Matheopoulos y González de Vega, que aseguraban haber hablado con la condesa de Barcelona, el comunicado oficial faltaba a la verdad. Si, además, a Fernando Álvarez de Miranda no le traicionaba la memoria, no habría duda de que el accidente ocurrió por la mañana, después de la misa del Jueves Santo, en lugar de por la tarde, tras los oficios.

De acuerdo con las versiones de Matheopoulos y González de Vega, el infante don Alfonso no limpiaba ningún revólver aquel día, ni tampoco fue él quien se disparó el tiro de forma accidental. Pero es que, de tener razón ambos autores, el accidente no se habría producido a las ocho y media de la tarde, sino en el transcurso de «esa larga espera», a la que aludía González de Vega, entre la misa de la mañana y los oficios de la tarde. Es decir, que el infante don Alfonsito no habría recibido la comunión en los oficios de la tarde, a los que no pudo asistir porque ya estaba muerto, sino en la misa de la mañana. Pero ¿qué necesidad había de mentir sobre las circunstancias del accidente? ¿Acaso había algo que ocultar? ¿Era posible que quienes mantenían que la Familia Real acudió a los oficios confundiesen éstos con la misa de la mañana?

Toda la prensa se hizo eco de la versión oficial. El diario *Arriba* titulaba: «Al dispararsele una pistola muere el infante don Alfonso de Borbón». Pero el propio Franco sabía muy bien que fue don Juan Carlos quien disparó accidentalmente sobre su hermano, como queda acreditado en un documento conservado en la Fundación Nacional Francisco Franco. Y, refiriéndose a don Juan, puso por escrito:

> El recuerdo de la desgracia de su hijo el Príncipe Alfonso causa emoción a cuantos se encuentran unidos a esta familia por lazos de amistad y de cariño, e incluso en quienes, no conociéndolos, participan en el dolor de esta familia. Pero en el orden político, el recuerdo puede arrojar sobre su hermano [Juan Carlos] sombras por el accidente y en las gentes simplistas evocar la mala suerte de una familia cuando a los pueblos les agrada la buena estrella de sus príncipes.

He aquí una posible explicación al silencio claustral sobre la tragedia. El jefe del Estado creía que ése era el mejor medio para proteger los intereses futuros de don Juan Carlos al trono de España, tal vez porque ya pensase en él como posible sucesor. Franco se reservaba la carta del hijo por si le fallaba la del padre.

Sin embargo, la verdad histórica acabaría imponiéndose a la tergiversación de los hechos. A los autores citados antes se sumó en esta honesta empresa el ex ministro Fernández de la Mora, que en su libro de memorias *Río arriba* se aleja de la interpretación oficial. Cuando en 1956 le presentaron a Pedro Sainz Rodríguez, consejero de don Juan, contaba Fernández de la Mora que «su corta y anchurosa figura estaba cariacontecida porque al príncipe Juan Carlos se le había disparado una pistola que ocasionó la muerte de su hermano Alfonso».

El testimonio de la que fue amiga (y seguramente algo más) de don Juan Carlos poco después de la tragedia, Olghina de Robilant, es, en su conjunto, duro e injusto. La antigua jefa de redacción del diario italiano *Momento Sera* plasma su recuerdo con ligereza en *Reina de Corazones*:

> No podía dejar de pensar en la tragedia que se había abatido sobre Juanito, que había llenado muchas páginas de los periódicos y de la que había oído hablar en casa. Varios meses antes Juanito había matado por error a su hermano Alfonso. Estaban jugando con unas armas cuando se disparó el revólver que manejaba Juanito, alcanzando a Alfonso en plena frente. Algunos decían que la bala era de rebote, pero, según Baba y la tía, sólo se trataba de atenuantes inventadas para aligerar la responsabilidad de Juanito.

De Robilant aporta, sin embargo, un dato esencial sobre las fantasías de algunas personas próximas al gobierno o al círculo de Estoril para esconder la verdad: «La bala era de rebote», decían. Y prosigue así De Robilant:

> Había sido un terrible accidente y pensé que, si me hubiera ocurrido a mí, probablemente, en un primer momento, habría dirigido el arma contra mí misma. Sin duda me habría dejado en estado de shock durante muchísimo tiempo. En cambio, Juanito no daba señales de tener el menor complejo. Llevaba corbata negra y una banda negra en señal de luto. Me pregunté si era falta de sensibilidad o se había impuesto ese comportamiento.

Fernández de la Mora, testigo del doloroso trance, me trasladó su impresión sobre el ánimo de los condes de Barcelona y de su hijo Juan Carlos: «Yo asistí al entierro de don Alfonso en Estoril y los terriblemente afectados eran los padres; al hermano lo vi muy sereno».

Juan Carlos volvió entonces a la Academia Militar de Zaragoza para continuar su educación militar, según el plan de estudios trazado tras la entrevista de Franco y don Juan en Las Cabezas el 29 de diciembre de 1954.

En 1987, la periodista Laot señalaba:

> España ha borrado de la biografía de su Rey este hecho, sin embargo fundamental, que ilumina su personalidad y que le maduró prematuramente.

La apreciación de Laot tal vez fuera algo exagerada, porque el suceso, sin duda traumático, no podía forjar hasta tal punto la personalidad de un rey. Pero lo cierto era que en las biografías de don Juan y de don Juan Carlos se eludieron o desvirtuaron unos hechos que eran completamente fortuitos y que obedecían sólo a una fatal jugada del destino. Nada más.

El escritor británico Bertrand Meyer-Stabley respalda la afirmación de Laot en su libro *Juan Carlos, el rey*, pues cuenta que uno de los allegados de don Juanito hizo el siguiente comentario sobre la tragedia: «Nunca volvió a ser el mismo. La religión le fue de gran ayuda. Se volvió un poco místico. Se habló incluso de su deseo de abrazar la vida monacal». Y en otro momento, añadió: «Este drama afectó a Juan Carlos de manera indeleble... Fue para él su primer ruedo sangriento».

Para acabar de complicar las cosas, el propio hermano del conde de Barcelona, el infante sordomudo don Jaime, reclamó, en una carta dirigida a su secretario Ramón Alderete, nada menos que una investigación judicial sobre el accidente. La carta, redactada el 16 de febrero de 1957, decía así:

> Mi querido Ramón:
>
> Varios amigos me han confirmado últimamente que fue mi sobrino Juan Carlos quien disparó accidentalmente sobre su hermano Alfonso.
>
> Esta confirmación de la certidumbre que tuve desde el día en que mi hermano Juan se abstuvo de citar ante los tribunales a los que habían expresado públicamente tan terrible realidad, me obliga a obligarte [sic] que solicites, en mi nombre, cuando lo consideres oportuno, y de las jurisdicciones nacionales o internacionales adecuadas, que se proceda a la investigación judicial indispensable para establecer oficialmente las circunstancias de la muerte de mi sobrino Alfonso (q.e.p.d.).
>
> Exijo que se proceda a esta encuesta judicial porque es mi deber de jefe de la Casa de Borbón, y porque no puedo aceptar

que aspire al trono de España quien no ha sabido asumir sus responsabilidades.

Te abrazo muy fuerte,

JAIME DE BORBÓN

Franco y don Juan trataron de preservar a toda costa cualquier sombra de duda sobre la rectitud de Juan Carlos. Pero convirtieron así lo que fue sólo un accidente en una permanente sospecha. ¿No habría sido mejor contar la verdad desde el principio?

Luca de Tena me aseguraba que entre los más allegados de los condes de Barcelona la verdad ya se sabía: «Toda la gente de la intimidad de Villa Giralda —me comentó una tarde, en su casa del paseo de la Castellana— sabía lo que había pasado y es imposible guardar secretos. Es natural que don Juan no dijera: "Mi hijo ha matado a su hermano". Pero en la intimidad de Villa Giralda todo el mundo sabía que los dos niños [en realidad no eran tales, dado que Juan Carlos tenía dieciocho años, y su hermano, casi quince] estaban jugando con la pistola y que se disparó. Yo no le doy mayor trascendencia. Lo trascendente hubiese sido lo contrario: si el tiro se le escapa al hermano pequeño y mata al mayor. ¡Caramba! Por muy niños que fueran, hubiese dado que hablar: pero siendo lo contrario, no».

Entretanto, don Jaime, tras leer el artículo publicado en *Settimo Giorno*, volvió a la carga insistiendo en que se abriese una investigación judicial: «En mi calidad de jefe de la familia Borbón, no puedo más que estar en profundo desacuerdo con la actitud de mi hermano Juan que para cortar toda interpretación posterior no ha pedido que se abriera una encuesta oficial sobre el accidente y que fuera practicada la autopsia en el cuerpo de mi sobrino, como es habitual en casos parecidos». No contento con eso, don Jaime decidió escribir a Franco reiterándole su propósito: «Me niego a no creer la versión de la muerte de mi infortunado sobrino que ha sido dada por la Casa de mi hermano, pero no puedo menos de lamentar que, con el fin de prevenir las posteriores interpretaciones de la tragedia, mi hermano Juan no haya insistido en una investigación oficial».

Luca de Tena reprobaba la actitud de don Jaime: «Solicitar una investigación sobre los hechos acaecidos en Estoril en la primavera de 1956 me parece de mala fe y no conducía a nada. Era un revuelo sin objetivo alguno». Pero en realidad ese «revuelo» podía constituir una baza importante para don Jaime en su intento por descalificar a su hermano Juan y a su sobrino en el marco de una pugna sucesoria.

Íñigo Cavero, presidente del Consejo de Estado cuando me entrevisté con él, no tenía sin embargo noticia de que don Jaime reclamase una investigación judicial: «No lo conocía, pero me parece una infamia más de las que se le han ocurrido a don Jaime. Mi poca consideración que tenía por don Jaime es suficiente para considerarle una persona absolutamente anormal».

Álvarez de Miranda estaba de acuerdo con Cavero: «Fue una actitud ridícula y absurda. Yo creo que a él no se le hubiera ocurrido si no hay una persona que le sugiere esa malignidad».

Pero ni el conde de Barcelona ni don Juan Carlos desmintieron jamás la versión publicada por *Settimo Giorno*. Tampoco reaccionaron ante la postura de don Jaime, ni emprendieron acción judicial alguna.

Don Alfonsito había asistido a la celebración eucarística con su familia en la parroquia de San Antonio, donde hizo su primera comunión el 12 de octubre de 1949. González-Doria recuerda así aquel día:

> Con la piedad hondamente cristiana con que cumplen con el mayor escrúpulo sus obligaciones, y aun devociones, de fervientes católicos, la Familia Real asistió la tarde del 29 de marzo a los oficios del Jueves Santo [de ser ciertas las versiones antes comentadas, don Alfonsito no pudo asistir a los oficios, porque ya estaba muerto. Lo que sí hizo fue acudir a la misa de la mañana, donde recibió la comunión]. Don Juan y doña María, con sus cuatro hijos, se habían acercado a la Sagrada Mesa para recibir el Cuerpo de Cristo; y después de dar gracias, y de participar, mezclados entre los demás fieles lisboetas, en la procesión eucarística, regresaron a Villa Giralda.

Esa misma mañana, temprano, Alfonsito había disputado la semifinal del campeonato juvenil de golf con su compañero de colegio Antonio Eraso: «Me pegó una gran paliza», recordaría Eraso a Juan Antonio Pérez Mateos al cabo de los años. El infante don Alfonso de Borbón y Borbón Battenberg Orleáns y Habsburgo era incapaz de ocultar en su rostro despierto el júbilo por esa victoria mientras asistía a misa con su familia. El Sábado Santo debía disputar la gran final del torneo, y regresó a Villa Giralda contento como unas castañuelas. Su *caddy* portugués le llamaba cariñosamente «Alfonsinho» y todo el mundo confiaba en que sería el ganador del campeonato. Su destreza con los palos era la comidilla de la chiquillería de Estoril. Ese año finalizaba sus estudios de bachillerato en España y debía preparar su ingreso en la Escuela Naval de Marín.

Aquel chaval rubio y menudo, de complexión más frágil que la de su hermano, adoraba la caza. A sus catorce años se enorgullecía ante sus compañeros de haber cobrado ese invierno su primera cabra hispánica en la madrileña sierra de Gredos. Le encantaba también la equitación. Solía montar a Salvaje, pero un día le dejaron al inquieto Pie de Plata, que se le desbocó. Sólo su pericia y la suerte de que unos guardas pudiesen cerrar el portón a tiempo evitaron una posible tragedia.

Todo el mundo sabía que Alfonsito era un chico feliz... Pero su cruel muerte sobrecogió a la Familia Real. Su madre sufrió una grave depresión que la obligó a pasar una larga temporada en una clínica cerca de Frankfurt, en Alemania. Años después, María de las Mercedes confesaría a Françoise Laot que jamás había sido desdichada, «salvo cuando murió su hijo». Su abuela, la reina Victoria Eugenia, se sumió también en una profunda desolación. Acababa de perder a su nieto predilecto y se preguntaba, desesperada: «¿Cuándo cesarán las tragedias? ¿Cuándo se interrumpirá su curso? Sé que mis amigos protestantes me maldijeron cuando les abandoné. Lo sabía. Lo sabía...». «La felicidad —repetía después de tantos sufrimientos a lo largo de su vida— no existe, sólo hay momentos felices, que no se pueden desperdiciar.» Al tremendo dolor por la pérdida de Alfonsito se unía la ceguera de la infanta Margarita y los avatares dinásticos que, más tarde, provocaría su hijo don Jaime.

Margarita, sólo año y medio mayor que su hermano pequeño, perdió ese tierno y simpático lazarillo que paseaba con ella de la mano por el jardín y le descubría la belleza de las flores. La hermana mayor, Pilar, estaba también destrozada. Mucho tiempo después, un testigo la vería llegar a La Zarzuela mientras Juan Carlos enseñaba a disparar al príncipe Felipe: «¡No, por favor, eso no…!», exclamó horrorizada. Pilar jamás olvidaría la maldición que se cebó con su familia, así se lo confesó a Helena Matheopoulos:

> Nunca, mientras viva, olvidaré las palabras de mi padre, las lágrimas en su voz cuando llamó a mi abuela y le dijo: «Es… es mi Alfonsito». Fue horrible, horrible, y para mis padres, inenarrable. Éramos una familia muy, muy unida y que algo así nos pasara… Todavía, después de cuarenta años, echamos en falta a Alfonsito, un muchacho encantador, ingenioso, e incluso a sus pocos años, tremendamente leal a su hermano. A menudo pienso lo maravilloso que sería para el Rey, ahora, tener a su hermano a su lado. Porque una hermana no es lo mismo…

La familia quedó destrozada. Álvarez de Miranda, testigo de aquel pesaroso trance, lo revivía así conmigo: «Don Juan y doña Mercedes estaban deshechos, y don Juanito también. Todas las personas que estábamos en aquel momento nos dimos cuenta de hasta qué punto esa tragedia les afectó. Yo fui al día siguiente, antes del entierro. Estaban también Jaime Miralles, Satrústegui, Vicente Piniés… Tuvimos un acto muy emotivo con don Juan, de luto familiar, le dimos el pésame y luego asistimos al entierro».

Jaime Miralles, consejero de don Juan, daba fe del inmenso dolor que abrumaba entonces al conde de Barcelona: «Recuerdo que, la víspera [del entierro], al contarnos a unos pocos testigos el trágico accidente, y describirnos cómo cogía aquella frente de su hijo segundo, sin conseguir restañar con sus dedos la sangre con la que se escapaba la vida aquel día, escuché la voz del rey don Juan entrecortada, rota, por un llanto que no podía reprimir del todo, supe yo que los reyes también lloran, y que el rey don Juan lloraba aquel día».

López Rodó interpreta así la tragedia: «La muerte de don Alfonso marca como un hierro candente a la que era una feliz familia, una sencilla y confiada familia española... Y este dato trágico es preciso consignarlo: una tragedia de la mano del azar puede condicionar psicológicamente el futuro de una familia considerada colectivamente y, también, el de cada una de las personas que la forman. Porque es el enfrentamiento urgente ante lo fortuito y ante el más allá. Es, en definitiva, un terrible choque. Quizá el gran choque».

La maldición de los hijos muertos causó también gran conmoción en el hermano mayor, como me confirmó Luca de Tena: «Alfonsito era su único hermano varón, su compañero de juegos y de estudios, aunque a niveles distintos. Su tristeza y su desolación fueron infinitas. Máxime dadas las circunstancias de la tragedia».

El testimonio del que fue profesor de literatura de don Juanito en el palacio Miramar de San Sebastián, Juan Rodríguez Aranda, demostraba hasta qué punto el príncipe apreciaba a su hermano. Preguntado por la periodista María Mérida si don Juan Carlos se llevaba bien con don Alfonsito, respondió sin rodeos: «Estupendamente; aunque era unos años menor que él y lógicamente tenía sus propios amigos. Cuando en el año 1956 murió don Alfonsito en un trágico accidente... para don Juanito fue una impresión tan grande y un disgusto tan terrible que yo creo que le costó muchísimo superarlo. En cuanto a don Juan, aquella desgracia le marcó para siempre. Yo he tenido ocasión de hablar con él muchos años después y si surgía el nombre de don Alfonso no podía evitar que se le saltasen las lágrimas. Nosotros también sufrimos un golpe terrible, porque don Alfonso era un chico encantador, muy inquieto y nervioso pero extraordinariamente listo, simpático y cariñoso».

La carta de pésame que el director espiritual del muchacho, el padre jesuita Basabe, dirigió a los condes de Barcelona, revelaba sus virtudes:

> Decir que don Alfonsito era buenísimo resulta insuficiente. Los mejores panoramas de su alma maravillosa quedan inéditos. Sólo a los sacerdotes nos es dado sorprender en la intimidad del Sacramento aquella sinceridad impresionante con que su alma de niño exponía sus debilidades, o recibía con sumisión insospechada el cauterio de la corrección y la penitencia... Todo acabó, para aquella alma bellísima, cuyo recuerdo nos acosa. Un conjunto de circunstancias providenciales parecen agruparse en torno a su muerte. Hacía quince días terminó sus Ejercicios Espirituales en Los Molinos, la comunión del Jueves Santo fue su mejor viático; luego las confesiones semanales y la comunión de cada día. Durante la novena de la Inmaculada, su voz ingenua, de una liquidez de ángel, fue diciendo en la capilla, ante más de cien colegiales, una consagración a la Virgen.

Apenas seis meses antes del mortal accidente, el 2 de octubre de 1955, Juan Carlos había dirigido una afectuosa carta a su hermano para felicitarle por su cumpleaños desde la Academia Militar de Zaragoza:

> Querido hermano:
>
> Lo primero de todo quiero decirte un millón de felicidades y que ya sabes lo mucho que te quiero y lo mucho que me acordaré de ti mañana.

¿Sabes una cosa? Que hoy me he tenido que quedar aquí metidito en la Academia, sufriendo un arresto por llegar tarde a formación ayer por la noche, y hoy, pues, aquí rabiando, pero es la vida y tiene uno que acostumbrarse a todo. Esta mañana he montado a Pie de Plata; ha sido fenómeno, no lo he saltado, pues hace bastante frío y se resienten luego las manos al caer del salto. ¿Y tú? ¿Qué tal por los Madriles? Hace frío, calor, llueve, hace tormenta, escríbemelo y cuéntame. ¡Ah!, sé buen chico y estudia. En un examen de Matemáticas me pusieron un 7,50 en integrales, y estoy encantado...; en cambio, en Física sólo me pusieron un 5, qué mísera nota, ¿no es verdad?

Muchos recuerdos a todos, sobre todo a D. José [se refería a don José Garrido, director del colegio Santa María de los Rosales, donde estudiaba Alfonsito, y antiguo preceptor del príncipe].

Y recibe para ti de tu hermano el más cariñoso abrazo y que siempre te querré. Tu siempre,

JUANITO

Seis meses después, al conocerse la triste noticia fuera de Portugal, las llamadas telefónicas de pésame por la muerte de don Alfonsito se hicieron interminables. Las muestras de afecto fueron tantas, que la Dirección General de Seguridad y los gobiernos civiles portugueses abrieron sus oficinas por orden gubernativa, pese a ser Viernes Santo, para atender a más de dos mil españoles. De la vecina tierra extremeña llegó el marqués de la Encomienda con sus braceros. Portaban en sacos, confeccionados con la bandera nacional, tierra de España para cubrir el cuerpo sin vida del infante.

Nada más enterarse del fallecimiento de don Alfonso, Franco y su esposa, Carmen Polo, enviaron también sendos telegramas de condolencia a sus padres.

> Enterado fatal noticia comparto su dolor y le envío sentidísimo pésame así como a su Real Familia. Generalísimo Franco.

> Lamento tristísima noticia y elevo mis oraciones a Nuestro Señor para que la conforte y consuele. Carmen Polo de Franco.

Entre la avalancha de testimonios de pésame se encontraba el de don Gregorio Marañón, que le decía a Sainz Rodríguez en una carta: «Puede usted tener la certeza de que en estos momentos España entera ha estado con su Rey».

El escritor José María Pemán, que no pudo acudir a los funerales, envió una conmovedora carta a don Juan:

> Siempre me ha emocionado la dignidad y paciencia con que V.M. tiene que soportar una vida tan coaccionada de limitaciones, tan distinta de la que pueden disfrutar los ordinarios mortales. Dios le ha querido probar en muchas cosas y ahora en este trance de modo agudísimo. Vea V.M. en todo ello su mano y ofrézcale tanto dolor por España y por la empresa de su futuro destino. Si es lícito mezclar consideraciones temporales en episodio tan hondo e íntimo, yo diría a V.M. que la sensibilidad popular española ha respondido en este caso de modo entrañable, sin matices ni distingos. Ni ha dejado de anotar la viril entereza con que V.M. ha soportado esta desgarradura y ha sabido impulsar al Príncipe a continuar sin pausa su vida de trabajo y servicio. Ha visto, mejor que en ninguna teórica disertación,

todo lo que la realeza significa de sacrificio, entrega y material unidad de lo público y lo privado.

La Secretaría de los condes de Barcelona respondió con un comunicado de agradecimiento a los numerosos mensajes de condolencia:

> Sus Altezas Reales los Condes de Barcelona, dentro de su inmenso dolor por la muerte de su hijo, el Infante don Alfonso, han tenido el consuelo de recibir numerosas y emocionantes manifestaciones de pesar del siempre generoso pueblo español, que les han conmovido profundamente. Tratarán de hacer llegar su agradecimiento a cuantos les han enviado su condolencia, pero ante el temor de cometer algún involuntario error al contestar el enorme número de testimonios recibidos, no sólo de pésame, sino también de sufragios por el alma de su hijo, quieren expresar a todos su gratitud de manera general y anticipada.

En la capilla ardiente de Villa Giralda permaneció durante largo tiempo la esposa del presidente de la república portuguesa, Francisco Craveiro Lopes, que acompañaba en sus oraciones a la condesa de Barcelona.

Entre los sentimientos de condolencia se encontraba el del presidente del Consejo de Ministros, Oliveira Salazar. Firmaron los pliegos de pésame, entre otros, los embajadores de Canadá, Gran Bretaña, Unión Sudafricana y Bélgica; los ministros de la República Federal de Alemania, Argentina, Austria, Chile, Cuba, Grecia y Venezuela; el encargado de negocios del Perú; el agregado militar de Estados Unidos; el jefe superior de las Fuerzas Aéreas portuguesas, general Costa Maceio; los marqueses de Manzaliny; y Carneiro Pacheco, ex embajador de Portugal en Madrid.

El cuerpo sin vida del infante permaneció tendido durante dos noches en un lecho con preciosos encajes, amortajado con un traje azul oscuro. En la solapa lucía la insignia de caballero de la orden del Santo Cáliz de Valencia. Y en la cabecera del féretro, de caoba y con sencillas incrustaciones, había un crucifijo y un velón en cada uno de sus cuatro ángulos. Una bandera de España cubría parcialmente el ataúd. De las manos del infante pendía un rosario. Lo velaban las hermanas de la Misericordia y un grupo de fieles monárquicos desfiló ante él. Las paredes de la capilla, repleta de flores y cintas rojigualdas, estaban recubiertas con crespones negros. Durante toda la noche llegaron las más hermosas coronas de flores, una de Humberto de Italia, otra de la embajada de España, y varias de los hijos de los miembros del cuerpo diplomático.

En su crónica, el corresponsal de *ABC* en Lisboa narraba: «Ni un rumor se oye de madrugada en Villa Giralda. Una sábana blanca, un crucifijo, unas monjitas. Hay un tremendo silencio».

Y el periodista L. Méndez Domínguez añadía: «Quienes tanto jugaron con él y le aconsejaron e incluso en estos días repasaban con don Alfonso lecciones de estudio —Ramón Padilla y Juan Tornos, consejeros de embajada al servicio de Sus Altezas; el gentilhombre de semana, marqués de Castelldosrius; el buen Eugenio, la viuda de don Santiago Muguiro, Cristina Vistahermosa…— andaban en las puntas de los pies, como fantasmas».

Los restos de don Alfonso fueron inhumados en el pequeño cementerio de Guía, en Cascais, a ocho kilómetros de Estoril. Aquel 31 de marzo, Sábado Santo, amaneció nublado. Al frente del cortejo fúnebre se hallaba, como ausente, el conde de Barcelona, flanqueado a ambos lados por el ministro consejero de la embajada de España en Lisboa, Ignacio Muguiro, que representaba al jefe del Estado, y por el coronel Franca, en nombre del presidente de la República portuguesa. Justo detrás de su padre estaba don Juan Carlos, vestido con el uniforme caqui de los cadetes del ejército de Tierra.

Entre los congregados para dar su último adiós a don Alfonso se encontraba el rey sin corona Humberto de Italia, su hijo el príncipe de Nápoles y el duque de Braganza.

Ante el marqués de Castelldosrius se cerró para siempre el féretro del infante. Lo portaron a hombros, hasta el furgón que lo trasladaría a la tumba, convencidos monárquicos, como el duque de Alba, el conde de Mejorada, el capitán Vierba, José María Cervera, Joaquín Satrústegui, Jaime Miralles, Leopoldo Calvo Sotelo, Gonzalo Fernández de la Mora, Eugenio Vegas Latapié, Javier Carvajal y Torcuato Luca de Tena. Cuarenta años después de aquella dolorosa estampa, Luca de Tena la revivía así conmigo: «El recuerdo más lacerante que conservo de aquel acto fueron las lágrimas de su padre y hermano».

Jaime Miralles tampoco había olvidado aquel día: «Torcuato y yo coincidimos llevando a hombros el féretro que contenía el cadáver del infante don Alfonso, el segundo hijo varón del rey don Juan, en el cementerio de Cascais, cuando el sol se escondía tras el Atlántico, en aquella tarde de Semana Santa. Día triste, muy triste, en el que no sólo sentíamos pena por la muerte de aquel infante por nacimiento y por edad, ocurrida cuarenta y ocho horas antes, el 29 de marzo de 1956, sino que nuestro dolor se acentuaba ante el espectáculo, sobrio y desgarrador a un mismo tiempo, del rey don Juan presidiendo aquel entierro».

González-Doria refleja así el tremendo pesar del conde de Barcelona y de su hijo: «Don Juan, de riguroso luto, con el semblante demudado e incapaz de contener las lágrimas, presidía el cortejo, acompañado del Príncipe, de uniforme militar, con expresión anonadada, como si aún no hubiera podido reaccionar ante el terrible suceso, que sus ojos habían presenciado».

La sepultura del infante quedó situada a la derecha de la entrada al cementerio. Era la cuarta tumba del fondo, contando desde la izquierda. Don Alfonsito se quedó muchos años en Estoril, antes de ser trasladado al monasterio de El Escorial.

Cuarenta y ocho horas después del entierro de su hermano, Juan Carlos partió de Lisboa en avión militar con destino a Zaragoza para proseguir sus estudios en la Academia General Militar. Le acompañaba en el viaje su preceptor, el teniente general duque de la Torre. El autor británico Bertrand Meyer-Stabley relata así el regreso de don Juanito:

> Cuando volvió de nuevo a la Academia Militar de Zaragoza, sus mejores compañeros pensaron que jamás podría recuperarse de esta prueba, pero los engranajes de la vida militar, con su cúmulo de exigencias, evitaron que Juan Carlos cediese a estos fantasmas mortíferos y le permitieron encontrar cierto grado de aparente equilibrio. Sin embargo, el sol permanecerá velado para siempre. Algunos retratos goyescos del soberano muestran la melancolía tenaz que se instaló para siempre en su rostro.

«Iba a inscribirse en la Escuela Naval, como había hecho mi padre», recordaba Juan Carlos a la periodista Françoise Laot en una de las escasas confidencias sobre su hermano. «Hasta tal punto que —añadía el hoy rey de España—, cuando yo fui a Marín, su recuerdo se convirtió en una imagen viva y presente. Pero mi vida como cadete naval y especialmente las largas y solitarias guardias en cubierta, me dieron una fuerza nueva y me proporcionaron un modo de evasión. Alfonsito era muy inquieto y, por eso mismo, de inteligencia muy viva, con una extraordinaria sagacidad para descubrir matices que pasaban desapercibidos para los demás. También era capaz de decir sin rodeos lo que pensaba. Todos le vigilábamos, sobre todo mi madre, para ver si abandonaba la terrible manía de comerse las uñas. Hoy, recuerdo con ternura aquellas escenas y algunos de sus gestos y de sus frases.»

Desde el punto de vista dinástico, con la desaparición de don Alfonsito don Juan se quedaba sin un posible recambio para la Corona. Rafael Borràs, en su magnífica biografía de don Juan titulada *El Rey de los rojos*, plantea con evidente perspicacia esta importante cuestión: «[La muerte de Alfonsito] priva al conde de Barcelona, desde el punto de vista del legitimismo dinástico, de un hipotético sustituto para el caso de que el Príncipe de Asturias aceptara ser el sucesor del general Franco, contra la voluntad paterna, de acuerdo con la Ley de Sucesión y al margen de la línea sucesoria "normal"». Y concluye Borràs: «No resulta aventurado pensar que de vivir el infante y de mantenerse leal a la línea dinástica, tal vez hubiese condicionado la conducta de su hermano [Juan Carlos] en sentido diferente a como se produjo».

La trágica muerte del infante don Alfonso tuvo, sin duda, gran trascendencia en el desenlace dinástico, así lo expresa Juan Balansó en *Trío de Príncipes*: «¡Cómo hubiera cambiado tal vez la historia si el infante don Alfonso, su hijo menor, no hubiera muerto alcanzado por el disparo fatal!». Y en una obra posterior, *La corona vacilante*, Balansó es aún más explícito: «A la tragedia griega que supuso la muerte accidental del infante don Alfonso, de catorce años, a manos de su hermano Juan Carlos, de dieciocho, se unía un factor político: la eliminación del infante cambiaba el porvenir de la dinastía. Si un día Juan Carlos se excluía, por su propia conducta, de la autoridad de su padre, el jefe de la Casa Real no podría contar con un sustituto varón de repuesto en su descendencia, formada ya sólo por dos mujeres poco preparadas, la infanta Pilar y la infanta Margarita, esta última, además, invidente».

Al igual que los dos autores anteriores, Jaime Miralles captó a la perfección la trascendencia que tuvo en don Juan la pérdida de su hijo, con la que se debilitaba la robustez de la dinastía:

> En el acerbo dolor que en aquellas horas sentía don Juan, pienso que en su corazón de Rey, concomitaba, acentuándolo, una circunstancia que daba a aquella muerte una especial trascendencia, en la que de ninguna manera es ocioso que paremos nuestra atención: para afrontar el cumplimiento del cúmulo de altos y difíciles deberes que él había tenido que cumplir hasta entonces, don Juan había tenido junto a él dos hijos varones: el príncipe don Juan Carlos y el infante don Alfonso. Pero, aquel día, el rey don Juan tuvo que enfrentarse con la triste y nueva realidad de que, a partir de entonces, su dinastía sólo podría continuarse por línea de varón, por el Príncipe de Asturias, don Juan Carlos. Aquel otro hijo cuya presencia había mantenido hasta entonces más ancha la base dinástica, haciendo más firme la posición culminante de don Juan en la dinastía, había muerto.

> Sin incurrir en el disparate de aquel personaje de Galdós que escribía la historia como a su juicio creía que debería haber sido; sin buscar la confirmación de una visión pretérita en lo acontecido de entonces a acá, no fue difícil pensar, ya en aquel mismo día, que la muerte del infante don Alfonso, además del dolor tremendo que a sus padres y a todos nos produjo, había debilitado en alguna medida la robusta solidez que había tenido la sucesión del rey don Juan, hasta entonces plural por línea de varón. Parece razonable pensar que el rey don Juan, ante todo lo que en el resto de su vida hubo de pasar, se habría sentido más firme y más asistido, si hubiera tenido con él a sus dos hijos varones.

Así fue. La posición del jefe de la dinastía se resintió con la pérdida de su hijo pequeño. Gonzalo Fernández de la Mora tampoco tenía duda al respecto: «Es obvio que, muerto don Alfonso de un disparo de pistola, don Juan se quedó sin un hijo de recambio».

Ahora bien, eso no significaba que aquel problema dinástico entre familias, agravado por la inesperada muerte de don Alfonsito, tuviese trascendencia legal en la vida política del país, cuando España había dejado de ser una monarquía en abril de 1931. La suspensión que hizo Alfonso XIII de sus poderes supuso en la práctica su renuncia y el surgimiento de la República, convertida así en el único régimen legítimo en España hasta que, finalizada la Guerra Civil, fue sustituida por el franquismo. Más tarde, Franco, conforme a la Ley de Sucesión promulgada en 1947, decidiría instaurar la monarquía.

Fue así como el 22 de julio de 1969, tras haber cumplido don Juan Carlos treinta años, la edad establecida en la Ley de Sucesión para poder ser elegido sucesor a título de rey, Franco procedió a designarle. El acto se celebró en La Zarzuela y el entonces príncipe juró lealtad al jefe del Estado y fidelidad a los Principios del Movimiento y a las Leyes Fundamentales del Reino, que luego, como habían hecho sus antepasados Fernando VII y Alfonso XIII con la Constitución, no respetó.

Dieciocho años después de su designación, Juan Carlos I reconocía oficialmente a sus hermanas como infantas de España. El Real Decreto 1.368/1987 de 6 de noviembre, en su disposición soberana, decía así: «Las hermanas de S.M. el Rey don Juan Carlos I de Borbón serán infantas de España». ¿Significaba eso que doña Pilar y doña Margarita no eran ya infantas y que su hermano Alfonsito aún no había sido reconocido oficialmente como tal? En realidad, desde el punto de vista de la dinastía instaurada por Franco, a don Alfonsito no se le podía considerar infante porque no era hijo de un rey. Pero sí según la legitimidad dinástica, pues era hijo del heredero al trono, don Juan de Borbón, a quien sus partidarios llamaban «Juan III».

La madre del pequeño Alfonso hubiera preferido que su hijo descansase para siempre en el cementerio portugués de Cascais, donde fue enterrado en marzo de 1956. Así se lo confesó a González de Vega:

> Si de mí dependiera, yo no traería a Alfonsito. En donde está, está muy bien. A mí los cementerios me dan paz, pienso que todos los que están allí, con más o menos tropiezos, ya han llegado a estar con Dios. Pero es que, además, el cementerio de Cascais es muy alegre. Lleno de luz, de flores, de pájaros. Además, allí ha ido mucha gente a rezar por nuestro hijo. El primer año

después de su muerte, vino a Portugal el equipo español de equitación al concurso hípico. Como todos sabían que a Alfonso le gustaba montar, le llevaron una herradura de claveles rojos, y cada uno puso en ella su insignia. A mí me emocionó muchísimo. Recogí un pedacito de la bandera de España y las insignias, y coloqué todo en el marco del dibujo, magnífico, que le hizo un pintor medio gallego medio granadino que se llamaba Prieto Coussent.

Pero en 1992, treinta y seis años después de la trágica muerte de su hijo Alfonsito, don Juan abandonó durante unas horas la Clínica Universitaria de Pamplona, donde se le trataba un cáncer que se le había enroscado en la garganta, para asistir al traslado de sus restos en El Escorial. Tras ser velado por la Guardia Real durante toda una noche en el palacio de El Pardo, el féretro de palosanto con incrustaciones de plata de don Alfonsito fue conducido hasta el Patio de Reyes del monasterio, donde se le depositó en el Pudridero de Infantes. El ministro de Justicia, Tomás de la Quadra Salcedo, actuó como notario mayor del Reino, asistido por el director general de los Registros y el Notariado.

No hubo salvas ni campanas reales, pero sí un emocionado homenaje al infante. «Concluida la ceremonia —recordaba Fernando Gracia—, de poco más de una hora, la Familia Real dejó el monasterio, y el féretro quedó a cargo de la comunidad agustina para ser trasladado al Panteón de Infantes. Allí reposa entre los mármoles blancos de Florencia y de Carrara y entre el mármol gris de Bardaglio, en una de las nueve cámaras sepulcrales que forman el panteón, cada una con un pequeño altar.»

Durante seis años los restos de don Alfonsito permanecieron en un nicho del Pudridero de Infantes, en espera de ser traslados a la segunda cámara del Panteón de Infantes, donde ya reposaban, en sarcófagos de mármol sin inscripción alguna, los de sus tíos hemofílicos Alfonso y Gonzalo. A esta sala del Panteón que databa de los tiempos de Isabel II, donde se hallaba el altar consagrado a san Luis de Francia, fueron conducidos por fin los restos del infantito el 31 de julio de 2000, y depositados en una tumba con esta insólita inscripción:

ALPHONSUS

ALPHONSII XIII NEPOS

Es decir: «Alfonso, nieto de Alfonso XIII». Como si nadie supiera quién era el padre del infantito que yacía allí, víctima de la maldición.

Cinco años antes, su hermano mayor, el fortuito causante de su muerte, había estado a punto de perecer también fulminado por otra especie de maleficio...

12

OBJETIVO: MATAR AL REY

—Tengo un material que te va a quitar el hipo...

Todavía recuerdo las casi inaudibles palabras de mi confidente pronunciadas al otro lado del teléfono, sumergido como estaba aquella tarde en la vorágine de la redacción de *El Mundo*, el periódico donde entonces trabajaba.

Faltaban escasos minutos para cerrar la primera edición del diario, y los encargados de que todo estuviera a punto habían empezado a vociferar ya a los redactores para que entregasen con urgencia sus crónicas, mientras decenas de teléfonos sonaban sin cesar y una cohorte de maquetistas, fotógrafos, secretarias y jefes de redacción deambulaba de un lado a otro de la sala, presta a cumplir su cometido al ritmo frenético que marcaba el inefable esprínter que era y es hoy el director, Pedro J. Ramírez.

Hacía unos meses que investigaba el atentado contra el rey Juan Carlos en Palma de Mallorca, perpetrado por fortuna sin éxito en agosto de 1995, cuando la llamada de aquella «garganta profunda» estimuló aún más mi ansia por desentrañar algunos puntos oscuros de aquel asunto. Especialmente, a raíz de la improvisada rueda de prensa convocada a horas intempestivas por el entonces director general de la Policía, Ángel Olivares, para hacer creer a la opinión pública que la vida del rey en ningún momento había corrido peligro durante su estancia en la isla.

Aquella misma noche, mi confidente Antonio y yo cenábamos en un discreto restaurante madrileño. Mientras servían el postre, Antonio aprovechó para abrir su maletín de piel y extraer de él un sobre normal cuyo contenido enseguida me mostró: era un juego de fotografías; las mismas que había enseñado a los periodistas Ángel Olivares en la madrugada del 10 de agosto de 1995, durante la precipitada rueda de prensa celebrada tan sólo horas después de la desarticulación del comando de ETA que había intentado asesinar al rey. «El atentado contra el rey no se habría podido producir jamás», aseguró entonces Olivares, secundado por el delegado del Gobierno en Baleares, Gerard García.

«En ningún momento hemos aceptado correr riesgos», insistió el director general de la Policía. Y acto seguido, para demostrar que la Policía controlaba al comando desde su llegada a la isla, mostró a las cámaras varias fotografías del etarra Ignacio Rego Sebastián junto a una motocicleta Yamaha en la que pretendía huir con su compañero Jorge García Sertucha tras cometer el atentado. Había otra imagen en la que se distinguía al jefe del comando, Juan José Rego Vidal, mientras hojeaba el periódico en la parada del autobús situada a la entrada del puerto deportivo de Alcudia.

Horas después, el ministro de Justicia e Interior, Juan Alberto Belloch, comparecía ante los medios de comunicación para reiterar lo que ya había dicho Olivares: «No se ha asumido ningún riesgo con la Familia Real», aseguró. Y añadió, con insólita perspicacia: «El conjunto de datos obtenidos tras las detenciones permite afirmar que el objetivo era atentar contra el Rey». Las revelaciones de Belloch y Olivares produjeron malestar en el entorno del juez Baltasar Garzón por considerarlas inoportunas, dado que la operación aún no había concluido y se había decretado el secreto del sumario.

Al día siguiente, *El País* se hacía eco de la tesis de Belloch y Olivares, titulando así su información: «La Policía afirma que era "imposible" que los etarras asesinaran al Rey porque estaban vigilados».

A la ceremonia de la confusión se sumaba también el diario barcelonés *La Vanguardia*, que afirmaba en su artículo: «Los terroristas habían estado controlados segundo a segundo [...] Los etarras fueron seguidos y controlados desde que zarparon del puerto de Niza a bordo de *La Belle Poule*. Este velero fue minuciosamente seguido durante toda la travesía hasta el puerto de Alcudia».

Incluso *El Mundo*, citando naturalmente fuentes del Ministerio de Justicia e Interior, titulaba así su crónica: «Tiradores de élite de la Policía estaban preparados para abatir a los etarras».

Mientras contemplaba las fotografías que acababa de entregarme mi confidente, las cuales seguramente llevaron a la prensa a corear que la Policía vigiló siempre al comando etarra desde su llegada a la isla, no pude evitar un gesto de cierta decepción, que enseguida él advirtió:

—Aguarda un momento, que ahora viene lo bueno de verdad —me previno. Llevó la mano de nuevo a su maletín, extrajo un par de folios grapados y, con una sonrisa pícara, añadió—: Anda, echa un vistazo a esto... ¿No me dirás que también conocías este documento?

Tenía ante mis ojos la declaración jurada del jefe de Seguridad de la Casa Real, el coronel Guillermo Quintana-Lacacci. Aquel militar sabía muy bien cómo ahogar el dolor y la impotencia ante el terrorismo de ETA, pues había perdido a su padre en un atentado perpetrado el 29 de enero de 1984; fue el sexto general asesinado desde 1978 y el primero desde que el socialismo llegó al poder, en diciembre de 1982. Hijo y nieto de militares, su padre cargó con la responsabilidad de deshacer el golpe de Estado del 23 de febrero de 1981. El rey habló con él poco después de la entrada de Antonio Tejero en el Congreso. Y ahora, la lealtad que siempre demostró a don Juan Carlos el que fue capitán general de Madrid, se la profesaba el hijo, coronel, al frente de su servicio de seguridad.

En su declaración ante el juez Baltasar Garzón, prestada el 22 de septiembre de 1995, el coronel Quintana-Lacacci explicaba a grandes rasgos en qué consistía el dispositivo de seguridad del rey, sin revelar detalles que pudieran poner en peligro su integridad; a continuación, concretaba las fechas y los horarios en los que el rey se hizo a la mar en su yate *Fortuna* en aquellos días, para afirmar luego que, a fin de preservar su seguridad y la de su familia, ningún verano se elaboraba un calendario previo de sus movimientos en la isla.

Hasta ese momento no había nada relevante en aquella declaración. El militar se comportaba con su habitual discreción ante el juez. Alcé entonces la mirada para contemplar con escepticismo a mi confidente, que no había dejado de observarme, en espera de una reacción.

—Tranquilo, hombre, sigue leyendo y verás —me alentó, muy convencido.

Y en efecto, en los dos párrafos siguientes el militar sacaba a relucir la verdad y, seguramente sin pretenderlo, dejaba en evidencia al gobierno y a la policía:

> Preguntado si el hecho de que en la terraza del edificio donde está el piso en el que fueron detenidos dos de los inculpados [los etarras Ignacio Rego y Jorge García Sertucha] hubiera funciones de policía de vigilancia tiene alguna relación con la permanencia de aquéllos en dicha vivienda, contesta que no y que entra dentro del esquema de seguridad normal por la proximidad de este edificio en la zona del puerto.
>
> Preguntado si tenía información de que podía estar preparándose algún tipo de acción contra la Familia Real por parte de ETA, contesta que había sido informado de una forma genérica de que podía intentarse alguna acción contra los miembros de la Casa Real durante su estancia en Mallorca, siendo después de la desarticulación del comando de ETA cuando tuvo conocimiento de todo el alcance de la operación.

Quintana-Lacacci dejaba así muy claro que los miembros de seguridad de la Casa Real ignoraban la presencia de los terroristas García Sertucha e Ignacio Rego en el piso situado a doscientos cincuenta y un metros de donde atracaba el yate *Fortuna*, desde el cual pretendían asesinar a don Juan Carlos con un rifle de mira telescópica. ¿Cómo, si no, se entendía que la policía hubiese esperado nada menos que veinticuatro días para detener al comando?

A juzgar por la confesión de Quintana-Lacacci, era evidente que la vida del rey había corrido serio peligro durante esos días, y que si al final pudo salvarse, fue precisamente gracias a esa «buena estrella» a la que siempre trató de arrimarse don Juan Carlos, consciente probablemente de la maldición que asoló a sus antepasados y que entonces, muchos años después, pretendía cebarse también con él.

Poco a poco, conforme fui desbrozando el extenso y prolijo sumario al que pude acceder días después, incluido el material gráfico más relevante (fotos de carnet de los terroristas, habitación del piso donde se alojaron, documentación falsa, anotaciones manuscritas del etarra encargado de disparar contra el rey…), se hizo más evidente la intención de la policía y del gobierno de ocultar su posible negligencia a la opinión pública. Entonces, no me cupo la menor duda de que la banda terrorista ETA había estado muy cerca de llevar a término el mayor atentado contra la democracia en España.

Días después pude entrevistar, con sigilo, en su propia casa, al que fue máximo responsable de la lucha antiterrorista y director del antiguo SECED y luego CESID, el general Andrés Cassinello, quien me dijo, muy seguro:

—No me cabe en la cabeza que la policía supiera que los terroristas habían alquilado un piso desde donde se dominaba el yate del rey y que no interviniese antes. ¡Es algo que no me cabe en la cabeza! —insistió.

—Entonces, ¿la operación pudo haber tenido éxito? —pregunté, en busca de su valiosa confirmación.

—Claro. Estaba bien concebida —repuso el general.

Otra prueba fehaciente de que la policía y el gobierno trataron de que no se supiese la verdad la hallé en el voluminoso sumario instruido por Garzón; era un auto judicial, fechado en Madrid el 19 de febrero de 1996, donde el magistrado aseguraba que las fuerzas de seguridad ignoraban, hasta poco antes de su intervención, la presencia de los etarras en el piso franco:

> Entre finales de julio —afirmaba Garzón— y el día de su detención [9 de agosto sobre las 23.30], García Sertucha, cuya presencia no era conocida en ese momento por la Policía, tiene a tiro al menos en tres ocasiones a Su Majestad el Rey en el yate *Fortuna*, con posibilidades de disparar con precisión y alcance sobre el mismo. Sin embargo, la acción no se llega a consumar por las dificultades que les planteaba la huida ya que, no sólo tenían que eludir a los policías del servicio de seguridad de la zona, que no sabían que se encontraban en el piso de la calle Rafaletas. [...]

Más definitivo, si cabe, era este otro párrafo del auto de Garzón:

> Entre los días finales del mes de julio de 1995 hasta el día 8 de agosto, el imputado Jorge García Sertucha, que es identificado en el mismo momento de la detención el día 9-agosto-1995 a presencia de este instructor, tuvo posibilidad cierta, e intentó al menos en tres ocasiones, acabar con la vida del Rey, pudiendo haberlo hecho de manera precisa y eficaz al no conocerse su existencia, ni siquiera si era uno de los integrantes del comando.

Si el secuestro del funcionario de prisiones José Antonio Ortega Lara había sido, sin duda, *el secuestro*, la operación frustrada contra el rey en Palma de Mallorca había sido, sin duda alguna también, *el atentado*.

Desde que ETA cometió su primera acción el 2 de agosto de 1968 con el asesinato del inspector Melitón Manzanas, la banda terrorista jamás había estado tan cerca de matar al monarca como en el verano de 1995, cuando lo tuvo a tiro al menos en cuatro ocasiones, como acreditaremos más adelante. Pero ésa es una larga historia...

En febrero de 1994, Javier Arizkuren Ruiz, *Kantauri*, y Juan José Rego Vidal celebraron su segundo encuentro en Burdeos, capital de la región francesa de Aquitania, a orillas del Garona. El motivo de su reunión en aquel gran puerto comercial era decidir sobre la operación más ambiciosa en la historia criminal de la banda terrorista ETA: acabar con la vida del jefe del Estado español.

Kantauri, ex miembro de los comandos Madrid y Araba y responsable entonces del aparato militar de ETA, encomendó tan arriesgada misión al veterano militante Juan José Rego.

ETA apuntaba así a la nuca del Estado sin que le temblase el pulso. Kantauri se dirigió a Rego en nombre del número uno de la organización, Ignacio Gracia Arregui, *Iñaki de Rentería*, considerado en los círculos de la lucha antiterrorista un «sargento chusquero» a quien las circunstancias habían catapultado hasta el generalato.

En aquel momento, España y Francia mantenían su estrecha colaboración en la lucha contra el terrorismo. Así lo había ratificado el propio don Juan Carlos en la Asamblea Nacional francesa, celebrada el 7 de octubre del año anterior, con unas palabras que desataron la ira de los violentos. El monarca expresó su satisfacción porque «las relaciones entre ambos países sean mejores que nunca, amplias, profundas, fundadas en el respeto mutuo y el ideal democrático que compartimos». El diario francés *Libération* resaltaba al día siguiente la figura del rey de España: «Pocos monarcas europeos pueden comparársele», aseguraba en sus páginas.

A esas alturas del otoño de 1993, la cúpula de ETA se había puesto en contacto con Juan José Rego Vidal, tras un largo paréntesis de cinco años, en el que éste había permanecido al margen de la organización, dedicado a sus actividades privadas. Kantauri estableció una primera cita con Rego a través de un ciudadano francés llamado Félix Elcano. El cabecilla etarra tanteó a Rego. Quiso saber si estaba dispuesto a colaborar en nuevas acciones, y éste respondió afirmativamente y apuntó la posibilidad de «hacer algo en el Mediterráneo». Rego era un experto patrón de yate que había prestado importantes servicios de información a ETA desde su privilegiada atalaya en el mar.

A raíz de la segunda entrevista, en Burdeos, empezó a concretarse la posibilidad de cometer un atentado contra el rey. En junio de 1994, Kantauri y Rego coincidieron por tercera vez en la localidad francesa. El jefe del aparato militar le hizo entrega de un anticipo de seiscientas mil pesetas para sus gastos de viaje y alojamiento en Palma de Mallorca. Rego se trasladaría a la isla para realizar los primeros trabajos de reconocimiento y evaluar las posibilidades de atentar contra el rey el verano siguiente.

El 25 de julio llegó a la localidad guipuzcoana de Fuenterrabía y tomó luego el avión a Barcelona, desde donde volaría al aeropuerto mallorquín de Son Sant Joan. En la recepción del hotel Borne, situado en el número 3 de la calle San Jaime de Palma, reservó una habitación con su verdadera identidad, tal y como figuraba registrado en el libro de hospederías del centro. Rego no escogió un hotel cualquiera, sino uno cuyo patio principal había sido declarado nada menos que monumento nacional. La reserva se hizo hasta el 20 de agosto, pero Rego permaneció en el hotel sólo hasta el día 2, en que regresó a

Francia para informar a Kantauri, en una cuarta reunión, de los movimientos de barcos en el Club Náutico, así como de los itinerarios y horarios del rey, y de los edificios y centros hoteleros más próximos a Porto Pi, donde atracaba el yate *Fortuna*.

Rego confirmó que la operación podía realizarse y Kantauri le indicó que debía ejecutarse con un rifle de alta precisión y mira telescópica.

En toda su historia, sólo en cinco ocasiones ETA había elegido el disparo de precisión para sembrar la muerte; la última de ellas, el 11 de agosto de 1994, cuando los etarras del comando Vizcaya, a las órdenes de José Luis Carmona, *Koldo*, dispararon dos veces desde cuatrocientos metros a los agentes de la Guardia Civil que se encontraban en el servicio de vigilancia fiscal, en una de las garitas de acceso al canal de Deusto.

Kantauri volvió a apostar por el rifle de precisión, y en los meses siguientes ETA puso precio a la cabeza del rey: poco más de once millones de pesetas invertiría en la operación para acabar con su vida.

A finales de febrero de 1995, Kantauri se reunió por quinta vez con Rego Vidal y el hijo de éste, Ignacio Rego Sebastián, en el bar parisino Le Termomètre, en la plaza de la República. La presencia de Rego hijo, nacido en Cannes el 25 de octubre de 1969 y sin antecedentes penales, se justificaba por su demostrada pericia en la conducción de motocicletas (uno de los medios elegidos por los terroristas para huir tras el atentado). Hasta entonces, Rego hijo se había limitado a ejercer funciones de correo en Francia y a llevar a su padre en un BMW verde oscuro a diversas citas en el barrio de Petit Bayona y en un bar a las afueras de Biarritz. Ignacio Rego estaba familiarizado con el ambiente de ETA: su madre, María Luz Sebastián Horcajo, hermana del etarra Venancio Sebastián Horcajo, acogía en su casa a miembros de la organización.

En este nuevo encuentro Kantauri anunció, sin revelar de momento su identidad, la participación de una tercera persona en la operación, que sería la encargada de disparar sobre el objetivo.

Gracias a Antonio, mi confidente, pude acceder a un informe interno de la policía sobre el arma elegida para asesinar al rey: era un rifle repetidor, marca Dekaise, de 7 milímetros –0,8 Remington, fabricado por Daniel Dekaise en Wavre (Bélgica), con el número de serie 3782, correspondiente al fusil militar Mauser modelo Kar-98, del que era una réplica—. Su valor en el mercado se situaba entonces en 150.000 pesetas. Pero si al precio del rifle se sumaba el de todos sus componentes extra, su cotización alcanzaba las 372.000 pesetas. De hecho, el fabricante sustituyó la carcasa original de madera por otra sintética de la marca Ram Line, modelo Mauser STM 2198, de la empresa Ram Enterprises Inc., con sede en California, Estados Unidos, valorada en 30.000 pesetas. Además, Daniel Dekaise acopló a la carcasa del fusil un bípode de la marca Harris Corporation Military, fabricado en Melbourne, Estados Unidos, cuyo precio era de 12.000 pesetas. El rifle estaba dotado de un visor Zenison, fabricado en Tokio y valorado en 125.000 pesetas. La mira telescópica iba instalada sobre una montura marca Leupold, de la compañía Leupold & Stevens Inc., de Oregón, Estados Unidos, cuyo precio era de 15.000 pesetas. Para despistar a las fuerzas de seguridad sobre la procedencia del disparo, el arma llevaba incorporado un distorsionador valorado en unas 40.000 pesetas.

Kantauri entregó a Rego Vidal un millón de pesetas, para sus gastos de viaje y alojamiento, y un documento de identidad falso a nombre de Andrés Sáenz de Buruaga Sainz, un marinero fallecido cinco años antes y a quien Rego llegó a conocer. Con ese documento y un carnet de patrón de yate a nombre también de Sáenz de Buruaga, pero con sendas fotografías de Rego, el terrorista se desplazaría a Palma de Mallorca el primer día de mayo.

Pero antes de partir hacia la isla, Rego Vidal recorrió la costa de Cannes en busca de un barco a bordo del cual el comando viajaría hasta Palma para perpetrar el atentado y, después, huiría. En el puerto de Antibes alquiló al fin *La Belle Poule*, un barco de la clase Ketch pintado de negro, de veinte metros de eslora, con dos mástiles, pabellón de bandera británica y un motor con 375 caballos de potencia. Su propietaria, madame Denery, le arrendó el yate por cinco millones de pesetas, con opción preferente de compra.

Rego Vidal debía localizar a continuación el piso franco donde se alojaría el comando; debía estar situado cerca de Porto Pi y, por supuesto, con el yate *Fortuna* del rey a la vista. Con ese objetivo partió el 1 de mayo a Mallorca, una vez adquirido el pasaje de avión en el aeropuerto de Niza. Tras una escala en Barcelona, llegó a la isla y se alojó de nuevo en el confortable hotel Borne.

Su búsqueda dio enseguida el fruto deseado. Localizó un piso cercano a Porto Pi. El conserje, Francisco Jiménez, se lo mostró. A Rego le gustó. Constaba de tres dormitorios, dos baños, cocina y salón. Pero lo que más le convenció fue su ubicación: desde la ventana del salón hasta donde atracaba el yate *Fortuna* había una distancia de 251 metros. El portero le indicó que debía ponerse en contacto con la agencia Mallorca. El 3 de julio formalizó el contrato de alquiler del inmueble, situado en el número 14 de la calle Rafaletas, en el piso 2.º E. Rego suscribió el contrato con el nombre falso de Andrés Sáenz de Buruaga Sainz, con DNI n.º 13.480.102, expedido en Santander y con domicilio en la calle Cádiz de la misma ciudad. Arrendó el piso por diez meses y en el acto de la firma se comprometió a pagar la cantidad total de 260.800 pesetas: 80.000 por el alquiler correspondiente al primer mes, otras 80.000 de fianza, 80.000 más a la agencia, 8.000 pesetas de gastos de comunidad, y 12.800 pesetas por el 16 por ciento de IVA. Rego acordó con la agencia que efectuaría los pagos mediante giro postal al conserje de la finca. El primero, por la mitad del importe total, lo envió a finales de mayo y avisó por teléfono al portero de su llegada; el segundo lo remitió a finales de junio por el mismo procedimiento.

El 5 de mayo Rego Vidal regresó a Francia y mantuvo el sexto encuentro con Kantauri en el mismo escenario donde se había desarrollado la cita anterior, el bar Le Termomètre, en París. Acudió también Ignacio Rego Sebastián. El jefe del aparato militar de ETA concretó entonces el triple objetivo de la operación, por orden de prioridad: «Primero el rey, segundo el príncipe de Asturias, y tercero José María Aznar». Si no era posible tener al monarca a tiro, el punto de mira debía concentrarse en el príncipe Felipe de Borbón y, en última instancia, enfocar al entonces líder de la oposición, José María Aznar, que ya había sido víctima en abril de un atentado frustrado de ETA.

Kantauri examinó con los Rego los pasos de la operación. El 15 de julio zarparían del puerto de Antibes rumbo a Palma de Mallorca, adonde llegarían al día siguiente. Rego permanecería en el barco, atracado en el puerto de Alcudia, mientras que su hijo y el tercer miembro del comando se establecerían en el piso alquilado en Porto Pi. Alquilarían un coche para trasladar el arsenal hasta el inmueble y una motocicleta que utilizarían para huir después del atentado. La dejarían estacionada detrás del centro comercial Pryca situado junto al edificio de la calle Rafaletas.

Una vez efectuado el disparo contra el rey, activarían un artefacto explosivo instalado en el piso para no dejar rastro, saldrían apresuradamente por la puerta trasera del centro comercial y se dirigirían en la motocicleta a Alcudia, a menos de una hora de viaje, donde los aguardaría Rego Vidal a bordo del barco en el que zarparían de regreso a Francia.

Ése era el plan. El propio Iñaki de Rentería lo confirmó en la séptima reunión celebrada unos días después, en Toulouse, con Kantauri y los Rego.

Faltaban algunos flecos para que todo estuviese listo. Los Rego se trasladaron a Antibes para cerrar el acuerdo con la propietaria de *La Belle Poule*. Rego Vidal le entregó los cinco millones de pesetas proporcionados por Kantauri y consiguió así disponer del barco hasta finales de octubre.

El 10 de julio Kantauri se desplazó hasta Antibes y entregó a Rego Sebastián la cantidad de 35.000 francos franceses (unas 870.000 pesetas). El joven adquirió una Yamaha TDR 125, matrícula 7407-ZA-06, que le costó 30.378 francos (más de 750.000 pesetas).

Por fin, el 13 de julio los Rego conocerían al tercer miembro del comando, que resultó ser Jorge García Sertucha, nacido en Bilbao el 2 de abril de 1968. Tenía por tanto veintisiete años y su misión consistía en disparar contra el rey.

García Sertucha, *Kokito*, había colaborado con los miembros del comando Vizcaya Juan Carlos Iglesias Chouzas, *Gadafi*; Jesús María Mendinueta y Juan María Ormazábal Ibarguren, *Turco*, en la realización de un atentado con coche-bomba el 28 de julio de 1991, en Las Arenas (Vizcaya), en el que murió el guardia civil Carlos Pérez Acosta y otro resultó herido.

Pronto, Sertucha, tutelado por Félix Alberto López de la Calle, *Mobutu*, se integraría en el comando Levante y se convertiría en un experto en la fabricación de explosivos, que haría estallar en varios puntos del Mediterráneo en verano de 1993. No había duda de que Sertucha era muy hábil en materia de explosivos. Pero ¿tenía la misma pericia con el rifle de precisión? A juzgar por la carta que envió a su novia Nicolasa, tras recoger unas gafas en la óptica, más bien parecía que no: «Ya tengo prismáticos, qué pasada, cuando me los quito no veo ni torta. Me parece que te he dicho lo que tengo: una en cada ojo y 0,25 de no sé qué ostras, yo pensaba que iba a tener más. Me han dicho que si hubiera ido antes se me hubiera corregido».

ETA había elegido a su pistolero. Miope o inexperto, al fin y al cabo era su pistolero. Pero ¿por qué precisamente se había escogido a García Sertucha para desempeñar una misión tan crítica? El general Cassinello, que conocía a fondo los métodos terroristas, me había comentado: «En el mundo de ETA no hay tantos tiradores expertos. Tenía que ser uno que estuviera dispuesto a hacer eso, que gozara de la confianza de Rego y que estuviera limpio para poder pasar la frontera y hacer un trabajo realmente complicado».

En junio de 1995, Juan Luis Aguirre Lete, *Peio*, citó a García Sertucha en un descampado de Toulouse, donde realizó prácticas de tiro con el rifle elegido para matar al rey.

Los terroristas iban armados hasta los dientes. Kantauri les entregó también tres pistolas de fabricación belga F.N. Modelo H. P.-35, con el número de serie borrado para evitar que la policía localizase su procedencia, y dos subfusiles, réplicas del Uzi israelí, éstos sin número de serie porque solía fabricarlos la propia ETA. El comando disponía también de un artefacto explosivo, con instrucciones sobre su manejo manuscritas por Julián Achurra Egurrola, *Pototo*; compuesto por temporizador, pila alcalina, lámpara de seguridad, detonador eléctrico, 75 centímetros de cordón detonante (pentrita) y 660 gramos de explosivo Irumite. El arsenal se completaba con dos granadas del tipo ETA.

Bien pertrechado, con dinero, armas y documentos falsos, el comando se hizo a la mar desde Antibes, rumbo a Palma de Mallorca, el 15 de julio de 1995.

Los dos grandes jefes de ETA, Iñaki de Rentería y Kantauri, confiaron así la suerte de la operación a Juan José Rego Vidal. No sabían que iban a tirar por la borda once millones de pesetas, el dinero que la banda terrorista había invertido en el mayor atentado de su historia.

Pero ¿quién era en realidad Juan José Rego Vidal? ¿Un pistolero con la sangre fría de Urrusolo Sistiaga? ¿Una roca imperturbable como Makario? ¿Un hombre tan carismático como Txomin? La respuesta la hallé en uno de los documentos obrantes en el sumario. Se trataba de un informe psiquiátrico firmado por el doctor Marcos Tolosa Oyarbide, director de la Clínica Psiquiátrica del Pilar, de Elizondo, en Navarra. Su diagnóstico, tras reconocer a Rego Vidal durante dos entrevistas en noviembre de 1978, era muy elocuente: su paciente era un psicópata.

Sentado en el confortable orejero del salón de mi casa, me dispuse a leer atentamente el sugestivo informe, fechado el 12 de diciembre de aquel año, en San Sebastián. Decía así:

> Esta peritación —advertía antes de nada el psiquiatra— está basada en los datos aportados por dos entrevistas con el procesado en la prisión de Carabanchel, una entrevista con su madre y varias otras con su hermano Adolfo.
>
> Su esposa e hijos hubieran podido aportar datos de indudable interés para la encuesta anamnésica del entorno sociofamiliar, pero se hallan en Francia, por lo que me fue imposible verlos.
>
> En el momento de redactar este informe, no se hallan en mi posesión los protocolos del examen e.e.g. y los de los tests proyectivos (Roscharch, Szondi, TAT, MMPI...) como hubiera sido de desear.

A continuación, el doctor se sumergía en las circunstancias y condicionantes tan poco ejemplares que rodearon al paciente desde su más tierna infancia:

> Lo más interesante a reseñar es la existencia de una abuela materna que murió en un sanatorio de crónicos. Desconozco el diagnóstico, puesto que no consta en los archivos del centro.
>
> El padre falleció como consecuencia de una perforación gástrica. Alcohólico. Conducta psicopática, con implicaciones médico-legales. No pisaba prácticamente el hogar familiar mientras perduraban los lazos conyugales, y tampoco, por supuesto, cuando éstos se disolvieron, salvo en raras ocasiones, y siempre para perturbar el precario equilibrio familiar. No colaboraba en el mantenimiento de la economía familiar, sino al contrario.
>
> La madre se describe a sí misma como «nerviosa». Se vio obligada a dedicarse a actividades marginales para asegurar la supervivencia de ella y los hijos. En consecuencia, no tenía

mucho tiempo para dedicar al hogar y a la educación de sus hijos.

Las relaciones con otros miembros de la familia eran frías y distantes. Nadie se ocupaba, pues, de una manera continua y durable de los niños.

No hay noción evidente de alteración patológica durante el embarazo y parto de Juan José. El desarrollo psicomotor fue normal. Padeció las enfermedades habituales de la infancia. A los siete años, le afectó una escarlatina, de la que se derivó (al decir del informante) un serio déficit visual. La escolaridad no fue brillante, debido probablemente al constante cambio de institución y a la escasa motivación, así como al escaso control paternal, siendo repetidas las ausencias y el vagabundeo por el puerto.

Al terminar este período, apenas conoce las reglas aritméticas fundamentales y escribe con una ortografía muy incorrecta.

Su primer trabajo, en una imprenta, dura muy poco al estar incapacitado por el defecto óptico.

Por esta época, los amigos dicen de él que es «un individuo de mucha imaginación y dado a las lucubraciones fantasiosas...» y su madre le recuerda como «impulsivo, irascible, pero de buen corazón...».

Es hacia los dieciséis años cuando comienza una larga vocación marinera, vocación multiforme (pesca de arrastre, marina mercante, yates de placer...), siendo innumerables los trabajos que ha tenido en los 20 años largos de profesión. Los datos de esta época son escasos porque la comunicación es casi exclusivamente epistolar y telefónica.

Casó a los veintinueve años en Francia con una emigrante española, después de dos años de concubinato. Ella se encontraba embarazada. Tienen en la actualidad dos hijos, de once y nueve años respectivamente; el menor de ellos es epiléptico (diagnosticado en la primera infancia y en tratamiento desde entonces).

Su último domicilio conocido estaba en Cannes. En el momento de su detención pilotaba un yate inglés de recreo que recalaba en Ibiza.

El psiquiatra Marcos Tolosa pasaba entonces a detallar las dos entrevistas que mantuvo con el terrorista los días 29 y 30 de noviembre de 1978:

> Las entrevistas se desarrollaron en un locutorio de la prisión de Carabanchel, y a pesar de las dificultades técnicas se estableció un buen *rapport* y la comunicación fue fluida. Se mostró cooperante y matizador en la encuesta biográfica y de las relaciones interpersonales, salvo en lo referente a la última época, donde se muestra más reticente y defensivo (al menos al comienzo).
>
> Muy preocupado en dar una buena imagen en el sentido de lo que Jaspers describe como «deseo de parecer más de lo que se es» y K. Schneider «afán fatuo y orgulloso de hacerse notar». En la entrevista se traslucen constantemente sentimientos de inseguridad, de frustración y de inferioridad, recordándonos aquello que Adler explica en torno a la dinámica criminal: el complejo de inferioridad llevaría a la comisión del acto delictivo para atraer la atención sobre sí.
>
> Da la impresión de que las circunstancias que rodearon su detención le halagan profundamente: «Me trajeron aquí en un avión militar especial...»; «Conesa me seguía varios años porque estaba convencido de que soy de la Dirección...». No posee más que el título de «patrón de altura» (que consistía en una prueba

práctica en la época en que él lo obtuvo) y no tiene inconveniente en autotitularse «capitán de yate». Interesado también en resaltar su comportamiento «heroico» en la DGS (Dirección General de Seguridad). Su dignidad se siente herida ante la posibilidad de que digan que está «loco». No parece valorar muy correctamente los graves términos del auto de procesamiento.

En la descripción de su mundo y su dinámica afectiva parece notarse una cierta congelación o, al menos, un cierto despego emocional. Asegura que su vida matrimonial es armónica, y que esta armonía se sustenta en el respeto de su carácter y personalidad («mi mujer comprende bien lo que es la vida de un marinero y se atiene a ello...»). Parece como si reeditara simbólicamente la conducta de su padre. Esquivó aspectos más sutiles y profundos de su vida afectiva, mostrándose evasivo, reticente y tópico, al parecer porque no estaba seguro de que sus respuestas embellecieran su imagen.

Acto seguido, el doctor elaboraba el bosquejo de la personalidad y el carácter del hombre que intentaría asesinar al rey diecisiete años después de redactar su informe:

- Superficial atractivo, inteligencia mediana.
- Fantasioso e imaginativo.
- Veleidades hipocondríacas.
- Inconstante. Insincero.
- Falto de perseverancia.
- Exaltado, curioso, seducido por lo nuevo.
- Excitable e impulsivo.
- Poco ponderado e incapaz de aprender con la experiencia.
- Falto de remordimiento. Pobreza general de las reacciones afectivas.

- Egocéntrico.
- Falta específica de previsión. No persistencia en un plan vital.
- Afán de «estar en el centro». Abnegación de naturaleza absurda.
- Facilidad para dejarse influir.

La conclusión diagnóstica, tras el análisis expuesto hasta ahora, no dejaba lugar a dudas: Juan José Rego era un hombre mentalmente enfermo:

> Insisto —advertía el psiquiatra— en la idea de que algunos tests prospectivos, como los citados anteriormente, nos hubieran permitido delinear de una forma más científica y correcta la personalidad del sujeto en cuestión.
>
> A falta de ello, ateniéndonos a los criterios de la American Psychiatric Association en su *Psychiatric Glosary*, la persona estudiada encajaría dentro de lo que allí se conoce como «personalidades psicopáticas». Esta opinión sería ratificada según la concepción de Hervy Cleckey en su obra *The Mask of Sanity*, en la que cita una quincena de atributos de estas personalidades. Atributos que encontramos de una manera bastante nítida en la personalidad de J. J. Rego.
>
> A la hora de adjetivar esta concepción de personalidad psicopática, entre las entidades nosológicas descritas la que más se le aproxima es aquella que K. Schneider da en llamar PSICÓPATAS NECESITADOS DE ESTIMACIÓN, citando el mismo autor un subgrupo denominado FANTASIOSOS Y MITÓMANOS.

El comentario del etarra arrepentido Juan Manuel Soares Gamboa, que presenció el comportamiento de Rego Vidal muchos años después en la misma cárcel de Soto del Real, coincidía esencialmente con el afán de notoriedad expuesto por el psiquiatra Marcos Tolosa, actitud con la que el etarra pretendía ocultar un complejo de inferioridad:

> Hace unos meses —recordaba Soares Gamboa tras la detención de Rego, en agosto de 1995—, cuando le llevaban desde la prisión de Soto del Real, donde yo me encontraba, hasta la Audiencia Nacional, lo primero que dijo cuando entró en el furgón de la Guardia Civil fue: «Yo soy Rego Vidal, el que intentó matar al Rey de España en Mallorca».
>
> Nacido en Cannes (Francia) el 13 de abril de 1939, Rego Vidal podía pasar perfectamente por lo que, en el lenguaje coloquial, se denomina un «fantasma». Sabemos ya, por el médico, que a los dieciséis años dejó los estudios y se dedicó a la vida marinera. Precisamente por su destreza como navegante, ETA lo eligió en tres ocasiones para intentar matar al rey.

En el verano de 1974, tras el asesinato del almirante Luis Carrero Blanco, la cúpula de ETA estaba envalentonada. Apenas siete meses atrás, el Dodge-Dart negro matrícula PMM-16.416 en el que viajaba el presidente del Gobierno chocó con la cornisa del edificio de los Padres Jesuitas, tras ser levantado por una impresionante explosión que abrió un cráter de diez metros de diámetro en el asfalto de la calle Claudio Coello, en Madrid. El cuerpo inerte del almirante quedó atrapado entre un amasijo de hierros.

El entonces príncipe Juan Carlos presidió el entierro del almirante. Al cabo del tiempo, designado ya rey, recordaba así a José Luis de Vilallonga aquellos trágicos momentos:

> Las gentes encargadas de mi seguridad no estaban todas de acuerdo. Unos decían que si los tipos de ETA se habían atrevido a matar al almirante, también podían intentar eliminarme a mí. Otros no creían que los etarras se atrevieran a tocar al Rey [...] La gente de ETA hubiera muy bien podido disparar sobre el almirante cuando entraba o salía de misa cada mañana. No lo hicieron. Prefirieron asesinarlo a distancia. Esos tipos son unos cobardes. No les gusta jugarse la piel.

Pero don Juan Carlos se equivocaba. Reciente aún aquel magnicidio, ETA osaba ahora con mayor engreimiento secuestrar al futuro monarca y a la princesa Sofía. La plana mayor de la banda terrorista se había reunido en Montecarlo para proyectar el secuestro o la muerte de «los señores» o «la pareja», como les denominaban los etarras. Las condiciones del rescate serían la liberación de un centenar de presos políticos y el pago de 250 millones de pesetas de la época, que hoy equivaldrían a más de dos mil millones de las antiguas pesetas. Sin embargo, un imprevisto frustró sus planes y salvó milagrosamente la vida de don Juan Carlos, a quien pretendían asesinar: Franco cayó enfermo de gravedad con una tromboflebitis que le mantuvo hospitalizado durante aquel verano. El príncipe tuvo así que asumir las funciones del jefe del Estado y no pudo desplazarse a las fiestas conmemorativas en el Sporting Club de Montecarlo.

De cualquier forma, la policía sí estuvo entonces al corriente del plan de ETA gracias a la previsión del inspector José Sainz, que dos años antes, en enero de 1972, siendo jefe superior de Policía de Bilbao, accedió a aplicar medidas de gracia a uno de los presuntos implicados en el secuestro del industrial Lorenzo Zabala, que fue liberado tras cuatro días en cautividad. Se trataba de Joaquín Azaola Martínez, *Yokin*, que a cambio de recibir un mejor trato por parte de Sainz se comprometió a facilitar información a la policía en el futuro.

Y ese futuro llegó dos años después, cuando Yokin, instalado en Francia, alertó al comisario De la Hoz, que había sustituido a Sainz como jefe superior de Policía de Bilbao, nada menos que de la preparación de otro magnicidio. En una carta fechada en Biarritz el 22 de abril de 1974, Yokin daba al fin señales de vida y prevenía así al comisario del grave peligro que se avecinaba:

> Muy señor mío:
>
> Es muy posible que le extrañe a usted esta carta, pero en conciencia creo que es absolutamente necesario le comunique a usted los datos que conozco, al objeto de cortar por todos los medios el que se lleve a cabo un nuevo magnicidio, que no haría otra cosa que enfangar completamente al pueblo vasco y hacer una vez más víctimas inocentes e innecesarias para el buen entendimiento de nuestros pueblos.
>
> Por esta razón le ruego que a la mayor brevedad, tiene que ser antes del día 28 lo más tarde, me indique fecha, lugar y hora en que me pueda entrevistar con un enviado de usted para ponernos de acuerdo en la forma de abortar dicha acción.
>
> Le agradecería, si ello fuera posible, que la entrevista sea con el inspector que me interrogó a raíz de mi detención el 26 de enero de 1972; era rubio y algunas veces usaba gafas ahumadas, creo que se llamaba Miguel Ángel. Fue conmigo una persona sumamente correcta y me inspiró una gran confianza, al mismo tiempo creo que dicho señor recordará que le dije al despedirme que si algún día sabía algo que iba contra mi conciencia se lo comunicaría y creo llegado el momento.

Le ruego que todo ello sea hecho con la mayor discreción, al objeto de que nadie en absoluto de la organización ETA pueda suponer ni sospechar que yo tenga el más mínimo contacto con ustedes, dado que es la forma de que las cosas se puedan llevar a cabo.

Le remito esta carta por medio del señor cónsul de Bayona; la contestación me la pueden mandar por medio del mismo, o bien directamente a mi casa.

Sin más, rogándole me conteste con la máxima urgencia, le saluda muy atentamente.

Yokin era un auténtico *mirlo blanco*, como se denominó a la operación policial para abortar el secuestro de los príncipes de España. Gozaba de la confianza de Ezkerra y estaba en condiciones de proporcionar información privilegiada a las fuerzas de seguridad. Para evitar riesgos, Yokin empezó a ser conocido por la policía como «Van Put», apellido flamenco que figuraba en su falso pasaporte belga.

ETA ordenó a Yokin que se trasladase el 1 de mayo a un país cuyo nombre él desconocía, en compañía de una mujer que se haría pasar por su esposa. Una vez allí, el confidente envió el siguiente telegrama en clave: «Estamos en Niza. Van Put estará en el hotel Cecil a partir del día 9. Diles a Juan Carlos y a su mujer que no vengan. Les están arreglando la casa. Saludos».

¿Qué pretendía decir Van Put con «les están arreglando la casa»? Van Put y su fingida mujer, una tal Ivonne que resultó llamarse Margarita María Sabino Morgado, se habían instalado en Roc Azur, un chalet situado a unos siete kilómetros de Niza, arrendado, de mayo a septiembre, por un ciudadano belga con su verdadera identidad.

En esa vivienda, José María Arruabarrena Esnaola, *Tanke*, había empezado a dirigir las obras de construcción de un zulo subterráneo basado en el sistema más rápido y eficaz aprendido de los tupamaros sudamericanos. El agujero no era otro que «la casa» a la que aludía Van Put en su telegrama y en la que los terroristas pretendían confinar a don Juan Carlos y doña Sofía.

Mientras, Txomin, Azkoiti y Mamarru, junto con otros miembros de la cúpula etarra, se habían instalado en Cannes y por la noche acudían a Roc Azur para ayudar a trasladar los escombros al monte. El despliegue terrorista se completaba con la presencia del yate *Bystander* en aguas del puerto. Su capitán era, cómo no, Juan José Rego Vidal, que simulaba entonces trabajos de reparación en dique seco.

La policía estaba al corriente en todo momento de la marcha de la operación gracias a los mensajes que Van Put, encargado de la vigilancia exterior y de la cocina, introducía en cajetillas de tabaco vacías, entre el papel plateado y el cartón, arrojándolas luego en la bolsa de basura. Poco después, los inspectores Miguel Ángel P. y Ernesto M., destacados en Niza, las recogían. Gracias a esos mensajes pudieron enterarse de que los terroristas habían concluido el zulo el 18 de junio. Se trataba de un habitáculo más grande que los utilizados normalmente por ETA en sus secuestros. Disponía de seis plazas de litera, lo que hizo sospechar luego a la policía que tal vez planeaban un secuestro más numeroso. Los terroristas «decoraron» las paredes con papel estampado, y colocaron una alfombrilla en el suelo adquirida en un establecimiento de Niza.

El 6 de agosto, el inspector Miguel Ángel P. logró penetrar en el zulo y tomó varias fotografías.

Pero sucedió el imprevisto al que antes nos referíamos: Franco tuvo que ser hospitalizado y cedió los poderes al príncipe. En los etarras cundió al principio el desconcierto, luego el desaliento, y más tarde la esperanza. Optaron así por aguardar a que apareciese otra víctima propicia que justificase los tres millones de pesetas que habían invertido en la preparación del secuestro (más de treinta millones de las antiguas pesetas en la actualidad). Su entusiasmo fue indescriptible cuando, el 17 de agosto, el yate *Giralda*, patroneado por don Juan de Borbón, padre del entonces príncipe, se dejó ver en la bocana del puerto. Desde la cabina del *Bystander*, Rego Vidal vigiló de cerca la embarcación del conde de Barcelona. Tan de cerca, que un día llegó incluso a coger sus amarras.

Los etarras aparcaron un vehículo en el puerto de forma permanente y situaron una lancha neumática cerca del *Giralda*. Uno de los tripulantes del *Bystander* tuvo la osadía de saludar a don Juan y de intercambiar incluso unas palabras con él.

Pero, una vez más, la intervención del comisario José Sainz fue crucial para abortar el intento de secuestro del conde de Barcelona. Sainz logró que el inspector Roberto Conesa, destacado también en Niza, se pusiera en contacto con don Juan Carlos para prevenirlo del peligro que corría su padre.

El príncipe consiguió vencer la actitud reacia y hostil de don Juan y lo convenció para que tomase el avión en Niza con destino a Palma de Mallorca. El «mirlo» Van Put probablemente salvó con su información la vida de los príncipes de Asturias y la de don Juan de Borbón. Pero pagó por ello un precio muy alto: ETA le asesinó el 14 de diciembre de 1978, en Guecho (Vizcaya).

Entretanto, si Rego Vidal tenía un cometido dentro de ETA, ése era, desde luego, pasar información a la dirección sobre posibles objetivos contra los que atentar. Al igual que sucedió en Montecarlo en 1974, cuatro años después, la atención de ETA volvió a centrarse en don Juan Carlos, coronado ya rey, a quien acompañaba durante sus vacaciones en Ibiza el entonces presidente del Gobierno, Adolfo Suárez.

Rego llegó a la isla a finales de julio, a bordo del *Arisan*, y advirtió enseguida la presencia del yate *Fortuna* del rey fondeado en el muelle del puerto Nueva Ibiza. Durante varios días siguió de cerca los movimientos del monarca y determinó el itinerario que seguía en sus desplazamientos desde el yate hasta la ciudad. Como un experto orógrafo, inspeccionó minuciosamente el terreno que circundaba el muelle del puerto, advirtiendo la existencia de dos pequeños canales de agua, denominados «rieras», que cruzaban, por debajo, la única carretera que conducía hasta el centro de la capital. Los canales tenían una profundidad de cuarenta a sesenta centímetros de agua y en cada uno de ellos quedaba libre un espacio de unos ochenta centímetros. Rego llegó a la conclusión de que esos dos canales eran el lugar idóneo para colocar la carga explosiva. Se trataba, además, de una zona poco transitada, donde no había vigilancia policial. Con ayuda de un mando a distancia, pretendía accionar los artefactos sujetos al techo de ambos túneles. La fuerza de la explosión sería tremenda, puesto que las dos rieras estaban separadas por apenas seis centímetros. Y el rey, casi con toda seguridad, volaría por los aires.

El terrorista elaboró un croquis detallado del lugar y de la ubicación de la carga explosiva.

El plan estaba listo, pero su autor tenía el convencimiento de que él solo no podía llevarlo a cabo. Necesitaba el apoyo de un experto en explosivos. Además, consideraba que su tarea de informante ya había concluido.

El mismo día de su detención, el 30 de julio, el dirigente etarra Domingo Iturbe Abásolo, *Txomin*, llamó al número de teléfono del restaurante Akelarre que Rego le había facilitado. El informador le proporcionó todos los datos de la operación y se refirió al rey con el nombre de «hijo», en referencia al secuestro frustrado de su padre, don Juan de Borbón, en Montecarlo. A Suárez le llamó «director general», y comentó que llegaría a la isla en breve. El objetivo del atentado era doble: el «hijo» y el «director general».

Txomin ordenó a Rego que regresase a San Juan de Luz para acabar de concretar la acción y le anticipó que el traslado del armamento de Splitz al puerto francés de Sète se realizaría por fin el 20 de agosto.

Pero ni Txomin ni Rego pudieron advertir el despliegue policial que se había puesto en marcha desde el mismo día en que el yate *Arisan* zarpó rumbo a Ibiza.

El entonces subdirector general de Seguridad, José Sainz, fue alertado por sus servicios de información en el sur de Francia de que ETA había planeado cometer otro atentado contra el rey en Ibiza y, sin pérdida de tiempo, desplazó parte de sus efectivos policiales a la isla.

Rego Vidal era un hombre fichado. Enseguida la policía siguió sus pasos y logró interceptar la conversación telefónica que había mantenido con Domingo Iturbe Abásolo. Era la prueba definitiva de que ETA preparaba un magnicidio.

A sus sesenta y dos años, el veterano comisario Roberto Conesa no estaba dispuesto a correr más riesgos. En el intento de secuestro de los príncipes de España y de don Juan de Borbón ya lo hizo. Entonces, las fuerzas de seguridad prefirieron dejar que la operación siguiese su curso para conocer el verdadero alcance de los planes de ETA. Pero ahora, Conesa, al frente de la investigación, no titubeó y ordenó detener a Rego el 30 de julio, a las once de la noche, mientras se dirigía hacia su yate por el muelle del puerto Nueva Ibiza.

Rego fue trasladado a la Dirección General de Seguridad, en Madrid, adonde llegó a las seis de la tarde del día siguiente. Permaneció en régimen de prisión preventiva desde el 31 de julio de 1978 hasta el 2 de marzo de 1979. Durante su estancia en la cárcel de Soria inició una huelga de hambre que duró casi un mes y por la que fue ingresado en el hospital del centro penitenciario de Carabanchel. Una vez restablecido, se inició el juicio contra él y fue condenado a un año de cárcel el 6 de abril. Durante la vista oral, el psiquiatra Marcos Tolosa certificó que el acusado era un psicópata y que por tanto no era responsable de sus actos. Junto al diagnóstico del perito psiquiatra, el juez tuvo en cuenta los siete meses que el etarra ya había permanecido en prisión y el hecho de que careciese de antecedentes penales. Por esas razones decretó su puesta en libertad.

Rego optó de nuevo por la vida plácida en el mar y regresó a Cannes hasta 1982, cuando volvió a ponerse a disposición de la organización.

Cuatro años después, el 6 de noviembre de 1986, la policía francesa, en colaboración con la española, propinó un duro golpe a ETA al descubrir dos zulos en el sótano de Sokoa, una cooperativa de muebles de Hendaya. En uno de esos agujeros la banda terrorista escondía toneladas de papeles que revelaban su contabilidad y su organigrama político y logístico. Junto a esos documentos se hallaron varias relaciones de personas que pagaban el denominado «impuesto revolucionario». Gracias a esas listas pudo saberse que ETA había ingresado por ese procedimiento más de 1.600 millones de pesetas entre 1980 y 1985.

Pero ¿cómo logró la policía llegar hasta Sokoa? La operación fue rocambolesca. ETA solía abastecerse de armamento en los mercados negros de Bruselas y de Luxemburgo. Y no sólo ETA. En esos mercados ilegales de armas operaban también traficantes tan conocidos como Khashogi, Alkassar y la empresa Alkantara. ETA mostró interés por unos misiles soviéticos Sam-7, con los que pretendía asesinar al rey Juan Carlos. Eran misiles de tierra-aire, es decir, que se lanzaban desde abajo y seguían el objetivo atraídos por un foco de calor. En este caso esa fuente de calor debía ser el motor del avión privado del rey.

Pero el CESID logró enterarse del regicidio que planeaba ETA. Desde el Ministerio del Interior, Rafael Vera colocó en acción a un conocido personaje implicado en las tramas más siniestras que puedan imaginarse. Se trataba de Francisco Paesa, que actuaba de intermediario en la compra, en Bélgica, de los dos misiles procedentes del ejército sirio. El CESID, acostumbrado a rizar el rizo, ordenó que la pareja de misiles se vendiese a unos portugueses, que iban a ser los encargados de entregarlos a ETA. Increíble, pero cierto. El gobierno se encontró así detrás de la operación. A esos misiles se les quitó la carga para neutralizarlos y se colocó en su interior un transmisor que sirviese de guía a la policía para su localización.

Todo estaba listo. El falso portugués, que era en realidad un oficial de la Guardia Civil, entró en acción: cogió una furgoneta y entregó la pareja de misiles en San Sebastián. La policía dejó las manos libres a los terroristas durante veinticuatro horas. No quería correr riesgos. Los etarras debían estar seguros de que no se los seguía para que pudieran conducir a la policía hasta su escondrijo más preciado. Transcurrido ese plazo, unos helicópteros comenzaron a rastrear la zona y enviaron, con un mando a distancia, diversos impulsos electromagnéticos para activar los transmisores que se escondían en el interior de los misiles. Ya estaba: los sonidos condujeron hasta Sokoa.

Nueve años después, Rego Vidal parecía resurgir de sus cenizas a bordo de *La Belle Poule*. La policía no le atribuía ningún atentado con víctimas, pero su fotografía figuraba bien a la vista en sus álbumes de reconocimiento. A sus cincuenta y seis años no era precisamente un mozalbete y su aspecto físico nada tenía que ver con el de un comando entrenado: estaba avejentado y le sobraban unos cuantos kilos. Para rematar su ficha, en su historial no figuraba una sola acción que hubiera culminado con éxito. Pero Rego, tras los fracasos de Montecarlo e Ibiza, no se daba por vencido, estaba decidido a intentarlo de nuevo, por tercera vez, en esta ocasión en Mallorca. Mientras se hacía a la mar en *La Belle Poule* junto con su hijo y Jorge García Sertucha, sobre la una de la tarde del sábado 15 de julio de 1995, no podía evitar seguir obsesionado con la sangre real.

Tras una accidentada travesía de treinta y siete horas, *La Belle Poule* atracó al fin en el puerto deportivo de Alcudia. Sus tripulantes estaban extenuados. Durante el viaje tuvieron que achicar agua para evitar que la proa se inundara. La situación había llegado a ser desesperada, y el veterano patrón puso a sus «marineros» a hacer los preparativos para abandonar el barco. El pañol de velas llegó a tener casi medio metro de agua. Rego Vidal arrancó la bomba diésel, manipuló sus válvulas y sumergió el tubo de aspiración. Pero aquello no achicaba. En un último intento por evitar el naufragio, cortó con una sierra el tubo de vacío del tanque de estribor, lo sumergió en el agua y colocó las válvulas en posición de vaciado. El mecanismo empezó a bombear. Sin perder un segundo, lo puso al máximo de revoluciones. Pero mientras estuvo ocupado en arreglar el sistema de bombeo, el nivel del agua subió otros veinte centímetros en el pañol inundado. Estaba congelada y le llegaba casi hasta la cintura. En el interior del pañol buscó, desesperado, un agujero, una grieta, una hendidura... Cualquier cosa que se le pareciera y por la que pudiese entrar el agua. Pero la abertura no aparecía por ningún lado y las piernas se le empezaban a quedar dormidas. Fuera, las olas seguían estrellándose contra la proa y algunas lograban alcanzar la cubierta. Por un momento el comando se olvidó de su misión y pensó sólo en salvar sus vidas. Por fin Rego, guiado por su sabio instinto de marino, levantó el tanque de agua dulce y el agujero quedó al descubierto. No había tiempo que perder si querían evitar que *La Belle Poule* se hundiera en alta mar. Un espiche de madera encajado a martillazos en la ancha grieta puso fin al peligro.

Durante la travesía, antes del grave accidente, Jorge García Sertucha aprovechó para realizar prácticas de tiro con el rifle de precisión en pleno Mediterráneo. El joven disparó a tres dianas situadas a ciento cincuenta, cien y cincuenta metros de distancia.

A su llegada al puerto deportivo de Alcudia, el lunes 17 de julio, Rego Vidal cumplimentó y firmó con su falsa identidad la declaración de entrada en puerto, en el mismo impreso oficial de la Dirección General de la Marina Mercante-Comandancia Militar de la Marina de Mallorca.

Tras pasar la noche del día 18 a bordo del barco, Ignacio Rego y Jorge García Sertucha partieron a la mañana siguiente en coche hacia Porto Pi, mientras el jefe del comando, Rego Vidal, permanecía en Alcudia custodiando *La Belle Poule*.

Desde el balcón del piso, en la calle Rafaletas, García Sertucha, a salvo por completo de la vigilancia policial, realizó un seguimiento minucioso de la Familia Real. Anotó en sus cuartillas no sólo los movimientos del rey; también los del príncipe Felipe y las infantas Elena y Cristina, así como los de sus invitados a Palma ese verano, Irene y Pablo de Grecia, hermana y sobrino de la reina Sofía, respectivamente.

El 23 de julio, domingo, se produjo un hecho singular. El *Fortuna* zarpó de Porto Pi pasadas las nueve de la noche, justo cuando García Sertucha tuvo por primera vez a tiro a don Juan Carlos, tal y como él mismo anotó, de su puño y letra, en su registro de horarios e incidencias. Minutos antes, se dirigió al dormitorio principal, al fondo del pasillo, para recoger el fusil del armario empotrado. Abrió la cremallera de la funda de esquí acuático y extrajo con sumo cuidado, agarrándolo por la culata, el rifle de mira telescópica. Luego, regresó al salón y apoyó el arma sobre dos mesas superpuestas colocadas junto a la ventana, a fin de calcular el ángulo de tiro más adecuado sobre el *Fortuna*.

El 8 de agosto, García Sertucha volvió a tener por cuarta vez al rey en su punto de mira. El *Fortuna* salió ese mediodía a las 12.20 y llegó a Porto Pi a las 20.40 horas. La Familia Real se trasladó a Ibiza y el etarra recogió en sus cuartillas la presencia de cada uno de sus miembros en Porto Pi: «Él, ella, niños, Pablo de Grecia, mujer [se refería a la esposa de éste, la multimillonaria norteamericana Marie Chantal Miller]. Él no está a la vuelta».

Por la noche, en el piso de la calle Rafaletas se reunieron los tres miembros del comando. Durante los veintitrés días que llevaban en la isla habían tenido al rey a tiro en cuatro ocasiones y comprobaron que el disparo podía realizarse con bastantes posibilidades de éxito. De momento, sólo había una razón que impedía a García Sertucha apretar el gatillo de su rifle: la huida. Una vez efectuado el disparo era preciso activar, en sólo tres minutos, el temporizador de un artefacto explosivo, burlar a los policías de servicio en la zona, atravesar por dentro el hipermercado Pryca, situado debajo del edificio, y salir a la calle por su puerta trasera, donde estaba aparcada una Yamaha. Rego y Sertucha debían subir como una centella a la motocicleta y emprender la fuga en dirección a Alcudia, donde los aguardaría Rego Vidal con los motores de *La Belle Poule* en marcha.

Ignacio Rego había cubierto en dos ocasiones el trayecto hasta Alcudia y durante la reunión informó de que el tiempo real de la huida oscilaba entre los cincuenta y los cincuenta y cinco minutos.

El comando se dio de plazo hasta el siguiente domingo, 13 de agosto, para intentar llevar a cabo el atentado contra el rey.

El 9 de agosto, el *Fortuna* zarpó de Porto Pi a las 11.23 horas de la mañana. Los prismáticos de García Sertucha se detuvieron en la cubierta del yate y enfocaron a la reina Sofía, al príncipe Felipe, a las infantas Elena y Cristina, a Jaime de Marichalar, a Pablo de Grecia y a la esposa de éste, Marie Chantal Miller. Mientras permanecía en su puesto de observación, junto a la ventana del salón, Sertucha no podía ni siquiera sospechar que la policía los hubiese localizado ya, y menos aún que hubiese iniciado los trámites legales para detenerlos.

La *Operación Lugo*, dirigida en principio a descubrir y desmantelar la trama financiera de ETA, llevó al final hasta el comando que pretendía asesinar al rey.

A las 23.50 horas del 9 de agosto se constituyó la comisión judicial encabezada por el juez Baltasar Garzón, que ordenó la intervención inmediata de los Grupos de Operaciones Especiales (GEO) en el piso de la calle Rafaletas.

A esa hora, García Sertucha e Ignacio Rego se encontraban en el dormitorio principal viendo la televisión, muy cerca de la puerta de entrada. Ambos llevaban pantalón corto e iban descalzos. En la casa no había más luz que la de la pantalla del televisor. Estaban así, casi a oscuras, cuando los GEO irrumpieron en el piso y lograron reducir a los dos terroristas esposándolos con el rostro a un palmo del suelo. Poco después, Juan José Rego Vidal era también detenido en el puerto de Alcudia. La operación más ambiciosa en la historia de ETA había sido felizmente abortada en el último momento.

Con razón don Juan Carlos comentó en cierta ocasión que a los reyes solamente los protegía «su buena estrella». A él, desde luego, sí. En los últimos treinta años había sobrevivido a siete intentos de acabar con su vida, de los que cinco fueron reivindicados por ETA, uno por el GRAPO, y otro fue atribuido en su día a un grupo de militares golpistas.

El GRAPO, como decíamos, también intentó asesinarle. Fue en Mallorca, el 17 de agosto de 1977, mientras los reyes y el entonces presidente del Gobierno, Adolfo Suárez, navegaban por el Mediterráneo. Entretanto, en tierra firme, uno de los policías encargados de vigilar el trayecto entre Marivent y el Club del Mar descubrió un paquete sospechoso en el suelo. El agente se acercó al bulto, del tamaño de una caja de zapatos. Un grupo de artificieros descubrió luego en su interior varias cargas de Goma-2 que pesaban casi un kilogramo. El GRAPO pretendía accionar el explosivo mediante un radio-emisor en el momento en que el coche del rey pasase por ahí.

Ocho años después, el 1 de junio de 1985, en La Coruña, don Juan Carlos volvió a estar en el punto de mira de los regicidas. Casi con un año de antelación se sabía que el desfile del Día de las Fuerzas Armadas pasaría por delante del café Picadilly. Los potenciales asesinos no eran en esta ocasión de ETA ni del GRAPO, sino militares golpistas, según se dijo entonces, que pretendían volar la tribuna de presidencia mediante una carga subterránea. De nuevo, todo quedó en una mera tentativa.

En mayo del año siguiente, el etarra del comando Madrid, Santiago Arróspide, alias «Santi Potros», envió desde Francia a Madrid un escueto mensaje: «El rey pasa por la zona de Ópera dos veces por semana». Pero ETA, consciente de que la policía le pisaba los talones, desistió finalmente de su propósito. Mientras el comando vigilaba el lugar por donde supuestamente pasaría la comitiva de don Juan Carlos, el etarra Antón Troitiño reparó en que varios agentes de paisano pedían la documentación a todos los jóvenes que respondían a su descripción.

En diciembre de aquel año, Sus Majestades fueron a esquiar unos días a la estación invernal de Baqueira Beret, en el Pirineo catalán. Los reyes se alojaron en un chalet de La Pleta, muy cerca del hotel Montarto. Mientras la flor y nata de los aficionados al esquí se encontraba de celebración en el hotel, se produjo un repentino apagón. Aprovechando la confusión, un etarra colocó un artefacto con dos kilos de Goma-2; al día siguiente, tras recibirse una llamada telefónica en nombre de ETA, y una vez desalojado el hotel, la policía hizo explosionar el artefacto.

Al monarca volvió a protegerle su «buena estrella». Pero esa «buena estrella» que invocaba don Juan Carlos sólo velaba, como él decía, por los reyes. Y su hijo, el príncipe de Asturias, aún no lo era. Algunos se preguntaban si debería reinar como Felipe VI.

13

¿DÓNDE VAS, FELIPE VI?

A principios de 1998 sostuve una reveladora conversación con Juan Balansó, uno de los grandes expertos en casas reales y dinastías europeas, autor de una magnífica obra coral sobre los Borbones que algún día recibirá el reconocimiento que merece.

El año anterior había tenido oportunidad de conocerle por mediación de mi entonces editor en Plaza & Janés, el veterano Rafael Borràs, docto también en la dinastía de los Borbones. Balansó y yo congeniamos desde el primer momento. En febrero de 1998 acababa yo de publicar mi libro *Dos Infantes y un destino*, las biografías entrelazadas de Alfonso de Borbón, el infortunado hermano del rey Juan Carlos, y de su primo hermano Alfonso de Borbón Dampierre, duque de Cádiz, que murió también de forma trágica, degollado por un cable de acero mientras descendía por una pista de esquí en la estación invernal de Beaver Creek, en Colorado (Estados Unidos). Balansó elogió mi trabajo y a partir de entonces establecimos una cordial relación, quebrada por su dolorosa muerte en junio de 2003.

Mientras almorzábamos a finales de febrero de 1998 en el restaurante madrileño La Fonda, Balansó sacó a relucir un tema que le preocupaba: el futuro matrimonio del príncipe heredero don Felipe de Borbón y Grecia. Sobre todo a raíz de los escarceos amorosos del príncipe, que había protagonizado un largo idilio con Isabel Sartorius, desde 1989 hasta 1993.

Hija de Vicente Sartorius Cabeza de Vaca, marqués de Mariño, y de Isabel Zorraquín, una argentina con dos divorcios a sus espaldas, la Sartorius tuvo una infancia complicada que luego se reflejó en su trayectoria personal. Trabajó como relaciones públicas en el grupo KIO, a las órdenes de Javier de la Rosa, y su relación con el príncipe, tres años menor que ella, sembró la inquietud entre los monárquicos históricos, sobre todo después de que el periodista Raúl del Pozo comentase en la radio que el príncipe de Asturias, perdidamente enamorado de Isabel Sartorius, estaba dispuesto a renunciar a sus derechos a la Corona con tal de casarse con ella. La noticia resucitó el viejo debate de los matrimonios reales en España y sembró la alarma y el disgusto entre los monárquicos ortodoxos, cuya cabeza más visible era don Juan de Borbón.

El conde de Barcelona había confesado en privado su preocupación por el futuro matrimonio de su nieto. Juan Balansó estaba con don Juan cuando éste desahogó su angustia al sentir que el futuro de la dinastía podía peligrar si don Felipe contraía algún día matrimonio morganático. Don Juan era consciente de que si él era el legítimo depositario de los derechos de la monarquía en el exilio, pese a ser el tercer hijo varón de Alfonso XIII, era precisamente gracias a que sus dos hermanos mayores habían renunciado al trono. Alfonso, príncipe de Asturias, se vio obligado a renunciar a sus derechos, como hemos visto, para casarse con la cubana Edelmira Sampedro, mientras que el segundo, don Jaime, que era sordomudo, reforzó su renuncia contrayendo matrimonio con la aristócrata Emanuela Dampierre, es decir, fuera del círculo de la realeza. Balansó me confirmó en aquella ocasión la veracidad de las palabras que Alfonso Ussía, hijo del conde de los Gaitanes, intendente de don Juan, puso en boca del conde de Barcelona en un artículo suyo publicado en el diario *ABC* dos años antes:

> Los que animan al Príncipe —escribía Ussía, transcribiendo fielmente las declaraciones del conde de Barcelona— a mantener su posible relación con esa chica tan simpática [se refería a Isabel Sartorius, con quien don Felipe salía entonces], le destrozarán en su primer fallo. Y lo normal y lógico es que falle porque no está educada para ser reina. Cada vez que pienso en una copia para España de Diana Spencer o Sarah Ferguson, tiemblo... Es bueno que el Príncipe salga con las chicas que quiera, pero no puedo olvidar que, en algunos aspectos, su elección está limitada... Para ser reina hay que casarse con un rey o un futuro rey, y para eso hay que prepararse desde niña. No me gusta el término «profesional», pero una reina tiene que serlo... Las renuncias y los sacrificios han sido tan numerosos, y tantos españoles han colaborado para conseguir lo que hemos logrado, que no concibo que se pueda desmoronar o poner en peligro por una elección irreflexiva y contraproducente... El Príncipe se casará con quien tenga que casarse, lo tiene muy claro, y lo hará por encima de cualquier inclinación eventual. Lo siento mucho, pero si no se puede pasar de esa raya, no se pasa, y si le animan a pasarla, hacen muy mal.

El heredero ya discrepó entonces con su abuelo al afirmar: «No me siento obligado a contraer matrimonio con una persona de procedencia real». Y en el fondo tenía razón: con la Constitución de 1978 en la mano, don Felipe podía casarse con quien quisiera, siempre que el rey y las Cortes no se opusiesen al enlace.

Pero entonces, sus sonados escarceos amorosos, y otros menos sonados, inquietaron, insistimos, a los monárquicos de pro que pensaban como don Juan.

Fuese por presiones de la propia Casa Real ante las que al final cedió don Felipe, o debido también en parte a desavenencias entre la pareja, acosada por los paparazzi y criticada por los monárquicos ortodoxos, Isabel Sartorius acabó zanjando públicamente su relación con el heredero al trono de España en julio de 1993: «No habrá compromiso oficial ni boda jamás», aseguró en *El Mundo*. Y así fue, aunque muchos no la creyeran entonces.

La Sartorius fue reemplazada en el corazón del príncipe por Giselle Howard, conocida familiarmente por el apelativo de «Gigi». Nacida en 1972, esta norteamericana de Georgia encandiló a don Felipe mientras estudiaba en la Universidad de Georgetown, en Washington. El periodista Carlos Hugo Arriazu sorprendió a la pareja retozando en la isla caribeña de Saint-Martin; luego, prosiguió su investigación en Nueva York y llegó a ser encarcelado por ello, como él mismo relata en su impresionante libro *Un caso real*. Resultaba increíble, pero por desgracia cierto, que en un país como Estados Unidos, donde se consideraba toda una heroicidad dilucidar la honestidad de sus presidentes, como sucedió con el caso Watergate que acabó con Nixon, se condenase en cambio a un periodista por adentrarse en los vericuetos sentimentales del hijo del rey de España.

Las instantáneas tomadas por Arriazu pasaron sin pena ni gloria por las redacciones de las revistas españolas. Sólo *Pronto* osó publicar algunas imágenes de la pareja, mientras un silencio sepulcral se adueñaba de los despachos mediáticos. Únicamente Antonio Herrero y algún otro intrépido periodista se atrevieron a comentar el nuevo romance de don Felipe:

> Informar de que el príncipe se va de juerga a las Antillas —advirtió Herrero en los micrófonos de la Cope—, en lugar de estar en Washington estudiando, es hacer periodismo. Los personajes públicos tienen que apechugar con el hecho de ser noticia. La prensa española no reacciona porque hay miedo a que los Reyes se puedan enfadar. Estamos cogiendo una muy mala costumbre con la Casa Real, a lo mejor como herencia de los cuarenta años de dictadura. Denuncio la cobardía de la prensa y la falta de gallardía.

Mientras, Gigi Howard reaparecía en Madrid en abril de 1998. «Después de verse con don Felipe —recordaba Balansó—, se paseó por la capital escoltada por dos policías que no permitían fotografiarla. Puesto que su compromiso con el heredero de la Corona aún no se ha anunciado [ni se haría jamás, obviamente], nadie comprende en virtud de qué prerrogativa especial la señorita Howard disfruta ya de escolta y de qué partida y por qué concepto se deduce. El servicio de seguridad de La Zarzuela tiene asignadas unas funciones recogidas en el Real Decreto 434 de 1988. Lógicamente, Su Majestad ha tenido que ordenar se preste vigilancia a la novia de su hijo.»

La condesa alemana Carolina de Waldburg, con rango de princesa, ocupó también un lugar en el corazón de don Felipe desde abril de 1996 hasta octubre del año siguiente. Nacida en Munich en 1971, estuvo verdaderamente enamorada del príncipe, por quien se instaló en Madrid y aprendió con admirable tenacidad el castellano. Los monárquicos que respetaban las normas dinásticas sobre matrimonios reales vieron en este posible enlace la culminación de sus aspiraciones. Pero, una vez más, la relación se rompió.

Don Felipe conoció entonces a la bella modelo noruega Eva Sannum, a quien había visto por primera vez en Oslo, durante el sesenta cumpleaños del rey Harald. Igual que hiciera Carolina de Waldburg, la Sannum se instaló en Madrid durante tres meses para aprender el español, mientras trabajaba en la agencia de modelos Magic. Pero en diciembre de 2001 el príncipe dejó de salir con la modelo, mostrándose tajante con los medios de comunicación: «La relación no ha prosperado, y punto».

Como digno Borbón, don Felipe se distinguió desde muy joven por su encendida pasión por las mujeres. Con dieciséis años dio ya muestras de su gran capacidad enamoradiza, como advertía José Antonio Alcina, a quien don Juan Carlos confió la educación de su heredero en 1984, nombrándole cuatro años después ayudante-secretario de don Felipe, hasta 1993. «Victoria Carvajal, *Viky* —recordaba Alcina—, hija de los marqueses de Urquijo, fue quizá el primer enamoramiento de Don Felipe, la primera atracción, el primer amor conocido de su juventud. Don Felipe sólo tenía ojos y tiempo para la atractiva Victoria.»

Un año antes, en 1983, preguntado sobre su futuro matrimonio, el heredero había respondido muy razonablemente: «Es muy pronto para pensar en eso. Antes hay que mantener relaciones con las casas reinantes europeas».

Sin embargo, cuatro años después, su respuesta a la misma pregunta fue muy diferente: «El matrimonio lo tengo muy lejano. Ni me preocupa ni pienso en ello de momento. Pero desde luego me casaré por amor con la mujer que me guste y de la que me haya enamorado. No me siento obligado a buscar esposa entre la nobleza europea».

Entretanto, sus hermanas Elena y Cristina, segunda y tercera persona llamadas entonces a suceder en el trono al príncipe de Asturias, según la Constitución de 1978, se dispusieron a celebrar sendos matrimonios fuera del círculo de la realeza.

Lejos de conciliar su vida sentimental con los intereses de la nación, como hubiera sido deseable, la Casa Real anunció en noviembre de 1994 el compromiso de la infanta primogénita con Jaime de Marichalar, cuarto de los seis hijos del conde de Ripalda, miembro de una antigua familia navarra afincada en Soria. Enseguida surgieron comentarios críticos, como el que hizo el catedrático Jorge de Esteban en la revista *Tiempo*, a mi juicio, cargado de razón: «Digámoslo claramente, una Monarquía en la que los miembros de la Familia Real adopten totalmente los usos comunes de los demás mortales, no tiene razón de ser. Para eso, la República cumple mejor con los requisitos democráticos, desde el momento en que todos los ciudadanos son susceptibles de poder acceder a la Presidencia». La boda de la pareja se celebró en Sevilla, el 18 de marzo de 1995, con toda la parafernalia posible, convirtiéndose en un gran espectáculo televisivo que siguió en directo buena parte de la nación.

Por la misma razón que su hermana mayor, cuyo enlace no fue prohibido por el rey ni por las Cortes Generales, la infanta Cristina se dispuso también a contraer matrimonio con el jugador de balonmano Iñaki Urdangarín, tres años menor que ella, el 4 de octubre de 1997.

Balansó hace una interesante reflexión a propósito de los

trámites formales que se siguieron en ambos enlaces y que podían tener trascendentales consecuencias para la monarquía española en el futuro: «El matrimonio de la segunda y la tercera persona llamadas a la sucesión de la Corona hubiera debido comunicarse necesariamente al presidente de las Cortes Generales, que no debe enterarse de una novedad tan importante a través de la radio. Cuestión de tal relevancia no pertenece al ámbito privado. Debe ir acompañada de un protocolo solemne, con intervención del ministro de Justicia, como Notario Mayor del Reino, y con el enterado del presidente de las Cortes Generales. Los que así opinan mantienen que no será extraño que el día de mañana algunos puedan basar su rechazo a la sucesión Marichalar o Urdangarín tomando como pretexto una exigencia pulcramente constitucional como la expuesta, que no fue refrendada ni cumplimentada debidamente».

Hoy, tras el enlace del príncipe Felipe con la periodista Letizia Ortiz, al cual vamos a referirnos enseguida, las infantas Elena y Cristina han descendido puestos en la línea de sucesión, en favor de la infanta Leonor y de los hijos que engendren en el futuro los príncipes de Asturias.

Hagamos ahora un poco de historia, a fin de comprender mejor el trascendental paso que para la monarquía española dio don Felipe de Borbón y Grecia al desposarse con doña Letizia Ortiz.

Antes de la llegada a España del primer Borbón, Felipe V, al inicio del siglo XVIII, la ley sucesoria vigente era la de Partida, que establecía la sucesión entre los hijos varones del rey por orden de primogenitura. Luego correspondían los derechos a las hijas y, si no existía descendencia, a los hermanos del monarca. Esta ley contemplaba la posible exclusión de un sucesor si presentaba carencias de algún tipo, y su vigencia se remontaba a la Edad Media.

Pero Felipe V, al llegar a España, derogó la Ley de Partida con el Auto Acordado de 1713, que establecía la Ley Semisálica, denominada así porque no excluía del todo a la mujer para la sucesión. Los hijos varones del rey, sus hermanos varones y los hijos varones de éstos tenían preferencia, según esta ley, sobre cualquier mujer para reinar. Pero en el caso hipotético de que no hubiese varón, podía reinar la hija mayor del monarca, y así sucesivamente.

No existía hasta entonces el matrimonio desigual. En el derecho sucesorio francés de la Casa de Borbón una mujer que no fuera de estirpe regia podía llegar a reinar. De hecho, los legitimistas franceses consideran hoy a la que fue esposa de don Jaime de Borbón y Battenberg, Emanuela Dampierre, la «reina viuda».

Carlos III fue el primero que habló de matrimonios desiguales, y lo hizo en su Pragmática de 1776, que fue incluida en la Novísima Recopilación. Era una ley general encuadrada en el Derecho Civil, por lo que afectaba a todos los súbditos del rey y no sólo a los príncipes. Desposeía de sus derechos sucesorios a quienes contrajeran matrimonio sin permiso o consejo de sus mayores, y a todos sus descendientes. En el caso concreto de la sucesión regia, quedaban excluidos quienes contrajesen matrimonio desigual, aunque fuese con permiso, incluidos sus descendientes. Por eso el infante don Luis, hermano menor de Carlos III, quedó excluido de la sucesión al trono, lo mismo que todos sus descendientes, al contraer matrimonio con una persona de rango inferior.

Un hecho afectó de manera decisiva el futuro de los descendientes de Alfonso XIII. En 1830, Fernando VII promulgó el restablecimiento de la Ley de Partida y dejó sin efecto la Ley Semisálica de Felipe V. Sólo así pudo reinar su hija Isabel II y su rama representada por Alfonso XIII hasta 1931. La decisión del monarca dio lugar a que los carlistas proclamasen rey a don Carlos, con el nombre de Carlos V, y desencadenó las guerras sucesorias.

Llegamos ahora a una cuestión esencial para poder enjuiciar luego la decisión del príncipe Felipe de contraer matrimonio con doña Letizia Ortiz; una cuestión sobre la que ha profundizado, en mi opinión con acierto, el catedrático de Historia del Derecho en la Universidad Rey Juan Carlos de Madrid y director del Instituto de Estudios Jurídicos Internacionales, Bruno Aguilera Barchet, y que es la siguiente: ¿Continúa hoy vigente, en la sucesión dinástica de la Casa Real española, la Pragmática de Carlos III?

Es preciso recordar que la Pragmática se mantuvo vigente en la tradición sucesoria desde Carlos III hasta Alfonso XIII a través de reales decretos que excluían del trono a determinadas personas de estirpe regia. En la cláusula XI de esta Pragmática Real se lee textualmente:

> Mando asimismo que se conserve en los infantes y grandes la costumbre y obligación de darme cuenta, y a los Reyes mis sucesores, de los contratos matrimoniales que intenten celebrar ellos o sus hijos o inmediatos sucesores y si (lo que no es creíble) omitiese alguno el cumplimiento, casándose sin real permiso, así los contraventores como su descendencia, por este mero hecho, queden inhábiles para gozar los títulos, honores y bienes dimanados de la Corona...

Alcanzado este punto, el catedrático Aguilera Barchet separa con buen criterio dos ámbitos jurídicos muy distintos: el del derecho dinástico propio de la Casa Real y el general del Estado español.

Sobre este primer campo dinástico, José Antonio Alcina hace esta atinada observación: «Nadie, desde la Casa de Austria, en España, había osado contravenir las normas históricas. Ningún Rey español, durante siglos, había contraído matrimonio con una persona desigual».

Contrastado que aquello era así, Aguilera Barchet pasa a centrarse en lo ocurrido entre la proclamación de la República, en 1931, y el momento actual: «Resulta evidente que hasta el momento la prohibición que establece la Pragmática de 1776 ha sido cumplida a rajatabla por la Casa Real española».

A continuación, el jurista recuerda que don Juan Carlos era el legítimo depositario de la tradición dinástica de la Casa Real española, dado que su padre, el conde de Barcelona, fue el único de los hijos e hijas de Alfonso XIII que se desposó respetando escrupulosamente la Pragmática de 1776, con una princesa de sangre real: María de las Mercedes de Borbón y Orleáns.

En el caso concreto de don Felipe de Borbón y Grecia, si hoy es el legítimo heredero de la Corona española es también porque su padre, don Juan Carlos I, fue el único de los cuatro hijos del conde de Barcelona que se casó con una princesa de sangre real: doña Sofía, primogénita de Pablo I, rey de Grecia, y Federica de Hannover, nieta del káiser Guillermo II de Prusia.

Aguilera Barchet advierte que, de haber sido derogada la Pragmática de 1776 sobre matrimonios, regiría entonces el principio sucesorio de primogenitura, según el cual el legítimo sucesor al trono de España no habría sido don Juan de

Borbón, sino su hermano mayor don Jaime. Y tras el fallecimiento de este último, en marzo de 1975, la jefatura de la dinastía habría correspondido a su primogénito Alfonso de Borbón Dampierre, fallecido, como decíamos, en un trágico accidente en enero de 1989. Si no estuviese vigente la Pragmática, señalaba Barchet, el actual jefe de la Casa de Borbón no sería hoy don Juan Carlos, sino el único hijo superviviente del duque de Cádiz, Luis Alfonso de Borbón Martínez-Bordiú.

En este asunto, el también jurista Fernando García-Mercadal comulga con Barchet: «Si la Pragmática no está vigente desde 1978, tampoco lo estaba en 1933 y 1935, cuando en plena Segunda República los hermanos mayores del conde de Barcelona, Don Alfonso y Don Jaime, del último de los cuales existe descendencia, casaron desigualmente. El asunto no debe abordarse con la frivolidad ni considerarse un ocioso debate académico, ya que la legitimidad dinástica de Don Juan Carlos deriva directamente de las renuncias que precedieron a dichos matrimonios y la Corona española es hereditaria según el artículo 57.1 de la Constitución en sus sucesores: la aplicación de la Pragmática supondría, por tanto, una alteración sustancial de la línea de acceso al trono».

No pocos profesionales del derecho, especialmente constitucionalistas, mantienen hoy, sin embargo, que la Pragmática de 1776 ha sido derogada por la Carta Magna española de 1978. Pero Aguilera Barchet ha demostrado, a mi juicio, que eso no es verdad. De hecho, el artículo 57.4 de la Constitución sólo aborda los matrimonios concertados contra la prohibición de las Cortes y del rey, lo cual, como advierte este catedrático, no está reñido con la prohibición de matrimonios desiguales establecida en la Pragmática de 1776. «Simplemente —asegura

Barchet—, la restricción del 57.4 de nuestro texto constitucional se añadiría a la de 1776, como otra norma más del derecho dinástico de nuestra Monarquía. Algo que tiene numerosos precedentes en nuestra historia constitucional.»

En ninguna de las constituciones monárquicas se derogó expresamente la Pragmática de Carlos III. Además, su vigencia fue abiertamente planteada, tras la Restauración de 1874, a Alfonso XII y a su hijo Alfonso XIII, que respondieron inequívocamente confirmándola en dos Reales Órdenes de 25 de mayo de 1875 y de 14 de abril de 1915, respectivamente, publicadas en la *Gaceta de Madrid*.

En una sociedad como la española, que aspira a conseguir la plena igualdad entre el hombre y la mujer en todos y cada uno de los aspectos de la vida, no deja de ser incoherente que algunos juristas hayan alzado su voz para defender que la disposición de Carlos III resulta hoy inconstitucional por estar en contra del artículo 14, que rechaza cualquier discriminación «por razón de nacimiento», o «cualquier condición o circunstancia social», y que, sin embargo, como advierte Aguilera Barchet, esos mismos juristas pasen por alto que la propia institución monárquica contraviene per se el principio de igualdad recogido en ese artículo de la Constitución, pese a lo cual la Carta Magna dedica íntegramente a la Corona su título segundo. ¿Acaso no resulta discriminatorio que se acceda al trono por herencia, en lugar de por elección?, ¿o que se prefiera a los varones antes que a las hembras para ceñir la corona?, ¿o que el rey sea una persona inviolable a la que los tribunales no puedan procesar como al común de los mortales?

Por no hablar, como hace Aguilera Barchet, de otros aspectos que nada tienen que ver con la monarquía pero que contravienen también el principio constitucional de igualdad ante la ley; por ejemplo, las mejoras establecidas por un padre en su testamento discriminando a uno de sus hijos en detrimento del resto; la subsistencia del «mayorazgo» en la Compilación Foral Navarra de 1973; o incluso la propia subsistencia de los títulos nobiliarios, fomentada por el Estado en la medida en que éstos son una atractiva fuente de ingresos para la Hacienda Pública.

Hasta tal punto sería inagotable la relación de ejemplos discriminatorios, que el propio Tribunal Constitucional se ha visto obligado a matizar el contenido del artículo 14, insistiendo en que «la desigualdad de facto no entraña sin más una violación del principio de igualdad ante la ley» (sentencia de 30 de marzo de 1981).

Pero es que además, como señala Aguilera Barchet, el alto Tribunal ha reconocido que las restricciones impuestas por el derecho nobiliario para contraer matrimonio no son anticonstitucionales, pues no violan el principio de igualdad del artículo 14 (sentencia número 27/1982, de 24 de mayo).

Si esto es así, tampoco pueden resultar anticonstitucionales los preceptos dispuestos en la Pragmática de 1776 sobre matrimonios reales. «Sencillamente —advierte el catedrático— porque el carácter histórico de una institución no la convierte necesariamente en inconstitucional.» Y así lo estima además el propio Tribunal Constitucional en su sentencia n.º 126/1997, de 3 de julio, al reconocer que «el carácter histórico de una institución no puede excluir, por sí solo, su contraste con la Constitución».

¿Por qué empeñarse, entonces, en «democratizar» a toda costa instituciones que, como la monarquía, tienen sus propias reglas desde tiempo inmemorial?, ¿qué sentido tiene incluir a la Corona en un interesado debate impulsado por un gobierno que quiere que todo sea igual?

En este sentido, el jurista Fernando García-Mercadal hace esta oportuna reflexión: «No nos engañemos, los esfuerzos por democratizar la realeza, que con tan sospechosa insistencia defienden algunos, constituyen un planteamiento sumamente peligroso para su estabilidad y futuro».

No sólo juiciosos leguleyos defienden el carácter diferenciador de la monarquía española, sino también sensatos periodistas como Antonio Burgos: «Si empezamos por querer hacer democrática a la Corona y por igualar a las personas reales con los señores corrientes estamos a tres minutos de la República».

Llegamos así al punto crucial, sobre el que Balansó y yo charlábamos aquella tarde de febrero de 1998 y al cual se ha referido también Aguilera Barchet: si el príncipe Felipe optase al final por transgredir la normativa secular de la Casa Real, casándose con una persona que no fuera de estirpe regia, separaría la jefatura efectiva del Estado de la jefatura dinástica, las cuales encarna hoy juntas su padre don Juan Carlos.

Es decir, desde el punto de vista estrictamente constitucional, don Felipe podía hacer de su capa un sayo y casarse con quien le diera la gana; pero otro asunto era, desde luego, el interno de la dinastía, cuya jefatura entregó a don Juan Carlos su propio padre, el conde de Barcelona, tras renunciar a los derechos que le había conferido a su vez su padre, el rey Alfonso XIII.

Con Felipe VI coexistirían, si contrajese matrimonio morganático, dos dinastías: la instaurada por él mismo como jefe del

Estado, con el pleno respaldo de la Constitución democrática, y la histórica, cuyo representante legítimo no sería ya él, sino con probabilidad la princesa doña María de Borbón Dos Sicilias, hija del infante don Carlos, duque de Calabria, casada con el archiduque Simeón de Austria. María era, como advertía Balansó, el único miembro español de su generación real que hasta entonces se había casado conforme al ordenamiento dinástico establecido en la Pragmática de Carlos III, y contaba ya en aquel momento con un hijo, Juan de Habsburgo y Borbón, archiduque de Austria, nacido en 1997.

Es decir, que si don Felipe se desposase con una persona de rango inferior, posibilidad que barajábamos Balansó y yo hace ya ocho años, sería el jefe del Estado monárquico, pero no el depositario de la legitimidad histórica. Del mismo modo que Amadeo de Saboya fue rey efectivo mientras el futuro Alfonso XII se hallaba aún con su madre Isabel II en el exilio en París.

En el caso de que don Felipe incumpliese la Pragmática sobre matrimonios reales y accediese al trono —pensaba Balansó entonces—, sucedería en España algo parecido a lo que ya ocurría en Francia, donde la jefatura del Estado recaía en un presidente, a diferencia de la jefatura de la Casa Real, que lo hacía en su legítimo heredero. En España, por tanto, la jefatura de la dinastía histórica quedaría también separada de la del Estado, sólo que en el marco de un régimen monárquico instaurado por Franco, en lugar de uno republicano.

Aguilera Barchet lo explica con meridiana claridad: «Si SAR contrajese matrimonio contraviniendo dicha regla [la Pragmática] podría ser rey con arreglo a la Constitución, ya que la ley, insisto, lo puede todo, pero no tendría derecho a ser rey con arreglo al derecho dinástico de la Casa Real española».

El catedrático hunde el dedo en la llaga de la institución señalando a don Felipe: «Y en cualquier caso automáticamente dejaría de ser el primero en la lista para acceder a la Jefatura de la Casa Real española. Perdería, Señor, la "legitimidad" y se quedaría únicamente con la "legalidad", algo peligroso atendiendo a las circunstancias, en la medida en que quitaría una parte sustancial de la solidez de la que goza actualmente la Monarquía en España. Y en consecuencia el papel arbitral y moderador que impone a la Corona el artículo 56.1 de nuestra Constitución se vería seriamente afectado». Algo, por cierto, de lo que nadie habla hoy, por ser «políticamente incorrecto» o simplemente por no querer importunar a la Casa Real española.

En vista de la gravedad del asunto, y evidentemente preocupado por ello, Aguilera Barchet propone una posible solución: interpretar la prohibición de contraer matrimonio desigual no en el sentido de que la esposa elegida por don Felipe tuviese sangre azul en sus venas, sino en que hubiera recibido la educación adecuada para ser reina. El catedrático coincide así con la opinión del conde de Barcelona recogida por Alfonso Ussía en su artículo: «Para ser reina —mantenía don Juan— hay que casarse con un rey o un futuro rey, y para eso hay que prepararse desde niña. No me gusta el término "profesional", pero una reina tiene que serlo».

Quienes nunca consideraron necesario que la futura reina de España recibiese la formación adecuada desde la cuna argumentaban que en otros países reinaban mujeres que no fueron educadas para ceñir la corona, como Fabiola de Bélgica, Silvia de Suecia, Sonia de Dinamarca, Gracia de Mónaco, o Masako Owada, esposa de Naruito de Japón. Ahora bien, ¿por qué cambiar de repente siglos de tradición monárquica en España para hacer lo mismo que en otros países con reglas sucesorias distintas? ¿Debe convertirse España en una república porque ese régimen ya existe en Francia, por ejemplo? ¿Es mejor cambiar el texto constitucional español por el que rige en Estados Unidos, simplemente porque algunos piensen que es más democrático?

Alfonso Ussía pone las cosas en su sitio: «El caso de Fabiola y Balduino no puede compararse al nuestro. Ni España es Bélgica, ni los españoles son como los belgas, ni el Príncipe se parece a Balduino, ni abundan las Fabiolas».

Balansó, que más por suerte que por desgracia no llegó a enterarse en vida de la decisión de don Felipe, consideraba entonces que era un príncipe venturoso: «Cuando llegue la hora de echarse una novia en serio, Felipe de Borbón podrá elegir entre una veintena de princesas. Si se tiene en cuenta que su bisabuelo sólo pudo escoger entre ocho, su abuelo el conde de Barcelona entre seis y su padre entre diez, no cabe duda de que el Príncipe de Asturias es un joven afortunado».

Y la hora de la verdad, en efecto, llegó: don Felipe escogió a quien le dio la gana, respetando escrupulosamente la Constitución; no así las normas sucesorias de la Casa a la que pertenecía, dado que la esposa elegida por él no reunía ninguno de los dos requisitos que reclamaban los monárquicos legitimistas encabezados por don Juan de Borbón: ni era de estirpe regia, ni había sido educada para ser reina.

La nueva princesa de Asturias, Letizia Ortiz Rocasolano, nacida el 15 de septiembre de 1972 en Oviedo, era hija de padres divorciados: la enfermera madrileña Paloma Rocasolano y el periodista asturiano Jesús Ortiz, unido sentimentalmente a la también periodista Ana Togores.

Desde luego, Letizia no fue educada para ser reina: tras cursar sus estudios primarios en el colegio público Gesta, de Oviedo, ingresó en el instituto Alfonso II, donde recibió clases de ballet tres días por semana. Trasladada con su familia a Madrid cuando tenía quince años, se matriculó en el instituto Ramiro de Maeztu, donde terminó el bachillerato y se enamoró del profesor de literatura Alonso Guerrero Pérez, con el que acabó casándose por lo civil en agosto de 1998.

Hija, como decíamos, de padres divorciados, ella misma también se divorció a los doce meses del matrimonio. Al año siguiente se incorporó a Televisión Española y su popularidad fue vertiginosamente en aumento, sobre todo desde que empezó a presentar el Telediario de la noche con Alfredo Urdaci, a partir de septiembre de 2003.

En octubre de 2002 había conocido ya al que sería el hombre de su vida, durante una cena en casa de Pedro Erquicia, director y presentador del programa *Documentos TV*. El príncipe se enamoró perdidamente de la locutora de televisión, hasta el punto de pasar por alto las normas sucesorias de su propia Casa, convirtiéndose en el primer Borbón heredero al trono de España que, desde Felipe V, hace hoy más de tres siglos, contraía matrimonio con una mujer que no era de estirpe regia y que ni siquiera había sido instruida para ser reina.

El 22 de mayo de 2004 se celebró la boda por todo lo alto en la catedral madrileña de la Almudena, y el 31 de octubre del año siguiente nació la primera hija de la pareja, la infanta Leonor, que alteró desde aquel momento el orden sucesorio, convirtiéndose en la segunda persona llamada constitucionalmente a suceder en el trono, tras su padre.

Pero sólo de momento, dado que la línea sucesoria podría volver a cambiar si los príncipes de Asturias tuviesen algún día un hijo varón y no se hubiese reformado aún la Constitución, que otorga preferencia al hombre sobre la mujer para reinar.

El 25 de septiembre de 2006, la Casa Real anunciaba, en un comunicado, el segundo embarazo de Letizia Ortiz: «Sus Altezas Reales los Príncipes de Asturias tienen la gran alegría de anunciar que esperan el nacimiento de su segundo hijo para principios del próximo mes de mayo. Sus Majestades los Reyes desean con este motivo sumarse a la gran alegría de este feliz anuncio».

El debate resurgió con más intensidad desde ese momento: ¿Era urgente reformar la Constitución? Pese a que el 27 de noviembre la Casa Real anunciase que los príncipes esperaban otra niña, en mi opinión no sería prudente aguardar a que naciese un varón para hacerlo; como tampoco lo fue en su día que Fernando VII esperase a que naciera su hija, la futura Isabel II, para derogar la Ley Semisálica de Felipe V, restableciendo la Ley de Partida y dando lugar a que los carlistas proclamasen rey a don Carlos.

La situación, por fortuna, ha cambiado mucho desde entonces, pero si se modificase el artículo 57.1 de la Carta Magna tras el nacimiento de un varón, habría seguramente quienes pensarían, con razón, que se estaba discriminando al recién nacido en beneficio de su hermana mayor.

El propio Consejo de Estado, máximo órgano consultivo del gobierno que preside José Luis Rodríguez Zapatero, quien, por cierto, se comprometió electoralmente a reformar el artículo 57.1 de la Constitución, sugirió ya en febrero de 2006 que se llevase a cabo cuanto antes la anunciada reforma:

> Cuando la reforma tenga lugar, lo será para proveer la sucesión de éste [don Felipe de Borbón]. Entonces, los eventualmente llamados a la sucesión a la Corona quedarán ordenados al margen ya de la actual preferencia de los varones y sin que puedan alegar derechos frente al nuevo orden constitucionalmente establecido, según lo ya indicado. Hasta que se produzca esa segunda sucesión al trono, la reforma que ahora se contempla no tendrá aplicación alguna, lo cual no excluye *la conveniencia de efectuarla sin más demora*... [las cursivas son mías].

Pero la cuenta comenzó hace muchos meses y el gobierno de Rodríguez Zapatero, pese al ofrecimiento de la oposición para acelerar la reforma constitucional, no ha movido aún un dedo. El proceso puede alargarse en exceso, teniendo en cuenta además los requisitos establecidos en el artículo 168 de la propia Constitución para proceder a la reforma del artículo 57.1, contenido en el Título II: aprobación por mayoría de dos tercios del Congreso y del Senado y disolución inmediata de las Cortes Generales, tras la cual, las cámaras elegidas deberán ratificar la decisión y proceder al estudio del nuevo texto constitucional, que deberá ser nuevamente aprobado por mayoría de dos tercios de ambas cámaras; finalmente, aprobada la reforma por las Cortes Generales, será sometida a referéndum para su ratificación. Casi nada.

Una posible solución para no tener que disolver las Cortes Generales sería la apuntada por el catedrático Jorge de Esteban, consistente en reformar el artículo 167 de la Carta Magna, que modificaría a su vez el número 168, donde se prevén las condiciones anteriores de mayoría de dos tercios de las cámaras, referéndum, etcétera. Si se hiciera así, entonces la reforma constitucional sólo exigiría una mayoría de los tres quintos del Congreso y del Senado, sin que hiciese falta una consulta popular.

El Consejo de Estado dictaminó en febrero la necesidad de citar expresamente a don Felipe de Borbón en la Carta Magna para garantizar su condición de heredero, al tiempo que se eliminaba la preferencia del varón al trono.

En su informe, el órgano consultivo proponía redactar el polémico artículo 57.1 suprimiendo la frase «en el mismo grado, el varón a la mujer» y mencionando expresamente al príncipe heredero, en lugar de hacerlo sólo como príncipe de Asturias, que es una dignidad añadida a aquella condición principal:

> La Corona de España es hereditaria en los sucesores de S.M. Don Juan Carlos I de Borbón, legítimo heredero de la dinastía histórica. La sucesión en el trono corresponde a su hijo, el Príncipe heredero Don Felipe de Borbón, y después a los sucesores de éste según el orden regular de primogenitura y representación, siendo preferida siempre la línea anterior a las posteriores; en la misma línea, el grado más próximo al más remoto; y en el mismo grado, la persona de más edad a la de menos.

Cuatro días después del anuncio del segundo embarazo de doña Letizia, la presidenta del Tribunal Constitucional, María Emilia Casas, salía al paso del reabierto debate de la sucesión asegurando que la reforma constitucional no tendría efectos retroactivos sobre el heredero constitucional del rey don Juan Carlos, que no es otro que su hijo don Felipe, en lugar de su hermana mayor, la infanta Elena.

En caso de que la reforma constitucional no llegara a culminarse antes de que doña Letizia alumbrase en algún momento a un varón, habría que ver entonces si se aplicaría el principio de retroactividad que ahora se elude para don Felipe, en perjuicio de su hermana Elena. Más claro: si la reforma constitucional se hiciese con carácter retroactivo después de que naciese un varón, éste saldría perjudicado en beneficio de su hermana la infanta Leonor, que sería la heredera constitucional de su padre don Felipe.

Precisamente para no perjudicar al hermano varón, el catedrático Jorge de Esteban proponía que el Congreso y el Senado hiciesen una declaración conjunta y urgente comprometiéndose a reformar la Carta Magna antes de que termine esta legislatura. De esa forma, según él, quedaría amparado el derecho al trono de la infanta Leonor y no se causaría perjuicio alguno a su hermano.

Entretanto, hoy más que nunca quizá resuenen en la memoria de no pocos monárquicos las palabras que Juan Balansó y Alfonso Ussía escucharon un día pronunciar a don Juan de Borbón: «Las renuncias y los sacrificios han sido tan numerosos, y tantos españoles han colaborado para conseguir lo que hemos logrado, que no concibo que se pueda desmoronar o poner en peligro por una elección irreflexiva y contraproducente…».

Algunos tal vez se pregunten también: «¿Dónde vas, Felipe VI?».

BIBLIOGRAFÍA CONSULTADA

Entre los más de doscientos títulos manejados, he querido hacer una selección de los cincuenta que quizá me han resultado más útiles para la elaboración de este libro. Son los siguientes:

AGUILAR, Florestán, *Origen castellano del prognatismo en las dinastías que reinaron en Europa*, 1933.

AGUILERA BARCHET, Bruno, *Carta abierta al príncipe de Asturias*, 1998.

—, *Consideraciones sobre la pervivencia jurídica del matrimonio morganático y sus repercusiones en la sucesión al trono español*, 1993.

ALCINA, José Antonio, *Felipe VI*, 2004.

ARONSON, Theo, *Venganza real*, 1968.

BALANSÓ, Juan, *La Casa Real de España*, 1976.

—, *La Familia Real y la familia irreal*, 1992.

—, *Trío de príncipes*, 1995.

—, *La Corona vacilante*, 1996.

—, *Los diamantes de la Corona*, 1998.

—, *Los Borbones incómodos*, 2000.

BERMEJO, Ildefonso, *La estafeta de palacio*, 1871-1873.

BORRÁS, Rafael, *El rey de los rojos*, 1996.

CABANÉS, doctor, *El mal hereditario en la historia*, 1927.

CARDELL, Carlos, *La Casa de Borbón en España*, 1954.

CASTELLÓN, Federico, *Los Alfonsos en España*, 1902.

COMENGE, Luis, *Clínica egregia*, 1895.

CORTÉS ECHÁNOVE, Luis, *Nacimiento y crianza de personas reales en la Corte de España*, 1958.

COXE, Guillermo, *España bajo el reinado de la Casa de Borbón*, 1846.

DE LA CIERVA, Ricardo, *Victoria Eugenia, el veneno en la sangre*, 1992.

FERNÁNDEZ DE LOS RÍOS, Ángel, *Olózaga*, 1863.

FERNÁNDEZ-RUIZ, César, *La esterilidad en la historia*, 1965.

FERRER, Eusebio; PUGA, María Teresa, y ROJAS, Enrique, *Matrimonio de amor, matrimonio de estado*, 1993.

FERRER DEL RÍO, Antonio, *Historia del reinado de Carlos III*, 1856.

GALIPPE, doctor, *L'heredité des stigmates de dégénérescence et les familles souveraines*, 1905.

GARCÍA-MERCADAL, Fernando, *Los títulos y la heráldica de los reyes de España: estudio de derecho dinástico*, 1995.

GARRIDO-LESTACHE, Antonio, y MORAL, Antonio Manuel, *La identificación de los recién nacidos en la Casa Real española*, 2001.

HERRERA LUQUE, Francisco, *La huella perenne*, 1973.

IZQUIERDO, Manuel, *Historia clínica de la Restauración*, 1946.

—, *Biografía médica de Fernando VII, rey de España*, 1950.

JACOBY, doctor, *Études sur la sélection dans les rapports avec l'hérédité chez l'homme*, 1881.

JIMÉNEZ-LANDI, Antonio, *Una ley de sucesión y quince siglos de historia*, 1968.

JUNCEDA, Enrique, *Ginecología y vida íntima de las reinas de España: la Casa de Borbón*, 1992.

LÓPEZ CAMPELLO, doctor, *Los matrimonios consanguíneos*, 1907.

MATEOS, Ricardo, *Los desconocidos infantes de España*, 1996.

—, *Nobleza obliga*, 2006.

MURIEL, Andrés, *Historia de Carlos IV*, 1893.

NOEL, Gerard, *Victoria Eugenia, reina de España*, 1987.

PETRI, sir Charles, *La Casa Real española*, 1960.

RENDA, Antonio, *El destino de las dinastías: la herencia morbosa en las Casas Reales*.

REPÁRAZ, Gonzalo, *Los Borbones de España: historia patológica de una dinastía degenerada*, 1931.

RÍOS MAZCARELLE, Manuel, *Vida privada de los Borbones de España*, 2001.

THORWALD, Jürgen, *Sangre de reyes*, 1976.

VALLEJO NÁJERA, Juan Antonio, *Locos egregios*, 1978.

VILLA URRUTIA, marqués de, *Fernando VII, rey constitucional*, 1943.

ZAVALA, José María, *Dos infantes y un destino*, 1998.

—, *Matar al Rey*, 1998.

—, *Don Juan de Borbón, el triunfo de un perdedor*, 2003.

—, *Don Jaime, el trágico Borbón*, 2006.

ZORRILLA, Francisco Javier, *Genealogía de la Casa de Borbón de España*, 1971.

ÍNDICE